Rudolf Großkopff
Unsere 50er Jahre

SERIE
PIPER

Zu diesem Buch

Kriegsheimkehrer, Wohnungsnot, Flucht in den Westen, der Aufstand vom 17. Juni: Die 50er Jahre waren in beiden Teilen Deutschlands eine Zeit dramatischer Veränderungen und schicksalhafter Neuanfänge. Doch für die Menschen bedeuteten sie auch Petticoats, Motorroller, Toast Hawaii, die erste Reise in den Süden oder die Rückkehr des Vaters aus der Gefangenschaft. Wie haben die Menschen, die dabei waren, dieses Jahrzehnt wirklich erlebt? Dieses Buch erzählt nicht nur die Lebensgeschichten von Zeitzeugen, sondern macht auch deutlich, wie die »große« Geschichte die einzelnen Schicksale von Menschen bestimmt. Rudolf Großkopff verknüpft typische Erfahrungen mit umfassendem Hintergrundwissen zum lebendigen Bild eines Jahrzehnts deutscher Nachkriegsgeschichte. Dieses Buch basiert auf der erfolgreichen gleichnamigen ARD-Fernsehdokumentation.

Rudolf Großkopff, geboren 1935 in Münster, ist promovierter Historiker und Journalist. Nach seiner jahrelangen Tätigkeit als Korrespondent unter anderem für die Welt, Frankfurter Rundschau und den Tagesspiegel arbeitete er ab 1986 beim Deutschen Allgemeinen Sonntagsblatt. Zahlreiche Buchveröffentlichungen. Rudolf Großkopff lebt in Berlin.

Rudolf Großkopff

Unsere 50er Jahre

Wie wir wurden, was wir sind

Mit 33 Abbildungen

Piper München Zürich

Mix
Produktgruppe aus vorbildlich bewirtschafteten
Wäldern und anderen kontrollierten Herkünften
www.fsc.org Zert.-Nr. GFA-COC-1223
© 1996 Forest Stewardship Council

Ungekürzte Taschenbuchausgabe
Piper Verlag GmbH, München
November 2007
© 2005 Eichborn AG, Frankfurt am Main
Umschlag: Büro Hamburg, Heike Dehning, Stefanie Levers
Bildredaktion: Alke Bücking, Charlotte Wippermann, Daniel Barthmann
Umschlagfotos: Carl Sutton / Getty Images (oben) und Eichborn Verlag (unten)
Satz: Fotosatz Amann, Aichstetten
Papier: Munken Print von Arctic Paper Munkedals AB, Schweden
Druck und Bindung: Clausen & Bosse, Leck
Printed in Germany   ISBN 978-3-492-25003-0

www.piper.de

Inhalt

Vorwort

Der Pettycoat fliegt. Der Motorroller schnurrt. Kleider mit Punkten und Toast Hawai. Nimm mich mit nach Italien, nimm mich mit ans blaue Meer. Unsere Vorstellung der Fünfzigerjahre ist bestimmt von fröhlichen Bildern in Schwarz-Weiß. Aufbruch und Zuversicht. Im Westen gab es den Rock 'n' Roll und im Osten den Lipsischritt. Es gab Menschen, die jung waren, sich verliebten und endlich Leben wollten. Aber was gab es noch?

Wer dabei war, weiß, wie dieses Jahrzehnt auch aussah. Es war die Zeit, in der sich die Wege Deutschlands für die nächsten vier Jahrzehnte getrennt haben. Vereint aber blieben Deutschland West und Deutschland Ost im Wissen um das gemeinsame Verbrechen nur wenige Jahre zuvor und in der traumatischen Erinnerung an den Untergang.

Wie also passt das eine zum anderen? Wie sah diese Zeit wirklich aus?

Die ARD-Reihe »Unsere 50er Jahre – Wie wir wurden, was wir sind« sucht nach Antworten auf diese Fragen – nicht in Geschichtsbüchern und nicht bei Experten. Stattdessen haben wir Menschen, die in dieser Zeit gelebt haben, gebeten, uns ihre Geschichte zu erzählen. Die ganze Geschichte mit all ihrem privaten Schicksal, ihren Freuden und Kämpfen. Anders als sonst üblich stehen diese gleichberechtigt neben historisch bedeutsamen Ereignissen, denn häufig ist das eine vom anderen nicht zu trennen. Wenn etwa Rose Brocks Vater als vermeintlicher Regimegegner in der DDR jahrelang im Gefängnis verschwindet, dann ist dies das Ergebnis großer Politik und für die kleine Rose eine große Tragödie. Und wenn Peter Süss eines Tages einen fremden Mann begrüßt, der sein Vater ist und nun wieder den Platz an der Seite seiner Mutter einnehmen will, der doch längst von einem anderen »Onkel« besetzt ist, dann ist auch das beides: privates Drama und große Politik, die Heimkehr aus russischer Kriegsgefangenschaft und die vorausgegangene Moskau-Reise Konrad Adenauers. Die ARD-Reihe erzählt konsequent vor allem die private Geschichte. Dieses Buch liefert zusätzlich die historische Folie dieser Schicksale. Damit ist es eine lehrreiche und wertvolle Ergänzung zu den Erzählungen der Protagonisten der großen Fernsehdokumentation.

Esther Schapira
Hessischer Rundfunk
Redaktionelle Federführung der ARD-Reihe

Die langweiligen, die spannenden Jahre
Eine Eröffnungsbilanz

Die Fünfzigerjahre sind die Dekade mit dem schlechtesten Ruf in der Nachkriegszeit. »Sie waren das muffigste und zu Recht vergessene Jahrzehnt des vergangenen Jahrhunderts«, heißt es Anfang 2005 in der monatlichen Kulturbeilage des *Spiegel*. An Schlagworten dieser Qualität herrscht kein Mangel. Die Autorin Heide Riedel schrieb vor einigen Jahren über den typischen Bundesbürger jener Zeit: »Er baute auf, aß sich einige Speckgürtel an, hörte dabei Radio, und als er satt war, reiste er.« Piefig, miefig, spießig, lautet das weit verbreitete Klischee; und manch einer mag denken: Ein Glück, dass ich nicht dabei war.

Es hat auch Versuche gegeben, die Ära sensibler zu verstehen und zu schildern. Klaus Harpprecht sprach einmal von der »radikalsten sozialen Umwälzung« seit dem Dreißigjährigen Krieg. Die Fenster und Türen zur Welt hätten sich geöffnet; die Wirklichkeit sei komplizierter gewesen als die von einem Buch ins andere, von einem Feuilleton ins nächste weiter geschleppten Klischees. Viele Menschen, die dabei waren, halten daran fest, dass ihre Fünfziger zwar in einigem den bis heute gängigen Gemeinplätzen ähnelten, aber gleichzeitig auch ganz anders waren. Die Jahre zwischen 1950 und 1960 bestanden nicht nur aus Restauration, Prüderie und Langeweile, sondern waren voll von heftigen Konflikten, kultureller Vielfalt, Lebensfreude und dramatischen Entwicklungen, die Deutschland grundlegend veränderten und bis ins dritte Jahrtausend fortwirken. Das galt für ganz Deutschland, wenn auch mit unterschiedlichen politischen Vorzeichen und Ergebnissen. Hat das Jahrzehnt seinen schlechten Ruf also nur deshalb, weil es am wenigsten bekannt und am meisten verkannt ist?

Eine »seltsame Mengung der Gefühle«

Mama reckt ein nacktes Baby hoch, Papa ein Sektglas. Lächelnde Großeltern flankieren das glückliche Trio. Die viel gelesene Illustrierte *Quick* druckt die vollendete Idylle auf der Titelseite ihres Neujahrsheftes 1950. Das Foto spiegelt allerdings mehr Wunschdenken als Wirklichkeit wider. Denn die soziale, wirtschaftliche und psychische Situation der Deutschen ist höchst ungewiss, in der Bundesrepublik wie in der DDR. Bundespräsident Theodor Heuss sagt in seiner ersten Neujahrsansprache: »Wir gehen in das neue Jahr mit einer seltsamen Mengung der Gefühle.«

In den Städten erinnert jeder Gang auf die Straße daran, dass es keine normalen Zeiten sind. Die berühmten Trümmerfrauen haben ihren Dienst getan, Fahrbahnen und Trottoirs sind weitgehend vom Schutt geräumt. Doch noch immer ragen überall Ruinen empor, durch deren Fensterhöhlen der Wind pfeift. Viele Stadtkinder haben noch nie eine intakte Straßenflucht gesehen, sie kennen nur Fronten, die wie schlechte Gebisse von Lücken durchsetzt sind. An den Ruinenwänden können sie entdecken, wo einmal das Bad, die Küche, der Wohnraum waren. Und auf den Trümmergrundstücken stehen Schilder »Betreten verboten«, weil Wände oder Decken zusammenstürzen könnten. Aber kaum einer hält sich daran.

Den Kindern dienen solche Grundstücke als frühe Abenteuerspielplätze, die Erwachsenen haben Trampelpfade als Wegabkürzung darüber gelegt. Unkraut, Sträucher und Bäumchen, vorzugsweise die anspruchslosen Birken, übergrünen allmählich die Schuttberge. Die Bauwirtschaft ist zwar angesprungen, aber im Vordergrund steht noch immer die Schadensbeseitigung, oft in provisorischer Form: einstöckige Geschäfte, errichtet auf den alten Fundamenten. Die ostdeutschen Städte wirken bunter, jedoch nur wegen der riesigen Transparente, die den Sieg des Sozialismus verheißen.

Autos sind rar, Parkuhren und Verkehrsampeln um 1950 nicht einmal dem Namen nach bekannt. Immerhin fehlen inzwischen jene merkwürdigen Gefährte, die mit Holzgas betrieben wurden, als es kein Benzin gab. Das Verbrennen von Holz erzeugte den Ersatzantriebsstoff, und das geschah in hohen Behältern, die vor allem an Lastwagen neben dem Führerhaus hochragten. Mercedes hat schon das erste neue Modell auf den Markt gebracht und wirbt nun für den klassisch wirkenden 170 D. Auch Volkswagen hat 1950 die ersten 50000 Exemplare des Käfers ausgeliefert, einen Großteil allerdings ins Ausland. Die meisten Autos sind Vorkriegsmodelle, hundertmal geflickt, und gehören entweder Behörden oder Firmen. Privatautos sind die Ausnahme.

Straßenbahnen, Busse, U- und S-Bahnen fahren Anfang der Fünfzigerjahre fast überall wieder. Sie bestreiten, neben dem Fahrrad, den Hauptteil des Personenverkehrs innerhalb der Städte. Viele Wagen tragen die Spuren der Kriegsschäden, und grundsätzlich gilt, dass alles, was sich auf Schienen bewegt, quietscht und rumpelt. Die Anwohner leiden, ohne zu klagen. Der Lärm gehört dazu. An Autobahnen gibt es nur jene 2100 Kilometer, die in der NS-Zeit und davor entstanden sind. Die Land- und Fernstraßen sind kurvenreich und voller oberflächlich ausgebesserter Schlaglöcher. In den ostbayerischen Mittelgebirgen schneidet der Schnee manche Dörfer im Winter wochenlang von der Außenwelt ab. Den Großteil des Überlandverkehrs erledigt die Bahn, die in dieser Zeit noch ein sehr dichtes Netz betreibt und auch abgelegene Orte bedient. Das Reisen mit ihr ist kein Vergnügen. Die Waggons sind alt und ungepflegt, die mit Kohle betriebenen Lokomotiven stoßen eine Menge Dampf und Ruß aus.

Um viele ländliche Gegenden hat der Krieg einen Bogen geschlagen – keine zerstörten Häuser, keine Besatzungstruppen, keine Erfahrungen mit dem Hunger. Dank ihres Monopols bei der Erzeugung von Lebensmitteln haben sich die Bauern eine komfortable Stellung verschafft. Vieles ist in den Schwarzhandel geflossen, der vorgeschriebenen Erfassung aller Lebensmittel zum Trotz. Noch immer kursieren Witze über Landwirte, die ihre Ställe angeblich mit eingetauschten Perserteppichen ausgestattet haben. Doch auch auf dem Land ist das Leben hart. Maschinen sind rar, sodass die Arbeit der Bauern eine Plackerei ist, die gerade noch Zeit für den sonntäglichen Gottesdienst und einen Gang ins Wirtshaus lässt. Die Stadt ist weit, und die einzige Verbindung zum Weltgeschehen ermöglicht für viele das Radio. So denken und leben die Leute auf dem Land völlig anders als die Bewohner der Stadt. Die Angleichung beginnt erst, als im Laufe des Jahrzehnts viele Beschäftigte der Landwirtschaft in andere Berufe wechseln und die Motorisierung die Regionen aneinander rückte.

Zum Straßenbild gehören die Kriegsblinden und zurückgekehrten Soldaten, denen ein Arm oder ein Bein oder mehrere Gliedmaßen fehlen. Manche verfügen über Prothesen, andere bewegen sich mit Krücken, in primitiven Rollstühlen oder sogar auf Rollbrettern vorwärts. Sie haben den leeren Ärmel oder das nicht mehr benötigte Hosenbein umgeschlagen und mit Sicherheitsnadeln befestigt. Viele Männer und Frauen tragen noch immer Mäntel oder Jacken, denen man ansieht, dass sie aus Decken entstanden oder gewendet sind. Nicht jeder kann sich nämlich die von C&A und anderen Geschäften angebotene Nachkriegsmode leisten, die für Frauen Schwingendes, für Männer Anzüge und Mäntel mit eckigen Schultern bevorzugt. Ins Büro, in die Firma, in die Schule geht der Mann in Krawatte und Anzug, und sei er noch so durchscheinend. Die Frauen tragen Kleider oder Röcke, darunter Korsetts mit Strumpfhaltern, lange Hosen gelten als frivol. Und zum ordentlichen Menschen gehört natürlich eine Kopfbedeckung. Frauen lassen sich Hüte von Handwerkerinnen herstellen, die Modistinnen oder Putzmacherinnen heißen.

In vielen Städten erinnern die fremden Soldaten jeden Tag daran, dass die Deutschen nicht Herr im eigenen Haus sind. Franzosen, Engländer, Russen und Amerikaner wohnen in abgeschlossenen Vierteln, meist in Kasernen der früheren Reichswehr, wo sie ein eigenes Leben mit eigenen Läden, Kirchen, Kinos und anderen Vergnügungsstätten führen. Aber sie gehen auch nach draußen unter die Deutschen, die Fraternisierungsverbote sind ausgelaufen. In der Regel ist das Zusammenleben erstaunlich unproblematisch, und die große Liebe oder der kleine Flirt zwischen dem »Fräulein« und dem GI sind nicht selten. Überhaupt geben sich die Amerikaner am lockersten, am verschlossensten bleiben die Russen.

Die Menschen haben genug vom Krieg. Als mit den wachsenden Spannungen zwischen Ost und West die ersten Ideen für eine Wiederbewaffnung der Deutschen kursieren, mahnt Bertolt Brecht 1950 in einem Gedicht:

Ihr, die ihr überlebtet in gestorbenen Städten
Habt doch nun endlich mit euch selbst Erbarmen!
Zieht nun in neue Kriege nicht, ihr Armen,
als ob die alten nicht gelanget hätten:
Ich bitt' euch, habet mit euch selbst Erbarmen.

Beim Volk trifft so etwas auf offene Ohren. In der Bundesrepublik sprechen sich um diese Zeit bei Umfragen drei von vier Bürgern gegen eine neue Aufrüstung aus. Und ein nachmals berühmter bayerischer Jungpolitiker fordert markig: »Wer noch einmal ein Gewehr in die Hand nimmt, dem soll die Hand abfallen.« Derselbe Franz Josef Strauß wird schon bald kräftig die Trommel rühren und 1956 Bundesverteidigungsminister werden. Die SED lässt Umfragen dieser Art nicht zu, aber alles spricht dafür, dass die Stimmung in der DDR ähnlich ist. Dessen ungeachtet haben die SED und die russische Besatzung schon bald nach dem Krieg die bewaffnete Deutsche Volkspolizei (DVP) aufgestellt. Daraus wird dann Anfang des nächsten Jahrzehnts die Kasernierte Volkspolizei (KVP) und daraus wiederum die Nationale Volksarmee (NVA). Die Aufrüstung hat hier früh begonnen.

Die Stimmung gegen ein neues Militär ist abgekoppelt von der Einschätzung der politischen Situation. Dass der Ost-West-Konflikt bedrohliche Formen annimmt, hat den Menschen spätestens die Berliner Blockade vor Augen geführt. Vom 24. Juni 1948 bis zum 12. Mai 1949 sperrten die Sowjets die Zufahrtswege durch ihre Zone nach Berlin. Die westlichen Alliierten, allen voran die Amerikaner, versorgten Westberlin aus der Luft mit den unentwegt hin und her pendelnden »Rosinenbombern«. Seitdem schwelt die Angst vor weiteren Zuspitzungen und möglichen militärischen Konflikten immer stärker, ohne dass die Deutschen Einfluss nehmen könnten.

Durchhalten und hoffen auf bessere Zeiten

Die konzentrieren sich darauf, den Alltag zu bewältigen. Die Lebensmittel sind rationiert, im Osten schärfer als im Westen. Hier hat »Otto Normalverbraucher« inzwischen Anspruch auf rund 1700 Kalorien am Tag. Allerdings sind viele Waren schon auf dem freien Markt zu erwerben. Es gibt kaum noch die schmuddeligen Straßen-Treffpunkte, wo sich Käufer und Verkäufer in der ständigen Angst vor Razzien getroffen haben, um Waren zu überhöhten Preisen zu handeln. Aber ein Schwarzmarkt existiert weiter. Dort kostet ein Kilo Butter 16 bis 18 Mark, Zucker 3 Mark, eine amerikanische Zigarette 15 bis 20 Pfennige. Das sind erkleckliche Preise angesichts der üblichen Einkommen. Ein Arbeitnehmer, verheiratet, zwei Kinder, verfügt Anfang des Jahres 1950 im Schnitt über 300 Mark netto.

Die regulären Preise sind kurz nach der Währungsreform 1948 erheblich gestiegen, ebenso die Zahl der Arbeitslosen. Das alles drückt aufs Gemüt. Im Osten ist die Wirtschaftslage noch schlechter. Die Sowjets und die SED forcieren den Übergang zur Planwirtschaft und »volksdemokratischen Ordnung« notfalls mit Zwang. Außerdem gründen sie im November 1948 die Handelsorganisation (HO). Das staatliche Unternehmen betreibt Einzelhandelsgeschäfte, in denen Lebensmittel und Mangelwaren zu überhöhten Preisen verkauft werden. Angeblich dienen die HO-Läden der Bekämpfung des Schwarzmarktes, in Wirklichkeit aber holt sich der Staat hier zusätzliches Geld von den wenigen, die sich einen Hauch von Luxus leisten wollen und können.

Beengte Wohnverhältnisse in einem Notquartier 1951.

Deprimierend sind hüben wie drüben die Wohnverhältnisse. Millionen hausen in Notunterkünften. Glücklich die Familie, die eine Wohnung, möglicherweise sogar eine heile, für sich allein hat. Normal ist das von den Behörden dirigierte Zusammenleben mehrerer Parteien in einer Etage, in einem Haus – mit allen Belastungen, die sich aus dem alltäglichen Kampf um das gemeinsame Bad, die gemeinsame Toilette, die gemeinsame Küche ergeben.

Es gehört zu den Widersprüchlichkeiten der Zeit, dass die Deutschen entschlossen sind, allen Sorgen zum Trotz kein trauriges Dasein im Jammertal zu fristen. Man will endlich wieder leben. Schon bald nach der Kapitulation schossen überall im Land die Pflanzen des kulturellen Neubeginns aus dem Boden, die Kleinkabaretts erleben eine Blüte. Sie treffen den Nerv der Zeit und sprechen den Menschen aus der Seele, wenn sie die schlimme Vergangenheit und die triste Gegenwart mit den Mitteln der Satire zu bewältigen suchen. Niemand bringt damals besser auf den Punkt, was die Menschen denken, wünschen und fühlen. Schon deshalb wird im Laufe dieses Buches noch öfter vom Kabarett die Rede sein.

Da touren zum Beispiel bis 1949 »Die Hinterbliebenen« durchs Land, die mit ihrem Titelchanson nicht nur das eigene Motto verkünden:

Wir sind die Hinterblieb'nen
die hin und her Getrieb'nen
die nach den ungeschrieb'nen
Gesetzen freier Kunst
sich trau'n
den Deckel auf den Sarg zu hauen.

Der Refrain skizziert ein weit verbreitetes Lebensgefühl: Trauer über das Vergangene, natürlich. Aber jetzt muss der Deckel mal zu sein, jetzt müssen wir von vorn anfangen und etwas Neues beginnen, auch wenn noch nicht klar ist, was dieses Neue denn ist. Aufbruchstimmung allenthalben, auch in der Kultur. Nach der Abschottung durch die Nazis ist der Nachholbedarf ungeheuer, die kulturelle Neugier enorm. Unter primitivsten Umständen genießen Theaterleute, Literaten, Maler in der Nachkriegszeit die neue Freiheit. Legendär sind die Vorstellungen, bei denen die Leute wegen der Kälte im Mantel gesessen haben, das Licht ausgefallen ist und es an Bühnenausstattung gefehlt hat. Ein Signal ist 1947 die Gründung der Ruhrfestspiele in Recklinghausen: raus aus dem Elfenbeinturm, Theater und Kunst für die Arbeiter. Das ist neu und strahlt Zuversicht aus. Nach der Währungsreform ist einiges von dem Enthusiasmus verpufft, weil es an Geld fehlt. Trotzdem existiert ein reges Kulturleben, das sich weit für den Einfluss von außen öffnet. Als Leitkultur dient im Westen die amerikanische, Hemingway ist der meistgelesene Schriftsteller. In Ostdeutschland sind die Versuche, die sowjetische Kultur als Vorbild zu etablieren, weniger erfolgreich. Zu viel Pression steht dahinter, auch erste Verbote, die westliche Schriftsteller treffen.

Wie immer ist die Zahl derer, die sich einfach nur unterhalten wollen, größer als die der Kunstfreunde. Die Kinos sind voll. Es gibt wieder Hallen, in denen Catcherturniere, Sechs-Tage-Rennen, Boxkämpfe oder Karnevals- sitzungen große Massen auf die Beine bringen. Schönheitswettbewerbe fin- den statt, sogar für Männer. Überall wird getanzt. »Eine Fete jagte die nächste. Ausgelassen und vergnügt waren wir, offenbar so wie die Leute in Mexiko City, die am fröhlichsten auf den Friedhöfen feiern«, erinnert sich ein Journalist 50 Jahre später. Und im Karneval des Jahres 1949 hat Köln sei- nen Rosenmontagszug wieder. Die westdeutschen Narren singen ein Lied mit dem Titel *Wir sind die Eingeborenen von Trizonesien*. Der Refrain endet mit der sinnigen Feststellung:

Wir sind zwar keine Menschenfresser
doch wir küssen umso besser.

Mit Trizonesien sind die inzwischen zu einem Wirtschaftsgebiet vereinig- ten Zonen der Amerikaner (Süden), Engländer (Norden und Westen) und Franzosen (Südwesten) gemeint. Aber der Begriff erübrigt sich 1949, denn an seine Stelle tritt die Bundesrepublik Deutschland. Im Gegenzug gründet sich die Deutsche Demokratische Republik, die im offiziellen Sprachgebrauch des Westens weiterhin SBZ (Sowjetische Besatzungszone) oder noch einfacher »Zone« heißt. Darin liegt neben der politischen Nichtanerkennung eine gute Portion Abschätzigkeit und Abwertung. Die DDR wird von Ostberlin aus regiert. Westdeutscher Regierungssitz wird nach heftigem Tauziehen Bonn, allerdings nur als Provisorium, offiziell bleibt Berlin deutsche Hauptstadt. Die Bundesrepublik hat bei ihrer Gründung 47,5 Millionen Einwohner, die DDR 17,2. Letztere Zahl verringert sich laufend, weil von Beginn an die Menschen nach Westen abwandern, legal oder als Flüchtlinge.

Beide deutschen Staaten sind nach wie vor abhängig von den Sieger- mächten. Theodor Heuss spricht in seiner Neujahrsrede von einer »ge- knickten Souveränität« der Bundesrepublik, das gilt ähnlich für die DDR. Formal befinden sich beide sogar noch im Kriegszustand mit den früheren Kriegsgegnern. Gleichwohl verfügen beim Eintritt in das neue Jahrzehnt die BRD wie die DDR über Verfassungen, die dem Buchstaben nach demo- kratisch sind, und über Institutionen, die das Leben organisieren.

Die Weichen und Signale sind gestellt. Im Westen zeigen sie in die Rich- tung einer rechtsstaatlichen, parlamentarischen, pluralistischen Ordnung, im Osten in die Richtung repressiver Strukturen nach sowjetischem Muster. Aber was aus alldem wird, ist so vage wie ein Orakel. Das Volk ist in seiner Identität tief verunsichert, teilweise traumatisiert. Die Welt verachtet die Deutschen, weil sie den Krieg entfesselt und unglaubliche Verbrechen begangen haben. Sie selbst wissen oder ahnen, dass sie zu Recht stigmatisiert sind. Nur eine Minderheit zweifelt an der Schuld, doch nur die wenigsten wollen darüber reden. Die Kunst des Verdrängens ist hoch entwickelt. Auch ist unklar, wie die Deutschen sich miteinander arrangieren. Ein Viertel des früheren Territoriums, die Gebiete jenseits von Oder und Neiße, ist amputiert. Die vielen Millionen Flüchtlinge oder Vertriebene aus diesen oder anderen Gebieten bekommen jeden Tag zu spüren, dass sie unwillkommen sind. Sie schwanken zwischen dem Willen zur Eingliederung und der Hoffnung, bald in die Heimat zurückkehren zu können.

So stehen dicht nebeneinander Ohnmacht und Hoffnung, Schuldgefühl und Verdrängung, Resignation und Aufbruchswille, Angst und Zuversicht. Vieles erscheint möglich, weniges unmöglich. Nichts ist wirklich entschieden: die Deutschen in der Wartehalle der Geschichte.

Die umgestülpte Gesellschaft
Von Flüchtlingen, Vertriebenen, Kriegsheimkehrern und Ausgebombten

Wie in einer Wartehalle herrschte am Beginn des neuen Jahrzehnts in Deutschland ein ständiges Kommen und Gehen. Der Krieg und die Nachkriegszeit hatten die Deutschen in eine Mobilität gezwungen, die an die Zeiten der Völkerwanderung erinnerte. Die großen Massenbewegungen kamen zwar bis 1950 zum Stillstand, vieles aber musste sich noch zurechtrücken. Eine typische Geschichte haben die Bonner Eheleute Oppermann erlebt – eine Geschichte von Überlebenswillen und Versagen, von Glück und Unglück, von Zufall und auch Irrwitz. Sie gehören zu den Zeitzeugen, die sich für die ARD in Interviews an die Fünfzigerjahre erinnerten. Auf diesen Interviews fußen die Lebensgeschichten, die in diesem Buch erzählt werden.

Der Gefangene von Workuta und die Krankenschwester aus Gießen

In der Weihnachtszeit 1949 galt er als Todeskandidat: 1,80 Meter groß, nur noch 96 Pfund schwer, vollkommen unterernährt, und das in einem der berüchtigten Lager von Workuta, Sibirien. Um die gleiche Zeit arbeitete sie nach einer abenteuerlichen Flucht aus Ostpreußen in Bielefeld: 19 Jahre alt, von der Familie getrennt, die Habseligkeiten in einem Koffer. Alles sprach dagegen, dass aus diesen jungen Menschen jemals ein Paar werden könnte.

Von Ostpreußen nach Sibirien und zurück ...

Beide stammen aus einer kleinen ostpreußischen Stadt im Memelland, früher deutsch, heute litauisch. Er kommt dort 1920 zur Welt, sie zehn Jahre später, die Eltern kennen einander. Heinz arbeitet nach dem Abitur ein halbes Jahr für ihren Vater, der Bürgermeister und beim Militär ist. Das kleine Mädchen, Uschi Lankisch, fällt ihm auf wegen ihrer »netten, sehr forschen und fröhlichen Art«. Sie lässt ihm schon mal die Luft aus dem Fahrradreifen oder bespritzt ihn mit dem Gartenschlauch. Heute scherzt sie: Ich habe eben damals schon gewollt, dass »du auf mich aufmerksam wirst«. Und er entgegnet: »So ist es ja dann auch geworden.«

Heinz Oppermann muss im Februar 1940 einrücken. Als er im Krieg verwundet wird, nutzt er die Zeit der Genesung für ein Semester Jurastudium. Während eines Heimaturlaubs heiratet er 1943 Franziska aus München – eine der vielen rasch geschlossenen Kriegsehen. Bei der deutschen Kapitulation im Mai 1945 steht seine Einheit in Kurland (heute Lettland). Er fürchtet die russische Gefangenschaft, also flüchtet er durch die Wälder 200 Kilometer nach Hause, kauft sich Namen und Papiere von einem Invaliden und arbeitet unerkannt zwei Jahre in einer Försterei. Seine Eltern sind, genau wie die des kleinen Mädchens Uschi, geflüchtet. 1947 verhaften ihn die Russen, sie haben seine Tarnung entdeckt. Im fernen Moskau verurteilt ihn ein Tribunal von drei Richtern nach Aktenlage zu zehn Jahren Arbeitslager in Sibirien – wegen angeblicher Missachtung der Kapitulationsbedingungen und unverbesserlicher Neigung zum Faschismus. Workuta liegt in einer gottverlassenen Gegend am Polarkreis und ist bei Russen und Deutschen nicht nur wegen der langen Eisperioden und der flachen, baumlosen Tundra gefürchtet. Es gibt dort etwa 40 Kohlenschächte und 50 Lager mit insgesamt 120 000 Gefangenen, von denen die meisten unter Tage arbeiten. Zuerst soll auch Heinz in den Schacht, aber weil er schlecht sieht, darf er oben bleiben. Er arbeitet sich zum Fachmann für Eisenbeton hoch und lernt Russisch; bald leitet er eine Brigade. Bei seiner Ankunft 1948 gibt es unter den rund 3000 Insassen in seinem Lager höchstens 50 Deutsche. Aber allmählich kommen immer mehr Häftlinge aus der DDR.

Uschi Lankisch geht 1944 mit ihrer Mutter, den zwei Geschwistern und den französischen Kriegsgefangenen auf die Flucht. Diese haben das

400 Morgen große Gut bewirtschaftet, seitdem der Vater Soldat war, und »toll für uns gesorgt, vor allem für meine Mutter mit dem gerade geborenen Bruder«, das hat Frau Oppermann ihnen nicht vergessen. Die Rumpffamilie verschlägt es zuerst nach Königsberg, dann nach Osterode im südlichen Ostpreußen; weiter wandert sie ins schlesische Riesengebirge und schließlich in den Bayerischen Wald. Zeitweise liegt die Kampflinie dicht hinter ihrem Rücken, und das bedeutet Tieffliegerangriffe auf die Straße, Angst und Hunger. Und trotzdem: Im Rückblick war für die junge Uschi »immer ein kleines bisschen Abenteuer dabei«.

In Bayern kommt die Familie notdürftig unter. Die Mutter hat Schmuck gerettet und tauscht ihn stückweise an die Bauern gegen Nahrungsmittel, um die Familie durchzubringen. Die Tochter ist nun 17 Jahre alt und im Bayerischen Wald ohne Perspektive. Da trifft es sich gut, als ihr eine Tante in Kiel ein Haushaltsjahr bei einem Pastorenehepaar in Bielefeld vermittelt. Für die Zugreise braucht sie 1947 eine Genehmigung, die sie aber nicht hat. Also mogelt sich Uschi irgendwie durch. Die Frau des Pastors empfiehlt ihr dringend, den Schulabschluss nachzuholen. Sie belegt und besteht einen Lehrgang für Flüchtlinge, die ihre Schulkarriere vorzeitig abbrechen mussten. Noch einmal hilft die Tante: 1950 geht Uschi nach Kiel, um eine Ausbildung als Krankenschwester beim Deutschen Roten Kreuz zu machen.

In Workuta geben die russischen Ärzte Heinz Oppermann noch drei Wochen, doch wider Erwarten erholt sich dieser von seiner Dystrophie. Wie den meisten Gefangenen ist es ihm verboten, zu schreiben oder Post zu bekommen. Was zu Hause vor sich geht, erfahren die Deutschen von den Neuankömmlingen aus der DDR. Vor allem nach dem 17. Juni 1953 füllt sich das Lager mit Häftlingen, die wegen Widerstands gegen das Regime hohe Strafen verbüßen sollen. Zwei Monate nach dem Aufstand streiken in Workuta russische Gefangene. »Ohne Freiheit keine Kohle!«, rufen sie. Nach dem Vorbild der DDR-Arbeiter und ermuntert durch den Tod des allmächtigen Stalin glauben sie, die Verhältnisse könnten sich bessern. Aber das Militär schießt den Streik nieder, etwa 60 Männer kommen um, darunter auch Deutsche. Auch an Oppermanns Schacht versuchen die Gefangenen zu protestieren und schicken die Loren leer nach oben. Doch nach der Schießerei kehren alle zur Arbeit zurück.

In Deutschland hat Ehefrau Franziska inzwischen einen anderen Mann kennen gelernt, den sie heiraten will. Seine »Franzi« bringt die Eltern Oppermann dazu, ihren Sohn für tot zu erklären, da sie seit dem Krieg nichts mehr von ihm gehört haben. Heinz erfährt von alldem natürlich nichts in Sibirien. Aber dann gelingt es ihm, ein Lebenszeichen aus dem Lager zu schmuggeln. Ein Kamerad, der Karten empfangen und schreiben darf, vertraut ihm an: »Meine Frau hat mich verlassen, sie hat einen anderen. Ich schreibe nicht mehr.« Oppermann ergreift die Chance: »Gib mir eine von deinen Karten, ich schreibe unter deinem Namen, aber so, dass man in Deutschland weiß, dass ich der Heinz bin.« Er adressiert die Karte auf gut Glück an einen Onkel in Halle (DDR). Der ist zwar mittlerweile nach Westdeutschland gegangen, aber die DDR-Post befördert die Karte weiter zu ihm nach Bonn. Der Onkel erkennt die Tarnung und verständigt die noch in Halle lebenden Eltern. Bald darauf darf ihm die Mutter schreiben. Sie informiert ihn, dass Franziska in München lebt, dort jedoch ein zweites Mal verheiratet ist.

Ende 1954 legen die Russen die Deutschen von Workuta in einem Lager 120 Kilometer weiter südlich zusammen. Hier sieht die Welt schon etwas freundlicher aus. Es gibt Bäume, Birken vor allem, höchstens 4 Meter hoch, für deutsche Augen aber schon eine Erholung nach dem Einerlei der Tundra. Die Gefangenen hoffen, dass sie jetzt nach Hause dürfen, aber sie sollen in den Wäldern arbeiten. Für den Weihnachtsabend in Oppermanns Baracke hat jemand einen kleinen Tannenzweig und eine Kerze beschafft. Als sie brennt, fassen sich die 20 Menschen an den Händen und bestärken einander in dem Wunsch, es möge die letzte Weihnacht in Unfreiheit sein – und sie hören, wie die Bewacher sagen: »Die Faschisten verbrüdern sich.«

Über eine Zwischenstation in einer Zementfabrik landet Heinz Oppermann in einem noch weiter südlich gelegenen Lager bei Gorki: vier große Baracken mit je 250 Gefangenen. Da Oppermann Russisch spricht, wählt ihn die Belegschaft mit 96 Prozent der Stimmen zum Lagerältesten. In dieser neuen Eigenschaft muss er nicht nur mit den Russen verhandeln, sondern auch trösten, schlichten, raten. Da sind zum Beispiel zwei Fraktionen deutscher Ärzte, die einander wegen medizinischer Differenzen erbittert bekämpfen. Die Vermittlungsversuche des Lagerältesten enden »kläglich«, wie er später zugibt. Die

Herren Mediziner kündigen an, sich später in Deutschland gegenseitig zur Rechenschaft zu ziehen.

Insgesamt jedoch ist das Leben nun leichter. Die Häftlinge können die Arbeit verweigern, ohne Gefahr zu laufen, erschossen zu werden. Es gibt Schachwettbewerbe, Konzerte mit selbst gebastelten Instrumenten, Fußballturniere unter Deutschen und gegen Russen. Und dann erreicht sie die Nachricht, dass Bundeskanzler Konrad Adenauer nach Moskau reist. Neue Hoffnung keimt auf, doch als der Besuch im September 1955 vorüber ist, geschieht wieder nichts. Erst am 6. Dezember ist es so weit. 250 Deutsche aus Oppermanns Lager dürfen fahren.

Die Heimkehrer tragen die üblichen Wattehosen und -jacken und haben ein bisschen Geld in der Tasche, die »Restauszahlung«. Bei einem Zwischenstopp in Smolensk dürfen sie den Zug verlassen. »Wer seid ihr?«, fragen einige Russen auf dem Bahnsteig. »Wir sind Deutsche.« »Wo kommt ihr her?« »Aus der Gefangenschaft.« Die Russen sind perplex. Zehn Jahre nach dem Krieg gibt es immer noch Gefangene, das haben sie nicht gewusst. Als der Zug dann Polen durchquert und langsam durch einen Bahnhof rollt, rufen Gleisarbeiter ihnen zu: »Wann kommt ihr, um uns zu befreien?« Vor der DDR-Grenze steigen schließlich junge Leute ein, die von der Staatssicherheit geschickt sind. Sie fragen die Heimkehrer aus und wollen wissen: »Habt ihr schon was von unserem Arbeiter- und Bauernstaat gehört?« Die Heimkehrer reagieren erbost: »Wenn ihr diesen Waggon nicht bei der nächsten Station verlasst, werfen wir euch raus.« Da gehen die jungen Agitatoren sehr schnell. In Fürstenwalde begrüßt ein Regierungsmitglied der DDR sie mit »Liebe Landsleute«. Auch dieser wird belehrt: »Wir sind nicht deine Landsleute, hau ab.« Zwar verlassen einige Mitreisende den Zug, um zu ihren Familien im Osten zu gehen, der große Rest aber fährt mit dem Bus weiter in Richtung Bundesrepublik.

Eine Achtergruppe, bewacht von zwölf Sicherheitsleuten, nähert sich der Grenzstation. »Steigen Sie aus, da drüben ist die Demarkationslinie, 200 Meter. Gehen Sie!«, befehlen die Aufseher. Die Szene ist hell beleuchtet: »Wir haben gedacht, jetzt schießen sie, und dann werden sie sagen: auf der Flucht erschossen«, erzählt Oppermann. Aber nichts geschieht. Auf der anderen Seite begrüßen sie amerikanische und deutsche Offizielle, Journalisten und der westdeutsche Grenzschutz. Mit dem Auto geht es weiter ins niedersächsische Lager Friedland.

... in ein neues Leben

Zu diesem Zeitpunkt ist Uschi Lankisch, spätere Oppermann, schon lange in Kiel. Dort absolviert sie seit 1950 ihre Lehre als Krankenschwester und arbeitet zuerst in der Frauenklinik. Ganze Trakte des Klinikums sind wegen der Kriegszerstörungen noch unbenutzbar, die Abteilungen darum ausgelagert in kleinere Städte ringsum. Die Lernschwester wird nach Eutin geschickt, wo sie auf strenge Vorgesetzte und einen strammen Zeitplan trifft. Der Tag beginnt morgens um sechs Uhr, von zwei bis vier Uhr ist Pause, jede Woche ein halber Nachmittag und alle zwei Wochen ein Sonntag sind frei. Dafür gibt es im ersten Lehrjahr 10 Mark monatlich, im zweiten das doppelte, im dritten zunächst 30, dann 47 Mark. Das ist nicht viel, wenn man bedenkt, dass ein Paar Schuhe 25 bis 30 Mark kostet. Die junge Frau spendet Blut, was den Schwestern zwar untersagt ist, aber eine winzige Portion Luxus erlaubt.

Das Schwesternheim, in dem Uschi wohnt, hat Mehrbettzimmer, Zapfenstreich um 22 Uhr und strengstes Besuchsverbot für Männer. Umso größer der Wunsch, auszugehen und zu tanzen. Mit zwei anderen, darunter eine 29-Jährige, legen sie sich einmal angezogen, aber bis zum Hals zugedeckt, ins Bett. Nachdem die Oberschwester ihre letzte Kontrollrunde beendet hat, büchsen sie durch ein Flurfenster aus. Als sie in den Tanzsaal kommen, stehen einige Gäste gerade auf, um zu gehen. Die drei ziehen deren Gläser zu sich heran, in denen ein Rest übrig geblieben ist; für eigene Getränke haben sie kein Geld: »Und dann haben wir uns amüsiert ...« Die interessierten jungen Männer werden elegant an der Nase herumgeführt. »Wo kommt ihr denn her? Wir haben euch ja noch nie hier gesehen.« »Ach«, sagen die drei da nur, »wir sind aus Kiel, wir besuchen unsere Oma hier.« Erst später, als die Verehrer sie bis aufs Klinikgelände verfolgen, wird es schwierig, sie abzuschütteln, damit das Trio unentdeckt durch das offen gehaltene Fenster ins Haus zurücksteigen kann.

Ein bisschen Vergnügen können die angehenden Krankenschwestern aber auch gut gebrauchen, denn der Alltag ist schwer. In den Krankenhäusern liegen noch immer Kriegsverletzte, von denen viele sterben. Es fehlt an allem. Beschädigte OP-Handschuhe flicken die Schwestern nachmittags, damit sie am anderen Morgen wieder einsatzfähig sind.

Sie waschen gebrauchte Verbände und sterilisieren Spritzen, da es Einweg-Instrumente noch nicht gibt. Die Infusionen stellt das Personal selbst her.

1953 legt Uschi Lankisch die Prüfung ab, bei der das schriftliche Examen in Wirklichkeit aus einer 24-Stunden-Wache besteht. Es folgt das Anerkennungsjahr, dann ist die Ausbildung abgeschlossen. Sie fährt nach Kirn an der Nahe in Rheinland-Pfalz, wo die Mutter, der kleine Bruder und der aus der Kriegsgefangenschaft heimgekehrte Vater inzwischen wohnen. Die ältere Schwester ist in Berlin verheiratet. Uschi will in der Nähe der Eltern bleiben. Der Vater ist nicht mehr der starke Mann, den sie kannte. Auch der Mutter setzt das Leben in der Fremde zu. Sie neigt dazu, alles negativ zu sehen, und pflegt zu klagen, dass sie »alles verloren haben«. Vor allem der jüngere Bruder leidet unter den depressiven Anfällen der Mutter, die in dem Satz gipfeln: »Wir sind nichts mehr.«

Die Tochter hingegen hat keine Probleme und wird überall schnell heimisch. Vier Monate arbeitet sie am Krankenhaus in Kirn. Dann wechselt sie, mithilfe von Verwandten, nach Gießen, zwei Eisenbahnstunden entfernt, wo eine Schwester in der Universitätsklinik für Neurologie und Psychiatrie gesucht wird. Sie verdient gut, um die 250 Mark, und steht kurz vor der Verlobung mit einem Studenten, den sie heute einen »Windikus« nennt. Aber dann tritt Heinz Oppermann wieder in ihr Leben. Ihre Eltern haben den gerade aus der Gefangenschaft gekommenen jungen Mann und dessen aus Halle zu Besuch weilende Mutter eingeladen. Man kennt sich ja aus dem Memelland, die Familien wollen Erinnerungen auffrischen. Als Uschi aus Gießen in Kirn eintrifft, stehen ihr Vater und Oppermann am Bahnhof. Er trägt noch die aus Spenden stammenden Kleider, die er in Friedland bekommen hat. Sie denkt: Wie schrecklich. Der Anzug ist grün mit viel zu kurzen Hosen, dazu ein Schlapphut und ein Mantel, dessen braune Farbe sie gleichfalls grässlich findet. Er denkt: Donnerwetter, was für ein adrettes Mädchen, so schick, so forsch.

Die Wohnung ist viel zu eng für den Besuch: ein Schlafzimmer, in dem die Eltern mit dem Bruder wohnen, und eine Küche. Der Bruder schläft heute bei den Eltern im Ehebett, Mutter Oppermann kommt auf das Kinderbett. Die beiden jungen Leute aber sitzen die ganze Nacht am Küchentisch und erzählen einander, was sie erlebt haben. Um fünf Uhr geht Uschis Zug nach Gießen. Später fährt seine Mutter nach Halle zurück, und Heinz reist nach München, um die Sache mit seiner Ehe zu klären.

Die nie von ihm geschiedene, aber wieder verheiratete »Franzi« steht am Bahnhof. Heinz Oppermann ist jetzt 35 und hat mit 23 eine Frau geheiratet, die er zwölf Jahre nicht gesehen hat. Zu seiner Überraschung holt sie ihn mit einem eigenen Auto ab, einem VW-Käfer. Sie hat Karriere gemacht als Ausbilderin für Sekretärinnen. Als sie in die Wohnung kommen, trifft er Franziskas neuen Mann: auch er ein ehemaliger Kriegsgefangener, der aber schon 1949 heimgekehrt ist und viel Verständnis für die prekäre Situation zeigt. Er bietet Heinz das Du an und sagt: »Ich glaube, ich muss euch allein lassen, ihr habt euch viel zu erzählen. Was eure Ehe angeht, gibt es zwei Möglichkeiten. Entweder bleibt alles so, wie es ist. Oder ihr wollt wieder zusammen sein, auch damit bin ich einverstanden. Dann muss unsere Ehe aufgelöst werden und ihr müsst wieder heiraten. Wenn ich heute Abend komme, werdet ihr euch entschieden haben.«

Da sitzen sie nun und reden, die beiden Eheleute, die nicht wissen, ob sie noch welche sein wollen. Doch je länger und je mehr sie reden, hat Heinz den Eindruck: Sie ist nicht die Richtige. »Ich werde dafür sorgen, dass du eine Ausbildung kriegst, dass du dieses und jenes machst«, sagt sie zum Beispiel. Diese Form von Dominanz behagt ihm nicht, denn als »Prinzgemahl« fühlt er sich gänzlich ungeeignet. Am Nachmittag ist die Entscheidung gefallen: Es soll so bleiben, wie es ist. Heinz Oppermann verabschiedet sich und bekräftigt, dass er niemandem etwas übel nimmt: Das Schicksal eben ... Wie so oft in jenen Zeiten ... Gleichzeitig denkt er an Uschi in Gießen, die er gerade wiedergetroffen hat.

Er reist zurück nach Bonn und sofort weiter nach Kirn. Nach all den Jahren der nicht nur physischen Entbehrungen fühlt er sich wohl in dieser Umgebung, er schätzt das Familienleben trotz aller Enge. Und aus Gießen kommt Uschi wieder angereist. Abends gehen sie tanzen, es ist Karneval. Sie singen von rheinischen Mädels beim rheinischen Wein, und auf dem Heimweg küssen sie einander zum ersten Mal, in einer Unterführung, wie sie 50 Jahre später noch wissen. Und die heutige Frau Oppermann schwärmt nach wie vor: »Du hattest so eine Ausstrahlung, das gab einem Sicherheit, man fühlte sich geborgen bei dir.«

Heinz fällt es schwer, Fuß zu fassen, aber Uschi steht ihm zur Seite. Der Onkel, bei dem er in Bonn wohnt, will ihn überreden, zu der gerade entstehenden Bundeswehr zu gehen. Das findet er absonderlich nach allem, was er erlebt hat. Er erinnert sich an das kurze Gastspiel an der Universität während des Krieges und sucht einen Juraprofessor auf, der sich um Spätheimkehrer kümmert. Als dieser ihn fragt, ob er in Russland krank gewesen sei, vielleicht an Dystrophie gelitten habe, nimmt das Gespräch eine desillusionierende Wendung. »Natürlich, ich wog noch 96 Pfund«, antwortet der Besucher, worauf der Professor entgegnet: »Ja, und dann wollen Sie studieren?«»Warum nicht?«»Dann hat doch Ihr Gehirn gelitten. Sie werden das nicht schaffen.« Schluss des Gesprächs. Oppermann geht nach Hause und denkt: Das ist kein Land für mich. Jahre später wäre er gegen einen solchen Bescheid vorgegangen, jetzt aber fühlt er sich so angeschlagen, dass er nichts unternimmt und stattdessen überlegt, ob er auswandern soll.

Auch sonst hat er Schwierigkeiten mit dem Land, in dem das Wirtschaftswunder auf Touren kommt. Er macht Bekanntschaft mit den bisweilen absurden Hürden der Bürokratie, als er, um ein bürgerliches Dasein aufnehmen zu können, zunächst einmal ins Leben zurückkehren muss, denn offiziell ist er ja tot. Er bringt Zeugen bei, die bescheinigen, dass er das nicht ist, und läuft viel herum, um den Papierkram zu erledigen. Ärgerlich findet er auch, dass er um die ihm als Spätheimkehrer zustehende Entschädigung kämpfen muss, und er lernt, dass das Leid einen Tarif hat. Für die erste Zeit, von 1947 an, gibt es 1 Mark pro Tag Gefangenschaft, später 2 Mark, und wer in den Fünfzigern noch in Haft gewesen ist, bekommt zusätzlich einen speziellen Betrag. So kommen rund 5000 Mark zusammen.

Ihn irritiert die Welt, in die er hineingefallen ist. Er beobachtet Hemdsärmeligkeit, Egoismus und Hektik. Andererseits genießt er das Flair der Einkaufsstraßen. Heinz und Uschi bummeln die Schaufenster entlang, er bewundert die Auslagen, sei es beim Textilgeschäft oder am Obststand. Technik interessiert ihn, vor allem das Radio und der Fernseher. Die erste größere Anschaffung ist das, was um diese Zeit viele kaufen: eine Musiktruhe mit Zehn-Platten-Wechsler. Und das erste Lied, das er darauf abspielt, ist eines von Freddy Quinn mit dem Refrain: »So schön, schön war die Zeit ...« Der Schlager treibt alten Landsern regelmäßig die Tränen in die Augen, vor allem die Zeile:

»Dort wo die Blumen blüh'n, dort wo die Täler grün, da war ich einmal
zu Hause...«

Im Frühjahr 1956 beschließen die beiden, dass sie zusammenbleiben
wollen. Eigentlich will sie erst noch als Krankenschwester nach Afrika
gehen, nach Äthiopien, und meint, er könne die zwei Jahre warten.
Aber er beharrt darauf: »Nein, du musst dich entscheiden!« Sie bleibt.

Im Juli 1956 heiraten
Heinz Oppermann und
Uschi Lankisch.

Heinz besucht einige Seminare von Parteien, weil er sich für staatsbür-
gerliche Bildung interessiert. Doch die Chance für einen Job eröffnet
sich nirgendwo. Beim Verband der Bauwirtschaft wecken seine Erfahrungen mit dem Bauen in eisiger Kälte Neugier. Er schreibt einen Bericht, denkt daran, Bauingenieur zu werden, und bringt Bestätigungen
von Kameraden bei, dass er tatsächlich in Sibirien Betonmeister gewe-

sen ist. Die Schule nimmt ihn freundlich auf, die übliche Gesellen-
prüfung als Eingangsvoraussetzung wird ihm erlassen.

Im Juli 1956 heiraten die Oppermanns, 13 Leute bewirten sie in einem
Bonner Lokal, das Essen kostet 15 Mark pro Person. Sie beziehen eine
»schreckliche Wohnung«, das Schlafzimmer bezahlt der frisch geba-
ckene Ehemann von der inzwischen bewilligten Entschädigung. Frau
Oppermann arbeitet in einem Bonner Krankenhaus, als der Zufall wieder einmal eingreift. Ein Lagerkamerad ist beim Verband der Heimkehrer beschäftigt und will die ihm zustehende Kur absolvieren. Aber
der Chef hat gesagt: »Nur wenn du für die Zeit einen Ersatz bringst.«
Oppermann springt ein, der Kamerad kehrt nicht zurück, sondern teilt
mit, dass er nun Lehrer werden will. Der Verband bietet dem Ersatz-
mann die Stelle an, und da dieser finanzielle Sorgen hat, bleibt er, wird
Leiter des verbandseigenen Verlags und leitet Seminare.

Das Leben scheint sich zu normalisieren, aber dann stirbt Uschis immer
noch in Kirn lebender Vater plötzlich, ein Schock für die so sehr an der
Familie hängende Tochter. Im November 1957 bekommen die Oppermanns Nachwuchs, die junge Mutter hört auf zu arbeiten. Inzwischen
ist ihre bis dahin noch in Halle lebende Schwiegermutter in die sowieso
schon enge Wohnung gezogen. Es setzt Reibereien, obwohl die Frauen
einander eigentlich zugetan sind. Heinz ist oft auf Dienstreisen. Als
es wieder einmal Streit gibt und er ihr nicht beispringen kann, will sie
ihn mit der einzigen Tochter verlassen, weil sie die Situation nicht
mehr ertragen zu können glaubt. Aber sie bleibt. Obwohl die Mutter/
Schwiegermutter noch fast 30 Jahre bei ihnen wohnt, raufen sie sich
zusammen.

Die Eheleute wollen nachholen, was sie durch den Krieg, die Gefangenschaft und die Flucht verpasst haben, gehen ins Theater und ins
Kino, kaufen einen Motorroller und ziehen zweimal um in größere
komfortablere Wohnungen. Als die Tochter größer wird, arbeitet Uschi
als Teilzeitkraft wieder im Krankenhaus. Dann lernt sie Stenografie
und Schreibmaschine und wechselt in ein Büro. Nach all den Irrungen
und Wirrungen führen die Oppermanns ein bürgerliches Leben wie
viele andere. Und heute sagen beide über ihre Fünfzigerjahre, sie seien
schöner gewesen als die Gegenwart.

Halb Deutschland war auf den Beinen

Die Oppermanns gehören zu den Menschenmassen, die sich am Ende des Krieges und danach unter größten Strapazen und Entbehrungen von Ost nach West gewälzt hatten. Um 1945 waren etwa 25 Millionen Deutsche nicht an ihrem Heimatort gewesen: Flüchtlinge, Vertriebene, Ausgebombte, Evakuierte, Kriegsgefangene, Arbeitsverpflichtete. Hinzu kamen 10 Millionen befreite Menschen, die im amtlichen Sprachgebrauch »Displaced Persons« (DP) hießen, vor allem Kriegsgefangene, KZ-Überlebende, Zwangsarbeiter.

Von den DPs waren 1950 die meisten wieder zu Hause, oder sie hatten eine neue Heimat gefunden, zum Beispiel in Israel oder den USA. Etwa 100 000 lebten noch in Westdeutschland, in den meisten Fällen stellte ein Gesetz sie nun mit Deutschen gleich. Aber erst 1957 wurde das letzte Lager

Ein ehemaliger Kriegsgefangener aus Norwegen bei der Ankunft auf dem Lehrter Bahnhof in Berlin.

für »heimatlose Ausländer« aufgelöst. Das ungleich größere Problem waren die weit mehr als 10 Millionen Deutsche, die sich im und nach dem Krieg, freiwillig oder unfreiwillig, nach Westen aufgemacht hatten. 500 000 kamen auf der Flucht um, ein kleiner Teil kehrte später zurück, andere wanderten aus. Von denen, die in Deutschland blieben, stammte der größte Teil aus Schlesien (rund 3,2 Millionen), die nächst größeren Gruppen stellten die Sudetendeutschen aus der Tschechei (2,8 Millionen), die Ostpreußen (1,9 Millionen) und die Ostpommern (1,4 Millionen).

Als der Zustrom 1948 langsam abebbte, hielten sich in den drei westlichen Zonen 6,4 Millionen Flüchtlinge und Vertriebene auf, in der sowjetischen Besatzungszone waren es 4,4 Millionen. Das Verhältnis verschob sich in den folgenden Jahren, weil viele über die Zonengrenze weiter wanderten, sodass für die DDR am Ende 1,4 Millionen Neubürger übrig blieben. Auf dem Gebiet der Bundesrepublik lebten dagegen um 1950 über 9 Millionen mehr Deutsche im Vergleich zu 1939. In beiden Gebieten drängten sich also erheblich mehr Menschen als je zuvor, und das bei der herrschenden Wohnungsnot. Im Westen zum Beispiel waren zwei Fünftel aller Wohnungen nach dem Krieg zerstört. Was die Bundesrepublik anging, hielt der Andrang weiter an. Von der Gründung der beiden deutschen Staaten bis zum Bau der Berliner Mauer 1961 wechselten noch einmal insgesamt 3 Millionen Menschen über die Grenze.

Die Verhältnisse waren chaotisch. Denn auch wenn die Flüchtlinge irgendwie Unterschlupf gefunden hatten, hieß das noch nicht Beständigkeit. Viele Familien waren zerrissen; den Vater hatten die Ereignisse etwa nach Sachsen verschlagen, die Mutter mit den Kindern nach Westfalen. Fanden sie einander dann tatsächlich wieder, begann die Suche nach einer Chance, zu arbeiten und wieder zusammenzuleben. Oft auch hatten sich Eltern und Kinder unterwegs trennen müssen. Die Kinder strandeten zum Beispiel irgendwo in einem Dresdner Heim oder bei Pflegeeltern in Hannover. Und die Suche der Angehörigen nach ihnen war mühevoll, häufig sogar erfolglos.

Viele Menschen kamen zunächst in Notquartieren unter, gingen von da in provisorische Unterkünfte und fanden erst nach langer Zeit eine feste Bleibe. Das alles war häufig wie bei der Familie von Frau Oppermann mit einem erneuten Ortswechsel verbunden. Statistiken zeigen, dass jeder Neuankömmling aus dem Osten im Laufe der Fünfziger im Schnitt noch ein- oder mehrere Male umzog. Manchmal hatte es den Anschein, ganz

Deutschland sei unterwegs. Die Mobilität spiegelte sich ständig im Alltag bis in die Schulklassen hinein. Kaum hatten sich die Schüler an den Neuen mit dem merkwürdigen östlichen Dialekt gewöhnt, da verschwand er schon wieder, weil der Vater irgendwo anders eine Stellung gefunden hatte.

Nicht wenige Familien blieben trotz der allmählichen Stabilisierung unvollständig. Der Suchdienst des Deutschen Roten Kreuzes (DRK) hatte in den ersten fünf Jahren nach der Kapitulation geholfen, mehr als 8 Millionen Menschen zusammenzuführen. Dennoch galten Ende 1949 nach wie vor 1,3 Millionen ehemalige Angehörige der Wehrmacht als vermisst, die meisten davon in Osteuropa, wo zusätzlich viele Zivilisten aus den Internierungslagern verschwunden waren. So wurden neue Familien gegründet und alte Familien neu zusammengewürfelt. Vor allem viele Frauen wollten nach Jahren ohne Lebenszeichen nicht länger warten. Sie stellten Anträge, den vermissten Ehemann für tot zu erklären. Dass einer, wie im Fall Oppermann, als amtlich Toter nach Hause kam und seinen Platz besetzt fand, war kein Einzelfall.

Und immer noch suchten Eltern ihre auf der Flucht verlorenen Kinder oder Kinder ihre Eltern. Manche waren bei der Trennung so klein gewesen, dass sie nicht einmal ihren Namen wussten. Bei den täglichen Suchmeldungen im Radio hieß es dann nur, ein Baby sei in Ostpreußen gefunden worden, es habe diesen oder jenen Strampelanzug getragen. Hinweise richten Sie bitte an. ... Und immer wieder fanden auf diesem oder anderem Weg Angehörige zueinander, was manchmal nicht nur Glück, sondern auch neues Unglück bedeutete. In Koblenz legte eine Frau ihrer Tochter zu deren 14. Geburtstag im Jahre 1956 einen Brief neben die Geburtstagstorte, weil sie nicht sagen konnte, was sie sagen musste: »Du lebst bei deinem Vati und deiner Mutti, und du hast eine schöne Kindheit in Geborgenheit und Harmonie bei uns gehabt. Aber... nicht ich habe dich geboren, sondern eine andere Frau.« Auf der Flucht aus Königsberg hatte die richtige Mutter mit dem Säugling in den Wagen eines Flüchtlingszuges steigen wollen. Als sie das Kind durchs Fenster ins Abteil reichte, fuhr der Zug an, und sie wurde zurückgestoßen. Die andere Frau nahm das Kind mit, forschte ohne Ergebnis nach der Mutter und zog das Mädchen wie ihr eigenes auf. Doch nun, zwei Tage vor dem Geburtstag der Pflegetochter, war die leibliche Mutter aufgetaucht und wollte ihr Kind zurück. »Mein liebes, liebes Mädchen«, endete der Brief, »du musst jetzt sehr tapfer sein, denn wir wissen nicht, wie alles enden wird.« Ein Schicksal wie viele andere.

Manch ein Fall klärte sich im Laufe der Jahre, gerade auch durch den DRK-Suchdienst, aber immer neue Menschen ließen weitere Vermissten-meldungen eintragen, sodass die Arbeit nicht weniger wurde, im Gegen-teil. Am 31. März 1959 standen immer noch 1,2 Millionen Verschollene in den Karteien des Deutschen Roten Kreuzes. Und viele Nachfragen sollten auch künftig ohne Ergebnis bleiben.

Tod, Flucht, Vertreibung, Trennung stülpten die deutsche Gesellschaft völlig um und rüttelten sie durcheinander. Vor welche materiellen, organi-satorischen und sozialpsychologischen Probleme das die Behörden und die Menschen stellte, zeigt das Beispiel der niedersächsischen Stadt Oldenburg.

Von »Polacken«, fernen Rittergütern und engen Notunterkünften

Der Krieg hatte die behäbige ehemalige Residenzstadt weitgehend ver-schont. Um 1946 zählte sie rund 80 000 Einwohner, bald darauf um die Hälfte mehr. Jeder dritte Oldenburger war also ursprünglich gar keiner. Lokalhistoriker sprachen später von einer »Überschwemmung«, die über ihre Stadt gekommen sei. Der größte Teil der Neubürger waren Ostpreußen oder Schlesier. Nach der Ankunft, meist im überfüllten Sonderzug, hatten sie zuerst eine Notunterkunft bezogen, etwa in einem Gasthaussaal, mit zahllosen anderen auf engstem Raum zusammengepfercht. Dann wiesen ihnen die Behörden Plätze in einem Lager oder als Untermieter bei Privat-leuten zu. Die Lager bestanden aus Baracken, wo die Familien teilweise jahrelang hausten, immerhin schon in eigenen Räumen. Nur die Küche mussten sie sich in der Regel teilen. Eine große Rolle spielte in dieser Zeit ein Gegenstand, den die Benutzer Brenn- oder Kochhexe nannten. Es han-delte sich um eine Art Allesfresser, einen Kleinherd, der verbrannte, was er bekam, von der Kohle über Holz bis zum Gras.

Irgendwie schafften es die Behörden, die Versorgung der massenweise hereindrängenden Ostdeutschen mit Unterkünften und Essen zu sichern, allerdings auf denkbar niedrigem Niveau. Gegen die psychischen Belas-tungen jedoch konnten sie ebenso wenig ausrichten wie gegen das Be-wusstsein, dass den Flüchtlingen, wie Frau Oppermanns Mutter es aus-drückte, im Grunde nichts geblieben war, nicht einmal das Gefühl, sich in der neuen Heimat wirklich heimisch fühlen zu dürfen. An einem Sonntag im August 1950 trafen sich die Vertriebenen in einem großen Saal zum »Tag der Heimat«. Ein Festredner beklagte die Ressentiments der Mitbürger: »Uns bedrückt nicht so sehr die Enge unseres jetzigen Lebens als vielmehr der Mangel an Anerkennung als vollgültige Mitglieder der deutschen Gemeinschaft.«

In der Tat war das Zusammenleben voller Komplikationen. Vor allem die übliche Einweisung in ihre Wohnungen brachte deren Besitzer auf. Ein Beamter aus Königsberg, der in Oldenburg Arbeit gefunden hatte, bekam den Unwillen seiner Vermieter besonders drastisch zu spüren. Sie nahmen ihm die Betten weg und stellten die Heizung ab. Sie hätten ihn rausekeln wollen, berichtete der Mann später, aber es sei ihnen nicht gelungen.

Nicht nur für die Oldenburger waren die Neubürger »hergelaufenes Polenpack« oder einfach »Polacken«, die aus Lehmhütten kamen und keine Ansprüche zu stellen hatten. Und dann wuchs auch noch der Neid, denn die »Polacken« erwiesen sich als emsig und tüchtig. Die Hoffnung, zurückgehen zu können, hielt sie nicht davon ab, an einer neuen Existenz zu arbeiten. Sie bauten sich am Stadtrand, zum Teil in Selbsthilfe, die ersten eigenen Häuschen, sie eröffneten Bäckereien und Schlachtereien, sie drängten auch sonst ins Geschäftsleben. Mit den nach ostdeutschen Rezepten produzierten Esswaren bereicherten sie einerseits den Speisezettel der Norddeutschen, was diese zu genießen wussten. Andererseits empörten sich viele, dass diese zugelaufenen Menschen jetzt auch noch gleichberechtigt mitmischen wollten.

Gefordert in ihrer Bereitschaft zur Toleranz waren die Oldenburger auch durch die Tatsache, dass die meisten Zuwanderer der katholischen Kirche angehörten. Ihre Stadt war aber einst Hochburg eines nicht immer liberalen Protestantismus gewesen. Nun erhöhte sich der Anteil der Katholiken von rund 9 auf 16 Prozent. Das war keine kleine Diaspora am Rande mehr, sondern eine starke Gemeinde, die neue Kirchen, Gemeindehäuser und andere Einrichtungen benötigte. Auch das trug hier wie andernorts zu Spannungen bei.

So oder ähnlich, mal weniger, mal mehr erfolgreich, verlief der Prozess in vielen deutschen Gegenden, allerdings beschäftigte er die Großstädte seltener als die Dörfer, Klein- und Mittelstädte. Das hatte einen einfachen Grund: Die großen Städte waren so zerstört, dass die Behörden zunächst nicht daran denken konnten, auch ihnen Neubürger zuzuweisen. Was das Zusammenleben von Alt- und Neubürgern anging, gab es wenig Unterschiede zwischen Ost und West. Christoph Hein, selbst aus Schlesien stam-

mend, schildert in seinem Roman *Landnahme*, wie die Einwohner einer
DDR-Kleinstadt mit dem fiktiven Namen Guldenburg über die Zuwanderer dachten. Einen Einheimischen lässt er erzählen: »... diesen Leuten
gingen wir aus dem Weg. Sie besaßen nichts und ließen sich alles von der
Stadt schenken ... diese Leute hatten kaum eine Hose auf dem Arsch, und
alles, was sie konnten, war herumzujammern und Rechnungen nicht zu bezahlen. Wenn man ihnen zuhörte, dann musste jeder von ihnen ein Rittergut in Pommern oder Schlesien besessen oder verloren haben. Und so viele
Rittergüter, wie sie sagen und für die man sie entschädigen soll«, hätten in
Deutschland keinen Platz gehabt. Auch für viele Guldenburger waren die
Landsleute »Polacken«, und die Sprüche über die Rittergüter gehörten zum
Witzrepertoire der damaligen Zeit. Die Guldenburger hätten diese Menschen am liebsten aus der Stadt gejagt, und an vielen Orten dachten Einheimische ganz ähnlich.

Dennoch gewöhnte man sich so langsam aneinander. Es bestanden Ressentiments auf beiden Seiten, aber der Alltag hobelte sie ab, zum Beispiel,
wenn die Kinder der Ost- und Westdeutschen sich ineinander verliebten
und nach den Unterschieden nicht mehr fragten. Zumindest im Westen war
auch der wirtschaftliche Fortschritt ein wichtiger Faktor, da dieser bald jede
Menge Arbeit mit sich brachte, sodass sich kaum noch jemand benachteiligt zu fühlen brauchte.

Anfang der Fünfzigerjahre war halb Deutschland auf den Beinen, das
Land war durcheinander geraten und musste sich erst wieder finden. Am
Ende des Jahrzehnts war die Eingliederung der vielen Millionen Menschen
in einem zuerst noch Not leidenden Land geglückt. Das war eine enorme,
oft unterschätzte Leistung der Gesellschaft, gemessen an der Dimension
der Aufgabe vielleicht sogar die größte.

Mit System in die Spaltung

Wie aus vier Zonen zwei deutsche Staaten wurden

Ernst Reuter war ein Mann mit Durch- und Weitblick. Im Sommer 1948 nahm er als Repräsentant Berlins an einer Konferenz teil, auf der die Ministerpräsidenten der westdeutschen Länder berieten, ob sie dem Druck der Besatzungsmächte folgen und einen Separatstaat errichten sollten. Sie zauderten, weil sie fürchteten, ein solcher Schritt würde die Gefahr der endgültigen Spaltung vergrößern. Reuter, später der legendäre Regierende Bürgermeister von Berlin, entgegnete: »Die Spaltung Deutschlands wird nicht geschaffen, sie ist bereits vorhanden.«

Kalter Krieg

Die politische Geschichte der Nachkriegszeit ist vor allem die Geschichte einer Scheidung auf Raten. Ursache war der sich unaufhaltsam verschärfende Konflikt zwischen den Blöcken. Die laue Zweckpartnerschaft des Bündnisses gegen Deutschland glitt in den Kalten Krieg der Systeme hinüber, und Deutschland lag auf der Bruchstelle.

Die ersten Risse hatten sich schon gezeigt, als die Siegermächte bei der Potsdamer Konferenz 1945 besprachen, was aus Deutschland werden sollte. Sie einigten sich darauf, sich über vieles vorerst nicht zu einigen, zum Beispiel über eine zentrale staatliche Gewalt. Stattdessen ließen sie einander freie Hand in ihren jeweiligen Besatzungszonen. Die drei Westmächte auf der einen, die Sowjets auf der anderen Seite hegten dabei höchst unterschiedliche Pläne für die künftige deutsche Gesellschaft. Die einen wollten eine kapitalistisch-demokratische Ordnung einführen, die anderen eine sozialistische mit Einparteienherrschaft.

Die Deutschen waren auf beiden Seiten zunächst nur Objekt. Die Bildung einer englisch-amerikanischen Bizone, dann eines mit der französischen Zone vereinigten Wirtschaftsgebietes handelten die Westmächte untereinander aus. Ebenso selbstständig gingen die Sowjets vor, als sie die eigene Zone nach ihren Vorstellungen von Sozialismus umzubauen begannen. So war den Deutschen auch die Frage, ob und wie sie sich vereinigen wollten, zunächst weitgehend aus der Hand genommen. Und als sie schließlich mehr Einfluss bekamen, da setzten sich »die Politiker durch, die der West- beziehungsweise Ost-Bindung absoluten Vorrang gaben«, schreibt Peter Bender 1989 in seinem Buch *Deutsche Parallelen*. So manchen Bürger habe allerdings irritiert, dass diese Politiker anders redeten, als sie handelten: »Am Rhein wie an der Spree wurde umso mehr von der Einheit Deutschlands gesprochen, je weniger dafür getan wurde.« Die Regierenden stellten jeden Schritt zur Teilung als einen Schritt zur Einheit dar.

Die Bonner Koalition unter Konrad Adenauer rechtfertigte ihre fast bedingungslose und ständig inniger werdende Bindung an den Westen als Voraussetzung für eine angeblich unwiderstehlich kommende Vereinigung. Nach der so genannten Magnet-Theorie sollte die Stärke des Westens die sowjetische Zone unterhöhlen und schließlich automatisch an den Westen fallen lassen. Die SPD und andere Opponenten dieser Strategie bekämpften zwar zum größten Teil den Kommunismus ebenso wie die regierenden Konservativen, sagten aber voraus, dass diese Politik die Spaltung noch vertiefe. Dieser Gegensatz prägte viele Diskussionen.

Das SED-Regime ging gleichfalls von einer Art Automatismus aus. Basierend auf dem Glauben, der Marximus-Leninismus werde obsiegen und eines Tages die Welt beherrschen, sagte auch Ostberlin die Wiedervereinigung voraus. Das galt allerdings nur bis etwa 1955. Als sich herausstellte, dass Bonn und die Westmächte auf keines der Angebote aus Moskau und Ostberlin eingingen, verschwand das Wort Wiedervereinigung aus dem Sprachschatz des Ostblocks. Den berühmtesten von vielen Vorstößen unternahm der Kreml mit einer Note vom 10. März 1952. Stalin schlug vor, Deutschland zu vereinigen, ihm eine nationale Armee zuzugestehen, ihm aber gleichzeitig aufzuerlegen, dass es keinem militärischen Bündnis angehören dürfe. Bis heute ist umstritten, ob diese Note ein Ansatzpunkt für Erfolg versprechende Verhandlungen hätte sein können. Der Westen lehnte sie ab, weil Adenauer und andere glaubten, auf Dauer mehr als Bündnisfreiheit und Neutralität zu erreichen, nämlich ein Gesamtdeutschland im westlichen Bündnis.

So bündelten sich in Deutschland auf engem Raum die weltanschaulichen, politischen und wirtschaftlichen Konflikte zwischen Ost und West. Der wichtigste Schauplatz der Auseinandersetzungen war bald Berlin. Die von den vier Mächten kontrollierte Stadt lag wie eine Insel in dem Gebiet der sowjetischen Zone, später der DDR, und war ihrerseits in vier Sektoren geteilt, von denen einer den Sowjets unterstand. Es gab keine Mauer, sondern nur Schilder, die auf die Sektorengrenzen hinwiesen. Ein Spaziergang, eine Tour mit dem Fahrrad, eine U- oder S-Bahn-Fahrt katapultierten die Menschen vom Sozialismus in den Kapitalismus und umgekehrt.

Sektorengrenze in Berlin 1951.

Kein Wunder, dass der Kampf der Systeme hier besonders aggressive Formen annahm und Berlin zur Hauptstadt von Absurdistan machte. Die Gegner nutzten alles, was ihre Arsenale der Spionage und Propaganda hergaben. Auch die westlichen Schutzmächte waren nicht gerade zimperlich. So manches Instrument, das sie im Namen der Freiheit einsetzten, stammte nicht aus dem Schatzkästchen demokratischer Moral. Aber das war harmlos im Vergleich zu den Willkürmethoden, mit denen Sowjets und SED-

Kräfte vorgingen. Ohne Skrupel agierten sie über den eigenen Sektor hinaus, wie der Fall einer Westberliner Familie zeigt, die fast das ganze Jahrzehnt in Angst und Schrecken verbrachte.

Kindheit ohne Vater

Anfang 1959 bringt die ARD mit großem Erfolg die sechsteilige Serie *So weit die Füße tragen*. Und in Berlin-Tempelhof verfolgt ein Mädchen vor dem Fernseher mit besonderer Spannung das Geschehen. Sie stellt sich vor, der Mann, der da aus einem sibirischen Straflager flüchtet und auf abenteuerlichsten Wegen nach Hause findet, sei ihr Vater. »Der schafft das«, denkt sie und malt sich aus, wie auch der Vater es schaffen und eines Tages, zerlumpt und ausgezehrt, vor der Tür stehen wird.

Uta Waterstraat kommt im Sommer 1948 zur Welt, sie bleibt das einzige Kind. Der Vater ist Arzt und als wissenschaftlicher Assistent am Robert-Koch-Institut beschäftigt, die Mutter Hausfrau. Eine Kleinfamilie wie viele, der es nicht gut geht, aber auch nicht schlecht. In der Tempelhofer Altbauwohnung leben noch die Eltern der Mutter und ein Onkel. Der Vater bringt etwa 300 Mark nach Hause und versucht, die Kasse mit Nebenarbeiten und Blutspenden aufzubessern. Die Mutter führt ein penibles Haushaltsbuch, das am Ende des Monats oft Leerstand aufweist.

Das Kind ahnt nicht, was politisch in der Stadt vorgeht. Aber noch als fast 60-jährige Frau erinnert sie sich, wie sich Männer im Hausflur herumdrücken. Plötzlich schnallen sie fünf, sechs Uhren an einen Arm, streifen den Anzugärmel darüber und gehen zur nahen Sektorengrenze, um dort irgendwelche dunklen Geschäfte zu betreiben. Den Onkel beobachtet sie, wie er Geld zuerst hinter der Krawatte und dann im Hut zu verstecken versucht, um damit im Osten auf dem Schwarzmarkt zu handeln.

Utas Vater hat mit solchen Geschäften nichts zu tun. Am 28. August 1951 verlässt er morgens wie gewohnt das Haus, um mit der S-Bahn zu seinem Arbeitsplatz zu fahren. Es ist heiß in der Stadt, der Mann trägt Shorts und ein Polohemd, in der Hand schwenkt er seine Aktentasche. Wie jeden Tag dreht er sich an einer nahe gelegenen Kirche um und winkt. Mutter und Tochter schauen ihm aus einem Erkerfenster nach und winken zurück.

Als Arzt, der manchmal Notdienste leisten muss, hat der Vater eines der seltenen Telefone in der Wohnung. Gegen halb elf Uhr klingelt es. Das Robert-Koch-Institut fragt nach dem Mitarbeiter, vor seinem Arbeitszimmer sitzen Leute, die auf ihn warten. Die Mutter telefoniert, erfolglos. Krankenhäuser, Dienststellen des Roten Kreuzes, Polizeireviere: Niemand weiß von einem Mann namens Waterstraat. In den Tagen darauf gibt es Suchmeldungen im Radio und in den Zeitungen. Nichts. Die Mutter hält sich mit Tabletten aufrecht.

Am vierten Tag erreicht sie ein mysteriöser anonymer Anruf. Wenn Frau Waterstraat etwas über ihren Mann erfahren will, soll sie eine bestimmte Dienststelle in Ostberlin aufsuchen. Sie könne Kleidung für ihren Mann mitbringen. Immerhin, ein Lebenszeichen. Doch die Westberliner Polizei rät Utas Mutter dringend ab, der Aufforderung zu folgen. Wenn sie gehe, könne sie gleich auch für sich selbst Kleidung mitnehmen, denn man werde sie nicht zurückkehren lassen.

Nun melden sich Zeugen, und das, was sie berichten, setzt sich zu einer filmreifen Szene zusammen, wie sie sich in diesen Jahren öfter abspielt in der geteilten Stadt. Um mit der S-Bahn von der Tempelhofer Wohnung zum Robert-Koch-Institut im Wedding zu gelangen, gibt es in den Zeiten vor dem Mauerbau zwei Möglichkeiten. Man kann entweder rechts herum durch den Osten oder links herum durch den Westen fahren. Herr Waterstraat pflegt den Zug zu nehmen, der als erster kommt. An diesem Tag nimmt er den Weg durch den Ostsektor. Dort steigen an der ersten Haltestelle zwei Männer in den Waggon. Kurz vor dem nächsten Stopp stellen sich die beiden vor Waterstraat, reißen ihm die Aktentasche weg, fesseln ihn mit Handschellen. Als der Zug hält, zerren sie ihn fort, die Treppen hinunter durch den Eingangsbereich zu einem schwarzen Auto, das mit heruntergezogenen Gardinen und laufendem Motor am Bordstein wartet. Die Männer stoßen ihr Opfer in den Wagen, der davonrast.

So viel steht jetzt also fest: Der Familienvater ist entführt worden, offensichtlich von der Staatssicherheit. Aber warum? Da ist einmal die Tätigkeit am Institut. Waterstraat hat sich vor allem um die damals weit verbreitete und gefährliche Tuberkulose gekümmert. Er hat Medikamente auch an Ostberliner verteilt, was die dortigen Behörden höchst ungern sehen, weil sie dadurch in den Verdacht geraten, sie selbst seien nicht in der Lage, gegen die Krankheit wirkungsvoll vorzugehen. Vielleicht vermutet die Staatssicherheit aber auch, dass der Arzt sich von Ostberliner Patienten Informationen verschafft und diese weitergegeben hat. So etwas gilt in diesen aufgeregten Zeiten sofort als Spionage. Außerdem ist Waterstraat politisch aktiv gewesen. Nach dem Abitur absolvierte er während des Krieges eine Ausbildung in der Luftwaffe, musste dann allerdings wegen seiner Abneigung gegen die NS-Herrschaft in einer Strafkompanie Dienst tun. Seitdem fühlt er sich als Pazifist und engagiert sich in einer Gruppe, die für den Europa-Gedanken wirbt und die deutsche Einheit als Ziel nicht aufgeben will.

Das alles sind Vermutungen, mehr nicht. Die Familie rätselt lange Zeit vergeblich. Es dauert bis 1953, ehe mehr Klarheit in den Fall kommt. Eine Ostberlinerin wird auf freien Fuß gesetzt, die zu jenen gehört hat, die von dem Arzt Medikamente bekommen haben. Mit Waterstraat zusammen hat sie im Januar 1952 vor einem russischen Militärgericht gestanden. Die Frau hat 25 Jahre Lagerhaft erhalten, der Arzt aber ist wegen Spionage und subversiver Tätigkeit zum Tod verurteilt worden. Auf Umwegen übermittelt sie diese Informationen nach ihrer vorzeitigen Haftentlassung. Und sie lässt ausrichten, dass viele Todesurteile nicht vollstreckt, sondern in langjährige Haftstrafen umgewandelt werden.

Die Zeit des Wartens, des Hoffens, der Verzweiflung geht also weiter. Die Gedanken der Familie kreisen ständig um die Chance, dass er doch noch heimkehren könne: Die Russen werden einen so qualifizierten Wissenschaftler doch nicht getötet haben. Sicher arbeitet er irgendwo im Geheimen, in einem dieser Schweigelager, von denen man immer hört. Als in einer Fernsehsendung aus Nowosibirsk am Rand eine Figur auftaucht, die dem Vermissten entfernt ähnlich sieht, sagen viele Verwandte: Das ist doch der Wolfgang, er lebt! Jedesmal, wenn Bewegung in die West-Ost-Politik zu kommen scheint, hoffen Mutter und Tochter Waterstraat, die Verhältnisse könnten sich so ändern, dass Gefangene freigelassen werden. Alles vergeblich. 1955 kommen die letzten Kriegsgefangenen aus Russland heim. Das wäre doch eine Gelegenheit, auch politische Gefangene nach Hause zu schicken. Wieder nichts.

Finanziell ist die Mutter zumindest leidlich abgesichert. Da die Tätigkeit beim Robert-Koch-Institut wahrscheinlich die Entführung ausge-

löst hat, zahlt man ihr das halbe Gehalt weiter. Doch die Abwesenheit
des Ehemanns bestimmt ihr Leben und das der Familie. Auf dem
Nachtschränkchen von Frau Waterstraat steht sein Bild, abends ent-
zündet sie davor eine Kerze. Aus Angst vor Entführungen begleitet sie
die Tochter so lange auf Schulausflügen, bis die anderen Uta hänseln.
Zeitweise ist die Mutter krank, sie leidet an Herzattacken. Dann muss
das Kind das Zimmer verlassen, weil der Arzt kommt. Uta hat Angst,
nun auch noch die Mutter zu verlieren. Überhaupt haben alle in der
Familie Angst. Sie fahren nicht über die Transitstraßen nach Westdeutschland, da was passieren könnte. Und als Mutter und Tochter
einmal die in Westdeutschland lebende Großmutter väterlicherseits
besuchen wollen, bekommen sie den halben Flugpreis vom Staat ersetzt.

Ein Bild aus glücklichen Tagen:
Uta Waterstraat mit ihrem Vater 1951.

Jeden Abend spricht das Mädchen das Nachtgebet und schließt die Bitte
an: »Lieber Gott, mach bitte, dass mein Papi wiederkommt.« Alpträume
quälen Uta, einer besonders: Russische Panzer rollen auf das Haus zu,
in dem die Waterstraats wohnen. Anfangs bezieht sie, ähnlich wie viele
Scheidungswaisen, das Verschwinden des Vaters auf sich: Er kommt
nicht mehr, weil er mich nicht mehr lieb hat, weil er jemand anders lieber hat. Und dann kommt der TV-Sechsteiler *So weit die Füße tragen*
ins Fernsehen, der die Zuversicht noch einmal beflügelt.
Uta beneidet die Schulkameradinnen um ihr Familienleben. Gegenüber, im Hause ihrer besten Freundin, erlebt sie, wie fröhlich eine heile
Familie miteinander umgehen kann. Mit der Pastorentochter will sie
unbedingt in dieselbe Oberschule wechseln, ein humanistisches Gym-

nasium. Aber dazu müsste sie die S-Bahn benutzen. Die würde zwar in diesem Fall nicht durch den Osten fahren, gehört aber wie das ganze S-Bahn-System zur DDR-Reichsbahn, eine der Berliner Besonderheiten. Die Mutter lehnt diese Schule darum strikt ab, Uta muss eine andere besuchen.

Der Schwebezustand zwischen Hoffen und Bangen hält an bis ins Jahr 1959 hinein, als sich eines Tages in der Post ein Schreiben des Deutschen Roten Kreuzes findet. Das Russische Rote Kreuz habe mitgeteilt, heißt es darin, Wolfgang Waterstraat sei am 2. April 1954 auf dem Gebiet der UdSSR verstorben. Die Nachricht ist unvollständig, lässt aber keinen Zweifel. Recherchen ergeben, dass er an diesem Tag erschossen wurde.

Am selben 2. April 1954 vermerkte die Mutter im Tagebuch, sie habe damals, 1951, am Tag vor der Entführung, mit ihrem Mann über den nächsten Urlaub gesprochen, und sie habe gesagt: »Wir planen jetzt mal noch nicht, wer weiß, was in einem Jahr ist. Vielleicht leben wir dann alle nicht mehr.«

Scheidung auf Raten

Fälle wie diesen meldeten die westlichen Medien immer wieder. Nach einiger Zeit verschwanden sie aus den Nachrichten und machten neuen Platz. Über den Verbleib der Menschen erfuhren die Angehörigen nur selten die Wahrheit, geschweige denn, dass diese zu ihren Familien zurückkehren konnten. Obwohl es die Mauer noch nicht gab, wurde der Eiserne Vorhang undurchlässiger. In Ost wie West vergrößerten beide Seiten ständig die Distanz. Es war, als wollten sie systematisch auf eine Eiszeit hinarbeiten, während sie gleichzeitig das Gegenteil behaupteten. Immer neue Deutschland-Pläne, Noten, Reden, Konferenzen beschäftigten die Politiker und ermüdeten das breite Publikum, denn es besserte sich nicht wirklich etwas.

Die Weichen dafür waren schon 1949 bei der Gründung der beiden deutschen Staaten gestellt, vor allem durch die unterschiedlichen Währungsreformen im Jahr davor, die das Wirtschaftssystem Deutschland endgültig zerrissen. Danach ging es Schlag auf Schlag. Wichtige Stationen:

- Seit 1948 Arbeit an getrennten Verfassungen
- Beschlüsse über zwei Regierungssitze: Bonn und Ostberlin
- Unterschiedliche Wahlsysteme: demokratischer Pluralismus und Einheitslisten unter Führung der SED
- Zwei Parlamente: Bundestagswahl am 14. August 1949, erste Sitzung am 7. September. Konstituierung der »Provisorischen Volkskammer« am 7. Oktober 1949 (nachgeholte Wahl am 15. Oktober 1950)
- Zugehörigkeit zu unterschiedlichen internationalen Organisationen und Institutionen. Die Bundesrepublik tritt unter anderem der OEEC (Organisation für europäische wirtschaftliche Zusammenarbeit), dem Europarat, der Montanunion (Europäische Gemeinschaft für Kohle und Stahl) und der NATO bei. Die DDR wird unter anderem Mitglied des Rates für gegenseitige Wirtschaftshilfe (RWG, im Westen Comecon genannt) und des Warschauer Pakts.
- Gegensätzliche Wirtschafts- und Sozialsysteme
- Getrennte Wiedererlangung der Souveränität
- Bonn hält am Ziel der deutschen Einheit fest, Ostberlin geht mithilfe Moskaus zu einer Art Drei-Staaten-Theorie über: Deutschland besteht danach aus der Bundesrepublik, der DDR inklusive Ostberlin und dem besonderen Territorium Westberlin.

Wie ein Siegel auf die Teilung wirkte die neue Fahne, die sich die DDR 1959 zulegte, indem sie das schwarz-rot-goldene Tuch um Hammer und Zirkel ergänzte. Die Bundesregierung zog daraufhin am nächsten Tag auf dem unmittelbar an der Sektorengrenze gelegenen Reichstag die »unverfälschte« Fahne hoch. Eine Geste, nicht mehr. Aber von solchen Gesten und entsprechenden Worten nährte sich der Kalte Krieg. Die Fünfzigerjahre waren eine hohe Schule des Schwarz-Weiß-Denkens. Überall in der Gesellschaft arbeiteten die Menschen mit bequemen Klischees und grobkörnigen Alternativen: gut gegen böse, christlich gegen atheistisch, Freiheit gegen Unfreiheit, schwarz gegen rot, für oder gegen. Es war die Zeit der Ideologen, Vereinfacher und Angstmacher. »Alle Wege führen nach Moskau«, verkündete etwa die CSU 1953 auf ihren Wahlplakaten, und das war nur eine Variante dieser Denkweise.

Ulla Hahn beschreibt in ihrem autobiografischen Roman *Das verborgene Wort*, welches Echo die Parolen bei ihrer rheinisch-katholischen Verwandtschaft fanden. Ihre Großmutter habe in ihrem Idiom zu sagen gepflegt:

»Kommunisse sin Russe. Un Schinese. Die jelbe Jefahr. Und die rote. Düvel. Feinde Jottes. Die schaffe de Kersche aff und sperre de Kattolische en.« Solche Einstellungen gehörten zur seelischen Grundausstattung des jungen Staates. Der Politikwissenschaftler Richard Löwenthal schrieb: »Die Entwicklung der Bundesrepublik ist schlechthin nicht zu verstehen, wenn man von der tiefen Wirkung absieht, die eine breite antikommunistische und antisowjetische Grundströmung in ihren formativen Jahren ausgeübt hat.«

Viele Bundesbürger und Westberliner fühlten sich in ihrer ablehnenden Haltung bestätigt durch die alltäglichen Erfahrungen. Schon um die eigene, vom Westen nicht anerkannte Staatlichkeit zu demonstrieren, hatte die DDR ein eigenes Grenzregime eingeführt. Wer ein- oder ausreiste, musste Genehmigungen vorweisen. Die Grenze zwischen West- und Ostdeutschland war zuerst noch grün, also unbewacht und unbefestigt, sodass viele unbemerkt hin und her wechselten. 1952 richtete die DDR dann eine Sperrzone ein, die es schwerer machte, die Grenze zu überqueren, und im Laufe der Jahre wurden die Anlagen immer undurchlässiger. Das Schlupfloch war und blieb Westberlin, das nur unbefestigte, wenn auch teilweise bewachte Sektorengrenzen kannte. Von hier aus konnten Ostdeutsche nach Westdeutschland gelangen. Allerdings benötigten sie dazu das Flugzeug, da die so genannten Interzonenzüge und die drei Transitautobahnen in Richtung Westdeutschland strikt kontrolliert wurden. Die Bundesregierung hingegen ließ jeden durch und demonstrierte damit, dass sie die Teilung nicht akzeptierte. Die lästigen, als schikanös empfundenen Kontrollprozeduren der Grenzposten, die Berichte über die undemokratischen Zustände in der DDR, die Klagen der ostdeutschen Verwandten über den geringeren Lebensstandard – all das verstärkte die Ansicht, dass im Westen alles besser und im Osten folglich alles schlechter sei.

Umgekehrt war das Denken nicht minder eindimensional. Die ideologische Abgrenzung zur Bundesrepublik gehörte in ganz ähnlicher Weise zur Identität der DDR. Nach dem Volksaufstand vom 17. Juni 1953 zum Beispiel verkündete die Propagandamaschine der SED pausenlos, ein »konterrevolutionärer Putsch« sei zusammengebrochen. Imperialistische Abenteurer seien am Werk gewesen; faschistische Elemente, westliche Provokateure hätten die DDR in die NATO zwingen wollen. Die Bundesrepublik war aus dieser Perspektive ein Hort von Handlangern des US-Imperialismus und ein Nachfolgestaat des NS-Regimes, ein einziges Reich des Bösen. Carola Stern, die spätere WDR-Journalistin und Autorin, besuchte Anfang der

Fünfziger eine SED-Parteischule und schrieb darüber: »Wir haben von Feindbildern gelebt«, und die Schüler hätten »alles nachgeplappert«, was ihnen die Parteioberen an Parolen vorsetzten.

So war die Zweiteilung der Welt nirgendwo so deutlich fassbar wie in Deutschland. Das dichotomische Weltbild, das Historiker der damaligen Zeit bescheinigt haben, erschwerte das Denken in möglichen Alternativen und Kompromissen. Die Teilung Deutschlands wurde zum Status quo, auch in den Köpfen vieler Menschen. Und die Kritik an der Unbeweglichkeit der Politik überließ man einer Minderheit, zum Beispiel dem Düsseldorfer »Kom(m)ödchen«, wo man schon 1955 in einem Chanson von Kay Lorenz sang:

> Wir wollen die Einheit,
> Die deutsche Einheit!
> Wir kennen die Not unserer deutschen Brüder,
> Wenn wir sie nicht kennten, wär's uns zwar lieber,
> Aber Weihnachten schicken wir fünfzehn Pfund 'rüber,
> und damit hat es dann seine Bewendtnis.
> Es lebe das Einheits-Lippenbekenntnis. ...
> Was heißt Prosperity, was heißt Ministerposten,
> gern geben wir sie hin für'n deutschen Osten.
> Nehmt alles hin – die Einheit ist tabu!
> Es kommt ja doch – es kommt ja doch –
> Noch nicht –
> so bald –
> dazu!

Die Menschen hofften auf die Vereinigung, aber immer weniger glaubten an sie. Sie litten unter der Teilung, die Westdeutschen allerdings etwas weniger als ihre »Brüder und Schwestern im Osten«. Die hegten den begründeten und von der SED systematisch genährten Verdacht, dass sie die Hauptlast der Kriegsfolgen zu schultern hatten, denn ihnen fehlten jene Fortschritte, deren sich die Westdeutschen erfreuten: das Wirtschaftswunder und die Freiheit. So fiel der mit den Jahren unvermeidbare Gewöhnungsfaktor an die herrschenden Zustände im Osten schwächer aus als im Westen. In einem leisen, elegischen Lied der Ostberliner »Distel« hieß es damals:

Ich hab' ein deutsches Vaterland
Das ist nach Ost und West benannt
Und der Regen fällt, und die Sonne scheint
Auf zweierlei Geld und auf zweierlei Feind
Und der Ostwind weht, und der Westwind weht –
Der Schlagbaum voll in Blüte steht.

Deutschlandpolitisch dauerten die Fünfzigerjahre bis 1961. Noch im Juni dieses Jahres bekräftigte Walter Ulbricht: »Niemand hat die Absicht, eine Mauer zu errichten.« Allein am 12. August flüchteten aber 3290 Menschen aus der DDR über die Sektorengrenze nach Westberlin. Tags darauf war die Zeit der politischen Lippenbekenntnisse vorüber. Ostberlin baute seinen »antifaschistischen Schutzwall« um die drei westlichen Sektoren. Die Westmächte agierten mit Worten statt mit Taten und ließen keinen Zweifel daran, dass sie die Lage nicht eskalieren lassen wollten. Trennung als friedenserhaltende Maßnahme, und die Deutschen waren die Leidtragenden. So wurde das Bauwerk einerseits zum monströsen Symbol der Teilung, andererseits zum Beginn einer langen Phase der Stabilisierung.

Der demokratische Diktator
Leistungen und Merkwürdigkeiten der Adenauer-Zeit

An einem heißen Sonntag im August des Jahres 1949 versammelten sich etwa 25 Politiker der CDU/CSU in der Rhöndorfer Villa Konrad Adenauers. Die meisten glaubten, sie seien zu einem unverbindlichen Gespräch nach der ersten Bundestagswahl einen Sonntag zuvor geladen. Das Ergebnis dieser Wahl ließ sowohl eine große Koalition mit der SPD als auch eine kleine mit den Liberalen und anderen Parteien zu, und die Ansichten in der Union waren durchaus nicht einheitlich.

Adenauer hatte einzelne Teilnehmer der Runde allerdings vorher schon bearbeitet. Am Vormittag stellte er nun zunächst die Weichen für eine kleine Koalition, was dazu führte, dass die Sozialdemokraten 17 Jahre warten mussten, ehe sie zum ersten Mal mitregieren konnten. Dann servierte der sonst als sparsamer Hausvater bekannte Adenauer ein gutes Büffet mit erlesenen Weinen. Und nun ging es um die Personalfragen. Adenauer stellte es später gern so dar, als sei er »überrascht« gewesen, dass einer ihn, den Gastgeber, vorgeschlagen habe. Der Unionspolitiker Hermann Pünder erinnerte sich anders. »Man hat mich dazu vermocht, mich für die Stellung des Bundeskanzlers zur Verfügung zu stellen«, seien Adenauers Worte gewesen, darüber solle man nun diskutieren. Worauf Pünder in die Runde sagte: »Herr Adenauer hat uns soeben mitgeteilt, dass man ihn vermocht hätte, sich ... zur Verfügung zu stellen. Wer dieser ›man‹ ist, hat er nicht gesagt. Ich möchte ihn danach auch nicht fragen.« Er jedenfalls schlage nun den Vorsitzenden der CDU als Kanzler vor. Kein Widerspruch. Nur Adenauer merkte noch an, sein Arzt habe ihm versichert, er könne das Amt trotz seines hohen Alters übernehmen, für etwa zwei Jahre.

»Papa Heuss« und »der Alte von Rhöndorf«

Aus den zwei wurden bekanntlich 14 Jahre, in denen der Kanzler noch oft Gelegenheit hatte zu zeigen, dass er nicht pingelig war, wenn es um Macht, Ansprüche und Herrschaft ging. Er gab der ganzen Ära und einem Regierungsstil seinen Namen. Bald sprach man von der Adenauer-Zeit und von einer Kanzler-Demokratie. Ein englischer Historiker nannte ihn in einem Anfang der Sechzigerjahre erschienenen Buch sogar einen »democratic dictator« – ein Paradoxon, das ihn treffend charakterisierte. Nicht nur die Kabarettisten witzelten über seinen begrenzten Sprachschatz, das holzschnitthaft einfache Weltbild und das indianerhafte Aussehen. Die Intellektuellen arbeiteten sich an ihm ab wie später an Helmut Kohl, aber das alles konnte ihn in seiner manchmal schon aufreizenden Selbstsicherheit nicht irritieren. 73 Jahre war Adenauer alt, als der Bundestag ihn am 15. September 1949 mit einer Stimme Mehrheit zum Bundeskanzler einer Koalition aus CDU/CSU, FDP und der nationalistisch angehauchten Deutschen Partei (DP) wählte. Und er war 87, als er im Oktober 1963 abtrat.

Die Kaiserzeit hatte Adenauer tief geprägt. Als Kölner Oberbürgermeister schon hatte er sich zu einem gebieterischen Demokraten entwickelt, der die Macht rigoros nutzte, aber nicht als Selbstzweck. Die politische Macht diente ihm zur Durchsetzung von Zielen, die ihm gesellschaftlich richtig und wichtig erschienen. Sein juristisch geschulter Rationalismus, über den der rheinisch-gemütliche Sprachduktus hinwegtäuschen konnte, bewahrte ihn vor Illusionen, was das menschliche Treiben anging. Da fiel es ihm leicht, moralisch im Prinzip und notfalls unmoralisch in der Wahl der Mittel zu sein. Er manipulierte Menschen, wenn er es für notwendig hielt, aber er hätte den Vorwurf des Zynismus nicht verstanden. Die Medien zum Beispiel erschienen ihm nicht als Mittel der offenen Information und Diskussion, sondern als ein Instrument, auf dem zu spielen einer wie er das Recht hatte. Entsprechend heftig verliefen Auseinandersetzungen mit Journalisten, die ein anderes Verständnis von ihrem Beruf pflegten.

Zuweilen heißt es, Adenauer habe in der Nachkriegszeit die Sehnsucht nach der Vaterfigur gestillt. Richtiger mit seiner Einschätzung liegt wohl der amerikanische Historiker Gordon A. Craig, der sagt, das Vertrauen der Deutschen in alle Formen politischer Organisation und Aktivität sei zutiefst erschüttert und das Verlangen nach starker Führung umso stärker gewesen. Ein solcher Führer war nach Craigs Meinung Adenauer in Reinkultur, zumal er »als erster Staatsmann das bei seinen Landsleuten im Unterbewusstsein schlummernde Gefühl zu überwinden (vermochte), man könne führende Personen nur ernst nehmen, wenn sie Uniform tragen«. Kein Mensch wäre denn auch auf die Idee gekommen, ihn »Vater Adenauer« oder gar »Papa Adenauer« zu nennen. Er war »der Alte von Rhöndorf«, gemocht, aber vor allem respektiert und manchmal auch gefürchtet.

Die Vaterfigur verkörperte der Liberale Theodor Heuss, der darum als Bundespräsident von 1949 bis 1959 die ideale Ergänzung zu Adenauer war. Ein schwäbischer Bürgerlicher, der Geist und Gemütlichkeit miteinander verband und mit der tiefen, immer gelassenen Stimme Vertrauen ausstrahlte. Außerdem sorgte er für jene Prise Humor, an der es deutscher Politik zu allen Zeiten gefehlt hat. Im Jahre 1957 besuchte er Einheiten der noch jungen Bundeswehr. Er sprach zu den Soldaten und entließ sie ins Manöver mit den Worten: »Nun siegt mal schön.« Ähnlich salopp antwortete er dem Verband der Woll- und Haarhutindustrie, als dieser ihn aufforderte, um der Würde willen öfter Hut zu tragen. Der Präsident schrieb zurück, es mache ihm Spaß, dass der Verband ihn »offenbar für so etwas wie das Mannequin der Bundesrepublik« halte. Er könne die Beschwerdeführer übrigens beruhigen: »Ich trage einen Hut, aber ich nehme ihn manchmal vom Kopf.« Auch die ausgeprägte Intellektualität störte in seinem Fall nicht. »Papa Heuss« kam fast überall gut an, zumal er schon äußerlich den Fortschritt demonstrierte. Bei seiner Wahl war er, wie die allermeisten, ein hagerer Mann mit scharfen Gesichtszügen. Um die Mitte des Jahrzehnts präsentierte er sich mit vollem Gesicht und einem Ansatz von Bauch.

Heuss, geboren 1884, war wie Adenauer in der wilhelminischen Epoche groß geworden und hatte sich nach 1933 nicht in Schuld verstrickt. Das und die Erfahrungen mit der gescheiterten ersten Demokratie prägten sie wie andere Politiker der Generationen, die in den Fünfzigern die Schaltstellen besetzten. Es waren vor allem ältere und alte Männer, die in Bonn und in den Bundesländern regierten und zu Symbolfiguren wurden (Frauen gab es zu dieser Zeit noch weniger als heute in der Politik), Ministerpräsidenten wie Georg August Zinn (Hessen, SPD), Hinrich Wilhelm Kopf (Niedersachsen, SPD), Peter Altmeier (Rheinland-Pfalz, CDU) oder Hans Ehard (Bayern, CSU). Bei unterschiedlichen Lebenswegen und Temperamenten war ihnen ein Hang zu autokratischen Führungsstilen gemeinsam. Sie herrschten wie demokratische Patriarchen.

Von anderem Holz war dagegen die Führungsgarnitur der SPD auf Bundesebene, die stark geprägt war von der inneren oder äußeren Emigration in der NS-Zeit oder sogar, wie im Fall des SPD-Vorsitzenden Kurt Schumacher, vom Konzentrationslager. Der ebenso aufbrausende wie charismatische Schumacher war schwer kriegsgeschädigt, bein- und armamputiert, litt an Diabetes und an den Folgen der Haft. Das alles hielt ihn nicht davon ab, mit geradezu verzehrender Leidenschaft für soziale Gerechtigkeit und nationale Einheit zu streiten. Dabei bewegte er sich allerdings weitgehend in den alten Gleisen und Sprachformeln des Klassenkampfes. Als er im noch jungen Bundestag Adenauer einmal als »Kanzler der Alliierten« beschimpfte, erlebte das Parlament seinen ersten großen Skandal.

Ähnlich wie Adenauer in der Union war Schumacher der überragende Mann bei den Sozialdemokraten, und auf Jahre konnte ihn niemand ersetzen, als er 1952 starb. Die SPD arbeitete zwar emsig mit am Wiederaufbau, sowohl im Bundestag als auch in den Ländern und Gemeinden. Aber die nötigen Anpassungen an die neue politische Lage schaffte sie erst 1959 auf dem berühmten Godesberger Parteitag, als sie die alten klassenkämpferischen Parolen über Bord warf und ein Reformprogramm verabschiedete, das die Voraussetzungen schuf für den späteren Aufstieg zur Regierungspartei.

»Jeben Sie her, die Demokratie, ich mach wat daraus«

Die beiden beherrschenden Themen des Jahrzehnts waren die Außen- und die Wirtschaftspolitik. Bundeskanzler Adenauer ließ sich auch von heftigen Protesten nicht beirren, als er die Republik immer fester in das von den Amerikanern dominierte westliche Verteidigungs- und Bündnissystem integrierte. Dabei waren die Schritte zu immer stärkerer internationaler Verflechtung kunstvoll kombiniert mit denen zu immer größerer Souveränität. Höchpunkt dieser Entwicklung waren die Pariser Verträge, die einerseits der Bundesrepublik im Mai 1955 die Souveränität gaben und sie andererseits mit der neuen Bundeswehr in den NATO-Pakt einbanden. Die Rechte der Besatzungsmächte endeten (abgesehen von Berlin) mit diesem Datum. Die Bundesrepublik war nun eigenständig, und zugleich freiwillig den anderen westlichen Staaten als gleichberechtigter Bündnispartner verpflichtet. Die Deutschen waren sich der Tragweite dieses Schrittes allerdings kaum bewusst, so wie sie auch die Gründung der Bundesrepublik vergleichsweise wenig beachteten und dafür umso mehr die Währungsreform als Symboldatum gespeichert hatten. Noch Jahre später teilten sie in der Erinnerung die Nachkriegszeit in eine Phase »vor« und in eine »nach der Währung«, von »vor« und »nach der Staatsgründung« sprachen wenige.

Adenauer profilierte sich von Beginn an als Mustereuropäer, und er traf damit vor allem die Bedürfnisse der jüngeren Bundesbürger. Junge Deutsche gehörten zu den Ersten, die schon Anfang des Jahrzehnts zu Grenzübergängen im Westen marschierten und symbolisch Schranken und Pfähle niederlegten. Das änderte zwar zunächst nichts an den tatsächlichen Zuständen, signalisierte aber eine neue Mentalität.

So gewann die Bundesrepublik an Ansehen. Positiv auf das internationale Image wirkte sich auch das Luxemburger Abkommen von 1952 aus. Darin verpflichtete sich Bonn, den jüdischen Opfern des Nationalsozialismus eine pauschale Entschädigung zu zahlen. Individuelle Ansprüche waren davon nicht berührt. Nach allem, was geschehen war, konnte von einer wirklichen Wiedergutmachung nicht die Rede sein. Aber die westliche Staatengemeinschaft sah in dem Abkommen einen richtigen Schritt. Darüber hinaus arbeitete die Regierung konsequent daran, die durch die Nazis schwer belasteten Beziehungen zum Nachbarn Frankreich zu verbessern. Das führte schließlich zu einer Koexistenz, die manche schon bald Freundschaft nannten. Die Früchte dieser Arbeit ernteten die Partner allerdings erst im neuen Jahrzehnt: Im Juli 1962 besuchte Adenauer Frankreich, im September kam der französische Staatspräsident Charles de Gaulle nach Deutschland. Jedesmal trafen sie auf begeisterte Menschen.

Adenauer und seine Regierungen nahmen mit ihrer Politik der Westintegration zwei Probleme mehr oder minder bewusst in Kauf: Zum einen sorgte die Wiederbewaffnung für massive Proteste; die Deutschen waren nun mal in ihrer Mehrheit inzwischen pazifistisch. Zum andern riskierten sie den Eindruck, dass es ihnen mit dem Bestreben, die deutsche Einheit wiederherzustellen, nicht wirklich ernst war. Die wachsenden Stimmenzahlen bei den Bundestagswahlen zeigten jedoch, dass solche Bedenken letztlich die Sache einer Minderheit waren. 1957 erntete Adenauer sogar die absolute Mehrheit, was ihn allerdings nicht davon abhielt, aus taktischen Gründen noch einmal die DP in die Regierung zu holen.

Kaum umstritten war die von Ludwig Erhard weniger formuliert als durchgesetzte »soziale Marktwirtschaft«. Nach einigen Startschwierigkeiten entwickelte sich daraus die Erfolgsgeschichte vom Wirtschaftswunder.

Zwar gab es Kritiker, die mehr Umverteilung an Kapital und Macht verlangten, aber der übergroßen Mehrheit war genug, was sie nun an materiellem Wohlgefühl erlebte. Selbst der Historiker Dietrich Thränhardt, der Adenauer eher kritisch gegenübersteht, spricht von »der sozialen Einbindung und Befriedung breiter Bevölkerungsschichten«, wenngleich die sozialen Unterschiede nach wie vor bestehen geblieben seien.

Außenminister Heinrich von Brentano, Bundeskanzler Konrad Adenauer, Bundespräsident Theodor Heuss und Wirtschaftsminister Ludwig Erhard (v. l.) beim Neujahrsempfang 1958.

All das war schon geschafft, als die Macht Adenauers zu verfallen begann. Formal endete die nach ihm benannte Ära mit seinem Rücktritt am 15. Oktober 1963. Aber seine überragende Position hatte er schon vorher eingebüßt. 1959, als die dritte Wahl des Bundespräsidenten anstand, meldete er sich selbst als Kandidat, nachdem es ihm missglückt war, Heuss zu einer dritten Wahlperiode zu überreden (wofür eine Verfassungsänderung nötig gewesen wäre). Nach einigem Hin und Her zuckte er zurück. Das und andere Ereignisse zeigten der Öffentlichkeit, dass der alte Herr im Kanzleramt nicht mehr der Alte war, dass ihm die vorher so sicher gehaltenen Fäden langsam aus der Hand glitten.

Die Kritik wuchs, aber wie so vielen Älteren fiel ihm das Loslassen schwer. Werner Finck hatte schon bald nach Beginn der Ära Adenauer gefrotzelt: »Als kein Mensch etwas damit anfangen konnte. Als alle überbeschäftigt waren, Trümmer und Illusionen wegzuräumen, Ziegelsteine gegen Zigaretten zu tauschen, Zigaretten gegen amerikanisches Benzin, amerikanisches Benzin (weil Schwarzhandel strafbar war) gegen deutsches Gefängnis. Da hieß es: Hier habt ihr die Demokratie. Und da haben wir gesagt: Moment, wir haben leider keine Zeit, aber geben Sie her, für später. Nur einer von uns, ein älterer Herr, der nahm sich die Zeit, der sagte: ›Jeben Sie her, die Demokratie, ich mach wat daraus.‹ Der hat was draus gemacht, und wir haben uns nichts draus gemacht. Das war Adenauer.«

Er hatte in der Tat was draus gemacht, wenn auch etwas anderes, als der Spötter Finck und andere befürchteten. Adenauer hatte zwar autoritär regiert, eine funktionierende Demokratie war dennoch herangewachsen, und das verstand sich in Deutschland ja nicht von selbst.

Die skeptische Generation
Wie aus Untertanen Demokraten wurden

Zweifel an der demokratischen Zukunftsfähigkeit Deutschlands gab es anfangs viele, und die Perspektiven für eine rechtsstaatliche Zivilgesellschaft waren in der Tat nicht berückend. Der Schriftsteller Alfred Andersch zum Beispiel zog 1947 ein, wie er selbst schrieb, »niederschmetterndes« Fazit seiner Nachkriegserfahrungen. Deutschland könne, so fürchtete er, »wieder zum Nährboden alles Bösen werden«.

Eine Demokratie in den Kinderschuhen

Das Kaiserreich war halbdemokratisch gewesen, ohne ein Interesse der Herrschenden an einem Übergang zu einer wirklichen parlamentarischen Regierungsform. Von den knapp 15 Jahren zwischen dem Kriegsende 1918 und dem Beginn der NS-Herrschaft verliefen nur etwa fünf Jahre zwischen 1924 und 1928 leidlich ruhig. Davor und danach litt die Weimarer Republik unter wirtschaftlichen Nöten und dem Mangel an einer demokratischen Mitte. Die Nazis versuchten anschließend, jeden demokratischen Gedanken auszurotten, und sie hatten Erfolg – mit Zwang, aber bei vielen auch ohne. Und nun sollte diese an den Gebrauch von Freiheit und Demokratie wenig gewöhnte Gesellschaft einen Staat aufbauen, in dem laut Grundgesetz »alle Gewalt vom Volk ausgeht«.

In den Lagern, in der Emigration und in geheimen Gesprächszirkeln hatten sich Politiker aller Richtungen während des Hitler-Regimes schon darauf vorbereitet, Deutschland anders zu regieren als je zuvor. Gefördert von den Besatzungsmächten bauten sie nun in West und Ost unterschiedliche Systeme auf, im Westen eines, das die Fehler von Weimar vermeiden und das angelsächsische Vorbild übernehmen wollte. Die Autoren der Verfassung, die mit Rücksicht auf die erwartete deutsche Einheit nur »Grundgesetz« hieß, diskutierten 1948 und 1949 heiß über einzelne Formulierungen, waren sich aber im Prinzip einig und ihrer Sache sicher. Anders die Leute im Lande. Wie verunsichert sie waren, zeigte allein der Umstand, dass sich ständig jemand auf die von niemandem mehr infrage gestellte Meinungsfreiheit berief. Immerzu hieß es, dieses und jenes dürfe man sagen, schließlich lebe man ja nun in einer Demokratie. Die obrigkeitsstaatliche Mentalität, die nur Untertanen, aber keine mündigen Mitbürger duldete, saß tief. Das Recht, die eigene Meinung ohne Sanktionen zu äußern und die Regierenden über freie und geheime Wahlen zu legitimieren, war den Deutschen nicht selbstverständlich. Sie wollten Demokraten sein, ohne dass schon entschieden war, ob sie die Fähigkeiten dazu hatten.

Als Zeichen demokratischer Reife gilt für gewöhnlich die Beteiligung an den Wahlen. In der Bundesrepublik reichten die Quoten in den Fünfzigern an die 90 Prozent heran. Am 6. September 1953 gingen bei der Wahl zum zweiten Bundestag beispielsweise 86 Prozent aller Berechtigten an die Urnen. Aber das allein reichte als Indiz nicht aus. Politikwissenschaftler sagen, dass hinter dem Wahlwillen der Deutschen nicht nur demokratische Überzeugung, sondern auch ein von den Alliierten injiziertes Pflichtgefühl stand. Zu wählen war ähnlich verbindlich wie für viele Katholiken der sonntägliche Gottesdienst. Doch trotz aller Vorbehalte: Die Zahlen signalisierten eine im Prinzip positive Haltung der neuen Ordnung gegenüber, zumal die Stimmen mit einer überwältigenden Mehrheit unzweifelhaft den demokratischen Parteien zuflossen.

Die meisten hatten erkannt, dass es zur Demokratie keine Alternative gab, auch wenn die demokratische Substanz am Beginn noch schwach war. Das Wissen über Strukturen, Arbeitsweisen und Notwendigkeiten einer rechtsstaatlichen Ordnung wollte noch gelernt sein, ebenso die positive Erfahrung, dass man sich als Bürger engagieren kann. Einer Mehrheit war es in den Fünfzigerjahren immer noch am liebsten, wenn »die da oben« das politische Geschäft erledigten und sie sich weitgehend unbehelligt dem Alltag widmen konnten. Die Distanz zwischen Bürger und Staat war groß und erinnerte an den »Nachtwächterstaat« des 19. Jahrhunderts, der sich auf das Unumgängliche beschränkte. Das erleichterte Adenauer und dem gesamten Staatsapparat die Arbeit.

Protest!

Dennoch lag keineswegs politische Friedhofsruhe über dem Land, wie immer wieder behauptet wird. Irreführend ist auch der weit verbreitete und selbst von Politikwissenschaftlern formulierte Eindruck, die Demonstration sei eine Erfindung der Achtundsechziger gewesen. Die von Wolfgang Kraushaar herausgegebene und hauptsächlich deutsche Ereignisse aufführende *Protestchronik* spricht eine andere Sprache. Für die Jahre 1949 bis 1959 umfasst sie insgesamt 2351 Seiten, darunter neben zahllosen kleineren Aktionen etliche Kampagnen, die über Monate gingen und Hunderttausende, einmal sogar Millionen von Bürgern mobilisierten.

Besonders unruhig war das Jahr 1952, in dem zwei Themen die Menschen auf die Straße brachten: der Streit um den Filmregisseur Veit Harlan und das Betriebsverfassungsgesetz. Harlan war zuerst Schauspieler gewesen, dann Bühnen- und Filmregisseur geworden. Zusammen mit seiner Ehefrau, der Schauspielerin Kristina Söderbaum, die wegen ihres häufigen cineastischen Dahinscheidens in Teichen und Flüssen als »Reichswasserleiche« verspottet wurde, gehörte er zu den Vorzeigefiguren des Nazi-Regimes. Berühmt und berüchtigt war Harlans antisemitischer Film *Jud Süß* von 1940. Dessen ungeachtet versuchte er nach dem Krieg so weiter zu arbeiten, als ob er mit Hitler nichts zu tun gehabt hätte. Als deutsche Gerichte ihn dann auch noch von der Anklage des Verbrechens gegen die Menschlichkeit freisprachen und manche Filmtheater unverdrossen seine neuen Produktionen zeigten, wuchs die Empörung. Wie so oft war es eine Minderheit, die protestierte, aber was sie tat, beschäftigte die Öffentlichkeit über Monate. Hier ein kleiner Auszug aus Kraushaars Chronik, beschränkt auf die größeren Aktionen im Januar 1952:

- 4./5. Januar: Ein Bündnis mehrerer Verbände verhindert in Frankfurt die Aufführung des Harlan-Films *Unsterbliche Geliebte*.
- 6. Januar: Protestversammlung in München.
- 11. bis 17. Januar: Demonstrationen von Studenten gegen den Harlan-Film *Hanna Amon* in Freiburg; Aufsehen erregt das überaus harte Vorgehen der Polizei.
- 21. Januar: Fackelzug von Studenten in Münster.
- 22. Januar: Spendenaktion in Hamburg für Ölbäume in Israel als Protest gegen Harlan.

- 25. Januar: Demonstrationen in Göttingen und Westberlin.
- 27. Januar: Prominente protestieren in München gegen einen Empfang, den ein Filmclub für Frau Söderbaum gibt.
- 29. Januar: 48 Professoren der Universität Göttingen protestieren mit Studenten; Proteste in Gießen gegen das Vorgehen der Freiburger Polizei.
- 31. Januar: Harlan tritt unter Tumulten in einem Marburger Kino auf. Kassels Stadtverwaltung untersagt Aufführungen des Films *Hanna Amon*.

Die Protestwelle, die an vielen Orten spontan entstand, dauerte über Monate an und zeigt, dass der Umgang mit der NS-Vergangenheit auch damals schon ein Thema sein konnte. Bei den zentral gesteuerten Aktionen gegen die Pläne der Regierung für ein Betriebsverfassungsgesetz stritten die Arbeitnehmer dann für ihre Gesellschaft der Zukunft. 1951 hatte der Bundestag die sehr weit gehende »paritätische Mitbestimmung« für Zechen und Stahlwerke beschlossen. Die Gewerkschaften forderten nun ähnliche Rechte für andere Wirtschaftsbereiche, und als die konservative Bundesregierung sich weigerte, setzten sie Demonstrationen ungeahnten Ausmaßes in Gang. Sie begannen mit den üblichen Kundgebungen zum 1. Mai 1952 und dauerten bis Mitte Juni. Dazwischen lagen Streiks, Aufmärsche, Großkundgebungen, Sternfahrten und vieles mehr. Am 16. Mai ruhte in Hamburg der gesamte Nahverkehr; 150 000 Menschen zogen in mehreren Säulen zur Abschlusskundgebung in die Innenstadt. Zehn Tage darauf versammelten sich 120 000 Menschen auf dem Königsplatz in München – die größte Demonstration in Bayern nach dem Krieg. Ein Streik der Drucker verhinderte Ende Mai an zwei Tagen das Erscheinen aller westdeutschen Zeitungen. Insgesamt, so Kraushaar in seiner Chronik, beteiligten sich 1,6 Millionen Menschen.

Proteste waren der Zeit also nicht wesensfremd. Typisch war allerdings die Art, in der Adenauer und die Seinen damit umgingen. Mitte Juni traf eine Delegation des Deutschen Gewerkschaftsbundes (DGB) mit dem Kanzler zusammen, um über eine Lösung des Konflikts zu beraten. Die Runde verabredete, dass die Gewerkschaften ihre Aktionen zunächst einstellen und in einer gemeinsamen Arbeitsgruppe an einem Kompromiss mitarbeiten sollten. Am 30. Juni tagte diese Gruppe zum ersten Mal, allerdings stellte sich heraus, dass die Gewerkschaftler zwar reden, aber nichts mitentscheiden durften. Für eine neue Welle von Aktionen war es zu spät. Am 19. Juli setzte die Koalition im Bundestag ihre Pläne unverändert gegen die Stimmen der SPD durch. Das Gesetz gab den Arbeitnehmern zwar Rechte, aber weniger, als sie verlangt hatten. Auch in den Folgejahren hatte ein beträchtlicher Teil der Bürger keine Scheu, für oder gegen etwas einzustehen. Über Jahre hinweg war die Wiederbewaffnung ein großes Thema der öffentlichen Diskussion. Schon 1952 spielte das Münchner Kabarett »Die kleine Freiheit« ein *Solo mit unsichtbarem Chor*. Ein General mit umgearbeiteter Uniformjacke tritt vor einem Bild auf, das einen Gemüsegarten zeigt – Blumen, Bäume und Sträucher in Exerzierordnung. Er schwadroniert über die Vorteile einer gedrillten Natur und schnarrt dann immer wieder:

Alle mal herhören!
Auch die, die schwerhören!...
Wir kommen, sehn und siegen
In ziemlich allen Kriegen,
ganz wurscht, unter welcher Regierung.
Das ist eine Frage der Führung.
Na also und hurra:
Drum sind wir wieder da.

Solche Satiren trafen den Zeitgeist, die Mehrheit der Deutschen wollte kein Militär. Deshalb singt auch zum Schluss der »unsichtbare Chor« hinter der Bühne:

Alle mal herhören!
Auch die, die schwerhören!
Ohne Sie, ohne Sie,
ohne Sie, Herr General.

Trotzdem verfolgte die Regierung ihre seit 1950 ventilierten Pläne mit Rücksicht auf die westlichen Alliierten rigoros. Auf die Straße verlagerte sich die Auseinandersetzung, als im Oktober 1954 die Pariser Verträge mit den westlichen Alliierten unterzeichnet wurden, die den Eintritt der Bundesrepublik in die NATO und eine 500 000 Mann starke Bundeswehr vorsahen. Die Paulskirchenbewegung, benannt nach dem früheren Frankfurter Gotteshaus, in dem 1848/1849 die Nationalversammlung getagt hatte, rief zu Protesten

Gegner der Wiederbewaffnung bei der Maifeier 1952 in Berlin.

auf. Die Gegner der Wiederbewaffnung trafen sich bei Schweigemärschen, Fackelzügen und anderen Aktionen. Viele Zehntausende machten mit. Gordon A. Craig schrieb später, niemand, der in jener Zeit Westdeutschland besuchte, »konnte sich der Betroffenheit angesichts des Ausmaßes und der Heftigkeit der antimilitaristischen Gefühle entziehen«. Es gehörte freilich auch zu den Eigentümlichkeiten der Ära Adenauer, dass die in Bonn Regierenden sich unbeeindruckt zeigten und mit noch größerer Mehrheit wiedergewählt wurden. Das neue Militär kam genau so, wie es die Adenauer-Koalition wollte.

Im April 1957 forderte der Kanzler die Ausrüstung der Bundeswehr mit Atomwaffen. Der Mann, der nie selbst beim Militär gewesen war, hielt das für eine »Weiterentwicklung der Artillerie«. Die bedeutendsten deutschen Naturwissenschaftler, darunter die Nobelpreisträger Otto Hahn, Werner Heisenberg und Max Born, verwahrten sich mit dem weithin beachteten »Göttinger Manifest« gegen das Projekt. Wieder gingen die Opponenten massenhaft auf die Straße, »Kampf dem Atomtod« hieß die Losung. An der Spitze der Bewegung marschierte der prominente protestantische Kirchenpräsident Martin Niemöller. Und wieder zog die Regierung trotz aller Widerstände ihre Pläne durch. Die Sprengsätze behielten zwar die Alliierten in der Hand, aber die Bundeswehr verfügte fortan über die Trägersysteme.

Pragmatismus statt Pathos und Parolen

Trotz solcher Misserfolge war die Dekade eine Schule der Demokratie. Man übte sich in Umgangsformen, ohne die ein Rechtsstaat nicht auskommt. Es ging oft heftig, manchmal auch bitter-polemisch her, aber ganz anders als in den Jahren um 1933, als die Spannungen zwischen den Sozialisten, Kommunisten und Faschisten das Klima bis zur Gewaltbereitschaft vergiftet hatten. Dass es dieses Mal nicht so kam, lag auch an dem Fehlen eines spezifisch deutschen Phänomens. Um die Wende zum 19. Jahrhundert hatte sich eine Form des Antirationalismus herausgebildet, die es nirgendwo sonst gab. Als Reaktion auf die Aufklärung entstand vor allem unter jüngeren Menschen eine von emotionalem Überschwang geprägte Gegenbewegung. Ihre Wortführer flüchteten sich, zum Beispiel in Gedichten und Romanen, vor der schnöden Realität in eine Welt ohne die Misshelligkeiten des Alltags, ohne Konflikte der Interessen, ohne Streit der Politiker. Nicht von ungefähr wurde die im tiefen Wald wartende »Blaue Blume« zum Symbol der Romantik. Und einer ihrer wichtigsten Vertreter, Friedrich Schlegel, empfahl ausdrücklich die Flucht vor der Politik: »Nicht in die politische Welt verschleudre du Glaube und Liebe, aber in der göttlichen Welt der Wissenschaft und Kunst opfre dein Innerstes in den heiligen Feuerstrom ewiger Bildung.«

Dieses Weltbild beeinflusste deutsche Dichter und Denker, aber auch weniger sensible Geister des 19. und frühen 20. Jahrhunderts wie Mitglieder der Turnbewegung, der gesellschaftlich wichtigen Liedertafeln oder der vom Wandervogel angeführten Jugendbewegung. Es trug dazu bei, in den Zwanzigerjahren den ohnehin schwachen demokratischen Gedanken zu zerstören. Und das Dritte Reich kann man durchaus auch als vollendeten Triumph einer gegen Republikanismus, Rationalismus und Modernisierung gerichteten Bewegung sehen.

Auch sie war mit der Zerstörung Deutschlands untergegangen. Die »Blaue Blume« lockte in den Fünfzigerjahren vielleicht noch als Tischschmuck, aber nicht mehr als Symbol einer Wirklichkeitsferne, die die Politik den Machthabern überließ. Der Soziologe Helmut Schelsky charakterisierte die Generation derer, die zwischen 1945 und 1955 ins Erwachsenenleben traten, mit dem Titel seines damals sehr bekannten Buches: *Die skeptische Generation*. Dies sei eine Jugend »ohne Pathos, Programme und Parolen, angepasster, wirklichkeitsnäher, zugriffsbereiter und erfolgssicherer als je eine Jugend zuvor«. Das mag aus heutiger Sicht etwas zu bündig klingen, aber im Kern trifft es zu, sogar über die von ihm beschriebene Generation hinaus. Aus dieser Ecke drohte der Demokratie keine Gefahr. Erst in den Sechzigern sollte eine Art des Fundamentalismus wieder auftauchen.

Die Chancen der Ewiggestrigen, das Einwurzeln der Demokratie in dem zunächst kargen Boden zu unterbinden, standen auch sonst nicht sonderlich gut. Die Extremisten hatten sich kompromittiert: Der Nationalsozialismus hatte verspielt; der Kommunismus wirkte abschreckend angesichts der täglichen Meldungen über den Alltag in der DDR und über die niedergeschlagenen Proteste am 17. Juni 1953 in Berlin sowie während des Aufstands in Ungarn 1956. Vor diesem Hintergrund erhöhte sich die Wertschätzung der Demokratie von ganz allein. Kam hinzu, dass sie für rechtsstaatliche Ordnung sorgte. Die Weimarer Republik hatte ein schlechtes Beispiel gegeben und das Dritte Reich hatte sich als brutale Diktatur entpuppt. Nun sorgte die zweite Demokratie dafür, dass die Bürger tatsächlich ruhig schlafen konnten. Und dann waren da noch die Amerikaner, die damals als das große nachahmenswerte Vorbild galten, nicht nur in Fragen von Kleidung, Zigaretten, Rock 'n' Roll und Lebensstil, sondern auch was die politischen Zustände betraf. Der Antiamerikanismus regte sich erst im Jahrzehnt darauf, als der Vietnam-Krieg das Ansehen der westlichen Vormacht zu beschädigen begann.

Aber der wahrscheinlich wichtigste Faktor, der aus den Nachkriegsdeutschen Demokraten machte, war der ökonomische Aufstieg. Zum Untergang der Weimarer Republik hatte die wirtschaftliche Not erheblich beigetragen. Nun aber bewies die Demokratie in geradezu überwältigender Weise, dass sie in der Lage war, einen materiellen Aufstieg, sogar »Wohlstand für alle« (so eine bekannte CDU-Wahlparole von 1957 und der Titel eines Buches von Ludwig Erhard) zu bescheren.

Allmählich lernten die Westdeutschen also die demokratischen Strukturen, Einrichtungen und Abläufe zu nutzen und zu schätzen. Die demokratische Substanz wuchs unmerklich, auch wenn Kritiker das bezweifelten. Zu deren Wortführern gehörten Walter Dirks und Eugen Kogon, die Herausgeber der einflussreichen linkskatholischen Zeitschrift *Frankfurter Hefte*. Schon im Herbst 1950 schrieb Dirks dort einen begriffsbildenden und später oft zitierten Essay mit dem Titel »Der restaurative Charakter der Epoche«. Der Autor kam darin zu dem Ergebnis, dass zunächst die Alliierten und dann die deutschen Politiker die falsche Richtung wiesen. Die Demokratie habe keine Chance gehabt, von unten zu wachsen, weil die Siegermächte sie von oben tropfenweise einführten. Das Parteiensystem, so Dirks, habe sich in den alten Gleisen wieder formiert, wenn auch ohne Nationalsozialisten und Kommunisten. Überall im Land habe sich das »restaurative Schema« wieder durchgesetzt.

Solche Thesen beschäftigten Intellektuelle, drangen aber nicht zu einer breiten Öffentlichkeit durch. Und in der Tat kann man auch zu einem anderen Schluss kommen als Dirks. Wer weiß, vielleicht hätten noch mehr Reformen, womöglich sogar eine Revolution, die Deutschen angesichts ihres Defizits an demokratischer Erfahrung überfordert. Umfragen jedenfalls zeigten, dass sich immer mehr Menschen in der Bundesrepublik in der zuerst übergestülpten und dann langsam Fuß fassenden Demokratie heimisch fühlten. Im Oktober 1951 meinten 45 Prozent aller Befragten, im Kaiserreich sei es Deutschland am besten ergangen, 42 Prozent sprachen sich für das Hitler-Regime aus, 7 Prozent favorisierten die Weimarer Republik und gerade mal 2 Prozent die Gegenwart. 1959 hatte sich das Blatt gewendet: Für das Kaiserreich votierten 28 Prozent, für die NS-Zeit 18, für Weimar 4 und für die Gegenwart 42 Prozent.

Solche Zahlen konnten strenge Demokraten sicher nicht überzeugen. Aber sie zeigten doch, dass schon in den Fünfzigern der neue Staat in Westdeutschland weder ein Nachspiel zur Weimarer Republik noch zum Dritten Reich war. Er war, aufs Ganze gesehen, etwas Neues.

Aufbruch und Unbeweglichkeit
Von Lebensgefühlen, die einander (scheinbar) widersprechen

Der Journalist Horst Mönnich kam 1954 von einer Deutschland-Reise mit dem Befund zurück: ein Volk »ohne Vergangenheit und Zukunft«. Rüdiger Altmann, ein konservativer Autor, attestierte der Bundesrepublik am Ende des Jahrzehnts, sie sei »noch immer ohne geistigen Schatten«. Hans Werner Richter, der Gründer der Gruppe 47, meinte 1962 bei einem Rückblick, ein ganzes Volk habe sich an den Gräbern der Väter und Vorväter und vor den Ruinen auf den Scarlett-Schwur aus dem Film *Vom Winde verweht* beschränkt: »Nie wieder arm, nie wieder hungern, nie wieder Niederlage.«

Stillstand oder Aufbruch?

Muffig, bigott und kitschig erschien dem *Spiegel*-Journalisten Jürgen Leinemann seine Jugend in einer niedersächsischen Kleinstadt. Nichts habe sich bewegt. Das Geschrei der Politiker habe in einem »befremdlichen Kontrast zu dem zähen, feindseligen Schweigen (gestanden), das drückend über dem Land lag«, schreibt er in seinem Buch *Höhenrausch*. Später erkannte er, dass seine Perspektive die eines Jungen gewesen war, der noch nicht sehen konnte, wie die Deutschen gleichzeitig einen revolutionären Prozess erlebten.

Natürlich war es keine Zeit, in der Junge oder auch Alte sich zum Querdenken ermutigt fühlen durften. Nicht einmal das Wort war geläufig – im Unterschied zu späteren Jahrzehnten, als so viele das Etikett für sich in Anspruch nahmen, dass es zuweilen schien, die Querdenker hätten die Meinungsmehrheit übernommen – und sich damit ad absurdum geführt. In den Fünfzigerjahren war Anpassung eine Tugend. Es herrschte, auch ohne gezielte Unterdrückung, ein Klima des Konformismus. Wer aus der Reihe tanzte, stieß auf Probleme. Individualisten, Minderheiten und Randgruppen hatten es schwer, ganz gleich ob sie Künstler, Intellektuelle, Homosexuelle oder Kommunisten waren, sogar wenn diese dem Kommunismus östlicher Prägung abschworen. Das Klima war ein Resultat des deutschen Obrigkeitsdenkens, das die Nationalsozialisten bis zum Exzess ausgebeutet hatten. Es reichte weit in die Familien, Bildungseinrichtungen und staatlichen Strukturen hinein. Die Grenzen der Toleranz waren schnell erreicht, auch am heimischen Küchentisch. Nicht selten gab es zu Hause heftige Konflikte und strenge Strafen, wenn die Kinder sich als »Halbstarke« gerierten und es wagten, »Negermusik« zu hören und in Jeans, sprich »Nietenhosen«, und Lederjacke statt in Anzug und Krawatte herumzulaufen.

Ein junges Paar tanzt
Boogie-Woogie.

Allein das war der Elterngeneration oft schon zu viel der Auflehnung. Polizei und Justiz trugen das Ihre zur Einschüchterung bei, indem sie den jugendlichen Übermut mit der Strenge des Gesetzes in die Schranken wiesen. Wer diese Erfahrungen machte, musste die Fünfziger zwangsläufig als Phase des geistigen Stillstands erleben. Wie die Demokratie wollte eben auch der Nonkonformismus erst gelernt sein. Das fing bei vermeintlichen Kleinigkeiten wie Musikgeschmack und Mode an und hörte bei politischen, gesellschaftskritischen und kulturellen Fragen auf. Kritischen Geistern waren diese Trends bewusst. So ermahnte in dem Münchner Kleinkunsttheater »Kleine Fische« eine nicht im Trend liegende Mutter ihren Sohn, sich nie wieder den Mund und die eigene Meinung verbieten zu lassen:

> Lass dich nicht auch so wie die anderen zähmen
> Aus lauter Angst um deine Position.
> Lass dir nicht die Zivilcourage nehmen
> Und bleib du zornig nur, mein Sohn.

Dennoch ist der heute oft erweckte Eindruck unzutreffend, größere Teile der Gesellschaft oder auch nur die Jugend hätten unablässig unter einem unerträglichen Druck gestöhnt. Manche spürten ihn tatsächlich, versuchten sich aufzulehnen oder resignierten. Anderen war vielleicht unterbewusst unbehaglich, und wieder andere entdeckten erst viel später, wie fürchterlich unterdrückt sie gewesen waren.

Und dann sind da jene, die durchaus heitere Erinnerungen mit sich tragen, wie der Maler Markus Lüpertz. In einem Interview sprach er 2004 fast begeistert von sich als einem Kind der Nierentisch-Ära. Die Bundesrepublik habe eine gigantische Arbeit vollbracht. Josef Piper, der Münsteraner katholische Philosoph, schwärmt von der »unreglementiert-spontanen Entfaltung geistiger Vitalität«, die sich nach den ersten »heroischen Jahren« jedoch wieder verloren habe, während Joachim Fest die »große existenzielle Freiheit« rühmt, die viele wie er in dieser Nachkriegszeit empfunden hätten. Offensichtlich konnte man die Zeit mit sehr widersprüchlichen Eindrücken erfahren, je nach Biografie, Mentalität und Lebensgefühl. Sie erzeugt daher bei denen, die sie mitgemacht haben, mehr Nostalgie, als die Vervielfältiger der Stereotypen vom »bedrückenden Jahrzehnt« für möglich halten. Das ist insofern bemerkenswert, als den Alltag eine Melange aus Fortschritt und Stillstand, Zuversicht und Furcht grundierte.

Angst vor der Zukunft gehörte in der Bundesrepublik dazu, etwa in Form der manchmal ironisch gebrochene Floskel »Wenn der Russe kommt!«. Vor allem der 1950 ausgebrochene Korea-Krieg schürte die Ängste. Im Westen gab es einen Schlager *Ay ay ay Maria, Maria aus Bahia*. Parodistisch talentierte Zeitgenossen sangen auf die Melodie: »Ay ay ay Korea, der Krieg kommt immer näher.« Und der Kabarettist Martin Morlock dichtete schon 1950:

Wir sitzen auf dem Pulverfass –
Na und? Na ja,
wahrscheinlich ist das Pulver nass,
sonst wär'n wir nicht mehr da.

Im Jahre 1951 antwortete jeder zweite Bundesdeutsche auf die Frage, ob er einen neuen Weltkrieg befürchte, mit ja. Alle wussten, dass die beiden Supermächte über Atom- und Wasserstoffbomben verfügten. Die gigantischen Pilze, die die japanischen Städte Hiroshima und Nagasaki zerstört hatten und die nun auch in den deutschen Zeitungen immer wieder abgebildet waren, schockierten die Menschen. Zumal in einem dritten Weltkrieg, das gehörte zum Allgemeinwissen, Mitteleuropa das zentrale Schlachtfeld sein würde.

Einerseits also der Wille, zu neuen Ufern aufzubrechen, andererseits die Angst, dass alles in einem atomaren Chaos enden könne – das ging zusammen. So war es mit fast allen Widersprüchen. Die Deutschen, vor allem die im Westen, wollten von Vergangenheit und Schuld möglichst wenig wissen, obwohl sie die Folgen des von ihnen erzeugten NS-Wahns täglich vor Augen hatten. Sie sehnten sich nach einer hellen Welt und sahen überall die Reste der von ihnen zerstörten. Sie bauten mit Elan an einer Gesellschaft, wie es sie in diesem Land noch nicht gegeben hatte, und zogen sich zugleich in kleinbürgerliche Idyllen zurück. Sie hatten genug zu tun mit dem Aufbau, brachen aber in ihrem Fortschrittsglauben schon wieder ab, nämlich die vom Krieg verschonte wertvolle Bausubstanz. Sie genossen das Neue und ließen sich von konservativen Altpolitikern mit Konrad Adenauer an der Spitze regieren. Selten waren Leben, Denken, Fühlen eines Volkes so vieldeutig, mehrschichtig, widersprüchlich wie in diesen Fünfzigerjahren. Und wie es scheint, gab es gegen Skepsis und Rückwärtsgewandtheit vor allem ein Rezept: Zupacken! Einer, der von Muff nichts bemerkte, sondern beherzt seine Chancen ergriff, ist der ARD-Zeitzeuge Peter Süss, damals Schüler, Student und junger Architekt in Bayreuth, Stuttgart, Zürich und München.

»Eine fantastische Zeit«

Die Kameraden schwärmten für den 1. FC Nürnberg oder den VfB Stuttgart. Peter Süss hatte sich als Einziger dem 1. FC Kaiserslautern verschrieben, vor allem wegen Fritz Walter. Den bewunderte er grenzenlos, obwohl er noch gar kein Fußballweltmeister war. 1952, zwei Jahre vor dem »Wunder von Bern«, setzte sich der 17-Jährige aufs Fahrrad und fuhr von seiner Heimatstadt Bayreuth quer durch Süd-

Peter Süss auf Radtour 1951.

deutschland in die Pfalz. Fünf Tage hin, fünf Tage zurück, über Hauptstraßen. Das war in dieser Zeit noch möglich, denn Autos begegnete er selten. Er übernachtete bei Bauern im Stroh oder in einem kleinen Zelt. Am Ziel erkundigte er sich, wo die Walters wohnten, und klingelte mit klopfendem Herzen. Eine dunkelhaarige, südländische Schönheit öffnete, die Frau des Fußballstars, die Italia hieß und aus Italien stammte.

Stotternd fragte der Junge, ob er den Hausherrn sprechen könne. Sie bat den Überraschungsgast in die »sehr bürgerliche Wohnung«, ihr Mann werde bald kommen. Nach 20 Minuten trat er herein und gab dem Jungen die Hand – für Peter ein Ritterschlag. Sie sprachen über Fußball, Walter schenkte ihm eine Fotografie mit Widmung. Nach 15 Minuten ging der Fußballfan mit stolz geschwellter Brust und fuhr wieder nach Hause.

Für Peter Süss waren die Fünfzigerjahre eine Zeit der unbegrenzten Möglichkeiten. »Jeder Tag war ein Genuss«, erinnert er sich, und der Ausflug nach Kaiserslautern war ein Höhepunkt in der langen Reihe von Erlebnissen, die ihm im Rückblick immer noch Heiterkeit und Genugtuung bereiten.

Weichenstellungen

Dabei ist die Ausgangslage Ende der Vierziger für seine Familie nicht rosig. Die berufslose Mutter verdient das Geld für sich und die drei Kinder auf dem schwarzen Markt, der in Bayreuth vor allem dank der Waren blüht, die die amerikanischen Soldaten unter die Leute bringen. Kartoffeln im Keller, selbst gemachte Marmelade in Gläsern: Die Kost ist schmal, aber abgesichert durch einen eigenen Garten, in dem es auch Federvieh und Hasen gibt. Als ein US-Soldat Peter eine Banane schenkt, beißt er in die Schale. Er hat noch nie zuvor so etwas gesehen.

Wo der Vater ist, weiß die Familie nicht. Einige Tage nach einem frugalen, aber fröhlichen Silvesterfest 1949/50 spielen Peter, sein Bruder und einige Kameraden auf einer nahe gelegenen Wiese Fußball. Ein Nachbarmädchen kommt und ruft: »Peter und Klaus, euer Vater ist da!« »Aber wir spielen erst zu Ende«, das ist Ehrensache. Die Brüder sind zwar neugierig, aber auch bedenklich. Der Vater ist ihnen nach fünf Jahren Kriegsdienst und ebenso langer Gefangenschaft in Russland fremd. Sie haben eine makellose Respektsperson in Erinnerung, einen gradlinigen Beamten, »Vorbild in einer fast unmenschlichen Form«. Er hat die zeitüblichen Sprüche drauf gehabt wie »ein Junge weint nicht«, »was mich nicht umbringt, macht mich stärker« oder »ein Indianer kennt keinen Schmerz«. Das Leben ohne diesen Vater hat, wie in vielen Familien, etwas Selbstverständliches bekommen, und die Söhne fragen sich, was nun alles anders wird. Aber dann stehen sie vor einem abgehärmten, alt gewordenen Mann in schlottrigem Anzug.

Die Mutter hat sich in den Nachkriegsjahren, als sie nichts von dem Schicksal ihres Mannes wusste, in einen anderen verliebt. Trotzdem ist sie zunächst froh und trennt sich von ihrem Freund. Sie glaubt, dass die Familie nun wieder einen Ernährer und sie Hilfe bei der Erziehung der beiden Söhne und der Tochter erhält. Doch es kommt anders. Süss senior ist Sportlehrer gewesen und Nationalsozialist. Zwar versucht Frau Süss ihm bei der Entnazifizierung zu helfen, aber er bekommt keine Stelle. Er war eben nur Sportlehrer, und die Behörden suchen jetzt Lehrer, die mindestens noch ein weiteres Fach unterrichten. Herr Süss beginnt, als Vertreter für Staubsauger zu arbeiten, scheitert aber kläglich. Er ist einfach nicht geeignet fürs Hausieren. Seine Frustration schlägt in Verbitterung um, weil er in der Vorstellung lebt, das Vaterland müsse ihm für seinen Dienst als Soldat dankbar sein. Doch niemand will etwas von ihm, und die erwartete finanzielle Unterstützung bleibt aus, weil er Nazi gewesen ist.

Der andere Mann, ein erfolgreicher Bayreuther Architekt, wirbt weiter um Peters Mutter. Der Vater bekommt zwar schließlich doch noch eine Stelle, aber in Coburg, wo er als Untermieter wohnt. Die Ehe ist nicht mehr zu kitten. 1952 lässt das Paar sich scheiden, und ein Jahr später heiratet die Mutter den Architekten, der sich seinerseits von seiner Familie getrennt hat. Die Kinder leiden keineswegs unter diesen Verwicklungen, denn nicht nur die Eheleute, sondern auch die Kinder und ihr leiblicher Vater haben sich über die lange Zeit von Krieg und Gefangenschaft auseinander gelebt. Der neue Mann der Mutter ist den Geschwistern vertraut, sie mögen ihn und betrachten ihn als zweiten Vater. Erst im Laufe der Jahre nähern sie sich auch dem ersten wieder an, zumal als er unter der Parkinsonschen Krankheit zu leiden beginnt. Die Familie gehört zum Bildungsbürgertum, aber das kann etwas sehr Unterschiedliches bedeuten. Seinen leiblichen Vater bezeichnet Peter als strengen »Spartaner«, der sich Drucke von Rembrandt und Rubens an die Wand hängt und Mozart und Bach hört. Der neue dagegen ist für ihn ein »Athener«, ein Genussmensch, der die moderne, in der Nazi-Zeit verbotene Kunst liebt. Die Impressionisten und Expressionisten treten in das Leben des Schülers, er lernt Picasso, Kandinsky und die neue Musik kennen. Als Architekt schätzt der neue Mann die Avantgarde, Le Corbusier, Neutra und Mies van der Rohe. Zwar regt sich manchmal das schlechte Gewissen gegenüber dem leiblichen Vater in Peter, wenn er so willig dem neuen Vorbild folgt und sich sogar entschließt, auch Architektur zu studieren. Aber seine Neugier für alles, was sich in der Bayreuther Provinz für ihn auftut, ist nicht zu bremsen. Peter entdeckt das Kino, vor allem den amerikanischen Film. Rita Hayworth, Ava Gardner und andere Hollywood-Schönheiten werden für ihn zu Leinwandgöttinnen. Er reiht sich in die Schlangen ein, die in jenen Vor-Fernseh-Zeiten vor den Kinos stehen. Früh sieht er den berühmt-berüchtigten Streifen *Die Sünderin* mit Hildegard Knef in der Hauptrolle. Geschockt und fasziniert zugleich denkt der Pubertierende, »die Welt geht unter, zum ersten Mal ein nackter Busen und ein nackter Frauenarsch«. Da ist er gleich zweimal in den Film gegangen. Heute weiß er, wie verklemmt seine Generation gewesen ist.

Jetzt packen wir's an!

Nach dem Abitur geht er 1954 zusammen mit seinem zehn Monate jüngeren Bruder, der dieselbe Klasse besucht hat, nach Stuttgart, um Architektur zu studieren. Wieder tut sich eine neue Welt für ihn auf. Oper, Konzert und Theater der großen Stadt reißen ihn mit. Dann fährt er nach München zur großen Picasso-Ausstellung, und was er da entdeckt, wirft ihn schier um.

Zur Freude an allem Neuen will nicht ganz passen, dass er sich einer schlagenden Verbindung anschließt. Die sind damals offiziell noch verboten, aber jeder weiß, dass sie schon wieder existieren. Für Neulinge haben sie den unschätzbaren Vorteil, Häuser mit Studentenbuden zu besitzen. Und für ein Dach über dem Kopf nimmt man angesichts der Wohnungsnot in den Fünfzigern einiges auf sich. Außerdem folgt Peter auch hier dem Vorbild des neuen Vaters. An der Hochschule geht es noch bieder, ja ordentlich zu. Die Professoren sind alt und kommen täglich in Anzug und Krawatte zu den Veranstaltungen. Und den Jungen liegt jegliche Revolte fern.

Auf die Dauer genügt auch Stuttgart nicht Peters Aufgeschlossenheit. Er geht für ein Semester an die Züricher Hochschule, begierig zu erleben, was die Schweizer Kulturszene bietet. Tief im Gedächtnis bleibt ihm eine Lesung des schweizerischen Schriftstellers Max Frisch. »Ein Traum«, schwärmt er noch 50 Jahre später. Die Schweiz ist für ihn ein »Wunderland«. Die Straßen blitzblank, keine kaputten Häuser, die Geschäfte gepflegt. Aber ohne Geld geht nichts, wenn man sich ein bisschen Luxus leisten will. Also jobbt Peter neben dem Studium, arbeitet als Barkeeper, bei der Post, als Kegeljunge und zeichnet Pläne für Architekturbüros. »Wenn einer tüchtig war, offene Augen und gesunde Hände hatte, konnte er Geld machen. Dazu brauchte er kein Akademiker zu sein.« Noch heute hat er das Gefühl, dass man damals nur zuzugreifen brauchte.

Je mehr er verdient, desto mehr steigen Peters Ansprüche, und es erwacht eine neue Leidenschaft: das Fernweh. Der Student reist nach Italien, Griechenland, Frankreich, Mallorca. Was für spätere Jugendliche im Zeitalter der Billigflüge kleine Abstecher sein werden, sind für ihn Entdeckungsreisen. Als er in Athen die Akropolis sieht, muss er sich setzen, so überwältigt ist er. Und dann, als Höhepunkt, die erste Amerikareise im Jahre 1959. Für die meisten Deutschen, gerade auch für die Jüngeren, sind die USA das gelobte Land – aber für die meisten außer Reichweite. Zusammen mit Klaus besucht er die Schwester, die dort verheiratet ist. Die Brüder wollen die Architektur erleben. Die deutschen Städte tragen immer noch die Narben des Krieges im Gesicht, da erscheint ihm New York wie ein Traum, wie ein »urbanes Kristallgebirge«. Und die unkomplizierte Art der Amerikaner, miteinander umzugehen, ist so ganz anders als zu Hause.

Zu dieser Zeit ist er schon von Stuttgart nach München umgezogen, weil man, wie es in Studentenkreisen heißt, dort das Studium schneller absolvieren kann. Und München pulsiert. Peter entdeckt die Kleinkunst für sich, lernt die Kabarettgrößen Dieter Hildebrandt und Sammy Drechsel kennen. Er verkehrt da, wo alle verkehren, die vom verruchten Schwabing schnuppern wollen, bei »Gisela«, die unentwegt vom Nowak singt, der sie »nicht verkommen lässt«. Ein Ohrwurm für jeden, der sich ein bisschen als Bohemien fühlen möchte.

Als er das Examen in der Tasche hat, könnte er sich einen Arbeitgeber aussuchen. Die Anwerber von Behörden, von Unternehmen wie Bahn und Post und von großen Firmen stehen Schlange vor den Hochschulen, weil sie junge Architekten für den anhaltenden Bauboom suchen. Aber Peter macht sich lieber mit einem Freund in einem ausgebauten

Dachgeschoss selbstständig. Sie haben keine Ahnung, wie man ein Architekturbüro kaufmännisch betreibt, aber das kümmert sie wenig. Sie holen sich Hilfe, und bald beginnt die Mark zu rollen. Vom ersten Geld, das übrig bleibt, bestreitet der junge Mann die erste Rate für eine Sesselkombination des berühmten Designers Charles Eames. »Sauteuer«, staunt er noch heute. Aber es muss sein, mit solchen kultivierten Dingen will er sich umgeben. Dafür lohnt es sich zu arbeiten. Zuversichtlich ist er als Junge in das Jahrzehnt gegangen, und er verlässt es in dem Gefühl, dass darin zu leben eine Lust ist. Für ihn haben die Jahre unter dem Motto gestanden: »Jetzt packen wir's an.«

»Bald wuchs auf allen Gräbern Gras ...«
Wie die Deutschen mit der NS-Vergangenheit umgingen

Hein Severloh tat, was ihm die Vorgesetzten befohlen hatten: Er schoss. Als die alliierten Truppen am 6. Juni 1944 in der Normandie landeten, saß der deutsche Soldat in seinem Schützenloch und feuerte auf alles, was da aus dem Wasser kam und sich auf dem Strand bewegte. Er tötete mehrere hundert Feinde, manche Schätzungen kamen auf 2000. Der Landwirtssohn aus Norddeutschland zählte nicht, er schoss, solange die Munition reichte. Dann konnte er sich, im Gegensatz zu vielen seiner Kameraden, absetzen und geriet in Gefangenschaft.

Nach dem Krieg kam die »Bestie von Omaha Beach«, wie ihn manche Amerikaner nannten, früher als andere nach Hause, weil sein Vater geltend machte, dass er den Sohn für die Bewirtschaftung des Hofes benötigte. Severloh sprach mit seiner Frau über die Erlebnisse, aber mit niemandem sonst. Die Eltern wollten nichts wissen, und er selbst sagte nichts; am gesellschaftlichen Leben des Dorfes beteiligte er sich nicht. Aber dass er litt, konnte jeder sehen, der etwas Menschenkenntnis besaß. Mitte der Fünfziger, als die Bundeswehr entstand, trat er dem Verband der Kriegsdienstverweigerer bei, aber auch das erfuhr nur seine Frau.

Das große Schweigen

Es gab ehemalige Soldaten, die über ihre Erfahrungen redeten, als hätten sie an einem Operetten-Feldzug teilgenommen. Andere äußerten sich allenfalls in einer Weise, wie es der Journalist und Schriftsteller Axel Hacke von seinem Vater berichtet. Der habe über den Krieg »in der Art von Menschen geredet, die etwas erzählen wollen, ja erzählen müssen, doch nicht wagen

zu erzählen, worum es in Wahrheit ging – und deshalb immer darum herumreden.« Tief in seinem Vater sei »eine Wahrheit begraben« gewesen, von
der die Familie nichts erfahren habe.

Manche Familien stritten über die jüngste Vergangenheit, allerdings lief
das oft genug nach immer gleichen unproduktiven Mustern ab, etwa so wie
es ein damals 20-Jähriger später festgehalten hat: Er provoziert den Vater
am sonntäglichen Essenstisch erst schwach, dann immer massiver. »Hättet
ihr im Dritten Reich was unternommen, hätte Hitler seine Verbrechen nicht
begehen können.« Die Mutter bittet, nicht schon wieder zu zanken. Aber
der Vater steigt ein. Seine Generation habe ja nichts gewusst von den
Schweinereien. Der Sohn stichelt zielbewusst weiter. »Ja, ja, ich weiß, die
Autobahnen waren prima, die Arbeitslosen hatten was zu tun, die Frauen
konnten nachts auf die Straße gehen. Ich sag dir: Ein Glück, dass wir den
Krieg verloren haben, sonst ...« Das ist zu viel. Jetzt explodiert der Vater.
»Was verstehst du denn schon davon? Du kannst doch überhaupt nicht mitreden! Du hast das ja nicht miterlebt. Du kannst dir überhaupt kein Urteil
erlauben, merk dir das!« Dann Wut, Schweigen und Türenknallen, und irgendwann geht man zur Tagesordnung über – bis zum nächsten Mal.

Aber wirklich bezeichnend für diese Jahre war das große Schweigen. Bis
heute erzählen Menschen, die damals aufwuchsen, dass ihre Eltern, vor
allem die Väter, nicht gesprochen haben. Selbstkritische fügen hinzu, sie
hätten aber auch nicht gefragt. Solche Kommunikationsblockaden hatten
Tradition unter den Deutschen. Schon immer taten sie sich schwer, heikle
Themen, vor allem solche, in denen es um Fragen der Schuld ging, aufs
Tapet zu bringen. Das erzeugte unter anderem die berüchtigten Familiengeheimnisse, die oft über Generationen hinweg von einem Tabu belegt
waren: Selbstmord des Großvaters, Bankrott eines Onkels, Ehebruch. Viele
Familien verdrängten diese und ähnliche Geschichten und litten unter
ihnen später umso mehr.

Die Methode des Verkapselns von Schuld war in den Gründerjahren der
Bonner Republik besonders beliebt, wenn es galt, die Gräuel der NS-Zeit
unter den Tisch zu kehren. Sie beschäftigte auch die Kabaretts, die sehr
ernst mit dem Thema umgingen. Nach einem Beschluss des Bundestags
über »Wiedergutmachung« an den Juden sang die Münchner »Kleine
Freiheit« 1955 ein Lied von Eckart Hachfeld, in dem es hieß:

Bald wuchs auf allen Gräbern Gras,
man trat es nieder und vergaß –
vergaß der Schuld gerüttelt Maß,
doch nicht des Henkers Rente.

Die Psychoanalytiker Alexander und Margarete Mitscherlich haben dieses Phänomen in ihrem 1967 erschienenen Buch als *Die Unfähigkeit zu trauern* beschrieben. Doch trotz aller Bemühungen, zu vergessen, indem man krampfhaft nach vorne und auf keinen Fall zurück blickte, mussten auch die Deutschen die Erfahrung machen, die der amerikanische Schriftsteller William Faulkner in den Satz gekleidet hat: »Das Vergangene ist nicht tot, es ist nicht einmal vergangen.« Das galt für das ganze Land, das große Schweigen betraf die Bundesrepublik wie die DDR, allerdings gingen beide Teile im Detail sehr unterschiedlich mit dem Erbe um.

In der Sowjetischen Besatzungszone gab es bis 1949 ernsthafte Ansätze zu einer Erforschung des Faschismus und des Holocaust. Aber sie gerieten dann, wie Joachim Käppner in dem Buch *Erstarrte Geschichte* gezeigt hat, auf ein einspuriges Gleis. Die der kommunistischen und nun herrschenden Geschichtsauffassung verpflichteten Wissenschaftler ordneten den nationalsozialistischen Antisemitismus in einen größeren Zusammenhang ein: Die Verfolgung der Juden habe die Massen vom Klassenkampf ablenken, der Bereicherung der Monopolkapitalisten dienen und den Angriffskrieg rechtfertigen sollen. Die Verfolgung und Vernichtung der Juden war demnach nichts anderes als ein Instrument der Kapitalherrschaft und des Kampfes gegen den Kommunismus. Diese eindimensionale Sichtweise verfeinerte und pflegte die DDR-Geschichtsschreibung fortan und entsorgte das NS-Erbe damit auf sehr pragmatische Weise, da man die Schuld pauschal dem Westen in die Schuhe schob: Verantwortlich für Auschwitz und alle anderen Verbrechen waren die in Westdeutschland regierenden Kapitalisten und Imperialisten, wohingegen die DDR sich dem antifaschistischen Kampf verschrieben hatte. Diese Deutung ersparte nicht nur dem Staat eine seriöse Auseinandersetzung mit den deutschen Verbrechen, sondern erleichterte auch seinen Bürgern das Verdrängen.

In der Bundesrepublik erinnerten, schon aus außenpolitischer Rücksicht, der Bundespräsident, der Bundeskanzler und andere Politiker immer wieder an die deutsche Schuld, was aber, ähnlich wie die Forderung nach Wiedervereinigung, bald etwas Floskelhaftes bekam. Es mangelte an einer

Kultur der Erinnerung, an einer tiefer schürfenden Diskussion, die nicht nur die Intellektuellen, sondern sowohl die gesamte Gesellschaft als auch die Familien erfasste. Aber dazu hätte jeder Einzelne das Prinzip des Schweigens durchbrechen müssen. Einer, der den Mut dazu hatte, nach der Wahrheit zu bohren, war der ARD-Zeitzeuge Dirk Kuhl. Er erfuhr Schreckliches.

Familiengeheimnis

Dirk Kuhl, Jahrgang 1940, wächst im Haushalt seiner Remscheider Großeltern auf. Dorthin ist die Mutter nach den Luftangriffen auf Hamburg geflüchtet. Zusammen mit Dirks Großvater legt sie sich krumm, damit die kleine Firma, die Haushaltswaren produziert, nach dem Krieg langsam wieder in Gang kommt. Für ihren kleinen Sohn ist die Mutter allenfalls am Wochenende da, und den Vater, in seiner Erinnerung ein strenger, formeller Mann, hat Dirk zuletzt im Krieg während eines Urlaubs gesehen.

Als Siebenjähriger fährt er 1947 mit der Mutter nach Stahlheim in der Nähe von Hameln, wo der Vater in einem britischen Gefangenenlager

Dirk Kuhl mit seinem Großvater und der Schwester seines Vaters 1946.

sitzt. Er bekommt die väterliche Mahnung mit auf den Weg, in der Schule stets brav und gehorsam zu sein. Weihnachten 1948 verbringt die Mutter mit ihm einen Urlaub im Schwarzwald. Beim Essen hebt sie an: »Dirk, ich muss dir etwas mitteilen, der Papi lebt nicht mehr, er ist im Lager gestorben.«

Der Junge findet das nicht abwegig, viele seiner Freunde haben keine Väter mehr, und überhaupt ist seiner ja schon lange weg gewesen. In Remscheid ist die Welt für ihn nach wie vor in Ordnung. Es gibt genügend Geld, einen leidlich hohen Lebensstandard und »enorme Freiheit«, weil Mutter und Großeltern eingespannt sind. »Man beaufsichtigte uns nur sehr sporadisch. Wir haben sehr früh gelernt, auf uns selbst aufzupassen, und die Eltern haben uns vertraut«, da ging es Dirk ganz ähnlich wie seinen Freunden. Trotzdem beneidet er diese manchmal, weil sie noch Väter haben, auch wenn das Glück in den wiedervereinigten Familien nicht ungetrübt zu sein scheint. Einer seiner Freunde, Friedhelm, bringt sich mit dem Pflanzenschutzmittel E 605 um, als sein Vater aus der Gefangenschaft heimkehrt und den alten Platz einnimmt.

Dirks Vater jedenfalls ist nicht einmal in den Gesprächen zu Hause existent. Als 16-Jähriger wird der Junge misstrauisch, weil die Mutter und die Großeltern nie über ihn sprechen. Er fragt nach und erfährt zumindest, dass der Vater bei der Geheimen Staatspolizei (Gestapo) gewesen ist. Er habe aber nie etwas Unrechtes getan, bekommt er gleich mehrmals zu hören. Im Frühling 1958 fährt die Gymnasialklasse dann nach Berlin. Die Mutter ordnet an, dass Dirk nicht mit den anderen im Zug durch die DDR fahren darf. Die Kommunisten könnten ihn wegen des Vaters in Sippenhaft nehmen. »Warum? Hat er was Schlimmes gemacht?«, wundert sich Dirk. »Nein, nein, er hat nur seine Aufgaben erfüllt.« Die Mutter setzt sich durch, als Einziger fliegt er nach Berlin. Aber über die Hintergründe schweigt sie sich aus.

Dirk spürt, dass etwas nicht stimmt, und bohrt weiter. Schließlich weiß die Mutter sich nicht anders zu helfen, als ihn zu einem in den Niederlanden lebenden Onkel zu schicken. Der berichtet ihm: Der Vater ist nicht im Gefangenenlager an einer Krankheit gestorben, wie es die Mutter zehn Jahre lang erzählt hat, sondern die Engländer haben ihn als Kriegsverbrecher verurteilt und hingerichtet. Dabei habe der Vater nur seine Pflicht getan. Der Junge weint und fragt weiter, merkt aber, dass dem Onkel das Gespräch immer unangenehmer wird. Ins Tagebuch schreibt Dirk: »Nur gewaltsam kämpfe ich den Hass in mir nieder. Ich zweifle allgemein am Menschen. Warum hat Gott das zugelassen? Vielleicht zeigt es sich später. Ich schäme mich, jemals mit meiner Mutter Streit gehabt zu haben . . . jetzt, wo ich alles weiß.«

Aber auch das ist noch nicht die ganze Wahrheit. Der Onkel und die Mutter versuchen beharrlich, ihn in dem Glauben zu wiegen, der Vater sei zu Unrecht verurteilt worden; andere, die ähnlich gehandelt hätten wie er, seien längst wieder in Freiheit. Der Junge hat Mitleid, nimmt sie in Schutz und will die Ehrenrettung des Vaters betreiben, um dessen Witwe den Anspruch auf eine Rente zu sichern. Solange das Urteil gegen den Vater gilt, hat sie diesen Anspruch nicht.

Die Mutter rät ihm ab, das Urteil anzufechten, wohl weil sie ahnt, wie das enden wird. Dirk aber sucht einen Arzt auf, der einen in NS-Angelegenheiten bewanderten Anwalt kennt. Dem übergibt er die Dokumente, die ihm zur Verfügung stehen. Nach sechs Wochen bekommt er die Mappe über den Arzt zurück, mit einem harschen Gruß des Anwalts: Ihn mit einem solchen Fall zu behelligen, sei eine Unverschämtheit. In Kuhl seniors Verantwortung seien derart fürchterliche Dinge passiert, dass es überhaupt keine Chance für eine Rehabilitierung gebe. Kuhl junior solle sich nie wieder melden.

Der Junge ist konsterniert und will endlich Gewissheit. Er findet heraus, dass der Vater in der Hierarchie der Nazis nur zwei Stufen unter SS-Chef Heinrich Himmler gestanden hat und als Gestapo-Chef von Braunschweig für die Sicherheit der Hermann-Göring-Werke verantwortlich war. Dort gehörten viele Zwangsarbeiter zum Personal. Deren Unterkünfte waren zwar nach der später üblichen Terminologie keine Vernichtungslager. Aber viele der dort untergebrachten Ausländer starben, weil sie unterernährt waren und weit über ihre Kräfte schuften mussten. Für die Schwächsten gab es ein eigenes Todeslager. Damit nicht genug: Die Unterschrift von Kuhl senior steht unter Todesurteilen, die wegen Lappalien verhängt wurden, zum Beispiel weil eine Arbeiterin sich erschöpft einen Moment lang hingesetzt hatte. Das hieß dann »Sabotage«. Ja, befindet der Sohn später, sein Vater habe seine Pflicht getan, das aber im Sinne des unmenschlichen NS-Gesetzes. Zunächst aber hofft der Sohn auf Hinweise, dass der Vater sich wie andere nur durchgemogelt habe. Hat er aber nicht. Die Beweise

sind erdrückend. Er ist ein so treuer Erfüllungsgehilfe der Nazis gewesen, dass er noch 1945 befördert wurde.

Für Dirk Kuhl bricht eine Welt zusammen. Der Sohn hat nun endgültig keinen Vater mehr, und von der Mutter fühlt er sich verraten. Auch
der Brief, den der zum Tode verurteilte Mann am Tag vor seiner Hin-
richtung geschrieben hat, macht die Sache für ihn nur noch schlimmer.
Darin nimmt der Todeskandidat seiner Gattin das Versprechen ab,
»eine tapfere Frau« zu bleiben. Dann geht es um den einzigen Sohn,
dem es heute noch schwer fällt, diese Passage zu lesen: Das Schicksal
der Frau sei hart – »aber denke an unseren Jungen, das Köstlichste, was
ich dir hinterlasse«. Das klinge ja so, sagt der Betroffene, als habe die
Mutter dem Vater als Gebärmaschine gedient, die er dann noch in dem
Brief darauf verpflichtet habe, ihn selbst als liebenden guten Menschen
darzustellen. Damit, so der Sohn, habe er es seiner Frau nahezu unmöglich gemacht, ihm die Wahrheit zu entdecken.

Eine Psychologin wird Dirk Kuhl später sagen, es sei ein Wunder, dass
er unter der Wucht der Tatsachen nicht zusammengebrochen ist. Doch
nach den ersten Erschütterungen geschieht das Gegenteil. Heute hat er
das Gefühl, das Aufdecken des schrecklichen Geheimnisses habe ihn befreit.

Damals verlässt er das Remscheider Haus und kommt nur noch, wenn
die Großmutter ihn darum bittet, zu Familienfesten heim. Er verdient
sich das Geld für das Studium selbst. Erst seine Frau, ausgerechnet
eine aus Russland stammende Jüdin, deren Familie zum Teil den Nazis
zum Opfer gefallen ist, wird ihn später der Familie wieder näher bringen. Aber wenn es dort um die Vergangenheit geht, muss er den Raum
verlassen, und wirkliche Liebe hat er für seine Mutter nie wieder empfunden. Er wird Lehrer und schließt sich den Achtundsechzigern an,
als die immer bohrender nach dem Verhalten der Väter in der NS-Zeit
forschen. Er stimmt allen zu, die sagen: »Mit der Generation haben
wir nichts zu tun, und die sollen uns so wenig wie möglich behelligen.
Wir bauen eine Welt auf, die auf jeden Fall anders aussieht.« Dass
solche hehren Absichten Illusionen waren, wird er erst später erkennen.

Bis heute geht Dirk Kuhl als Zeitzeuge in die Schulen und erzählt seine
Geschichte. Und wenn er dann zugibt, dass er seinen Vater nicht hasst,
fügt er sogleich hinzu, als ob dieser noch lebte: »Mit seiner mensch-

lichen Schuld muss er allein fertig werden. Ich bin nicht sein Richter. Aber ich habe ein Recht, mich zu empören, und verzeihen können ihm höchstens die Opfer.«

Die Schatten der Vergangenheit

Dirk Kuhls Vater gehörte zu jenen Tätern, die von den Kriegsgerichten der Alliierten schon bald nach dem Krieg abgeurteilt und hingerichtet wurden. Hätten sie in seinem Fall länger gebraucht, wäre er möglicherweise glimpflicher davongekommen. Denn nicht nur bei den Deutschen, sondern auch bei den Besatzern baute sich die »reinigende Kraft der Stunde Null« ab, auf die viele zunächst vertraut und gehofft hatten. Das hatte mit der weit verbreiteten Neigung zu tun, es nicht mehr so genau wissen zu wollen, aber auch mit der politischen Großwetterlage.

Die Sieger hatten zunächst einen schwungvollen Anlauf genommen, die Schuldigen von den weniger Schuldigen und diese von den Unschuldigen zu trennen, die Verbrecher zu bestrafen und die Deutschen als Kollektiv vom Totalitarismus zur Demokratie »umzuerziehen«, wie das hieß. Sie hatten alle NS-Organisationen und alles, was an sie hätte erinnern können, abgeschafft. Gesetze, die den NS-Ungeist atmeten, waren aufgehoben, einschlägige Bücher, Abzeichen, Fahnen und Symbole verboten – bis zum letzten Hakenkreuz in einem Gürtelschloss. Am 20. November 1945 begann mit dem ersten Nürnberger Kriegsverbrecherprozess die strafrechtliche Verfolgung. Zwölf von 24 Kriegsverbrechern wurden zum Tode verurteilt und gehängt, andere erhielten lange Freiheitsstrafen. In allen vier Besatzungszonen kam es zu weiteren Verfahren, in der sowjetischen allerdings unter weniger durchsichtigen Umständen.

Es folgte das Programm der »Entnazifizierung«, das Hunderttausende Deutsche dazu zwang, ihre staatlichen, wirtschaftlichen und gesellschaftlichen Positionen zunächst aufzugeben. Am schärfsten und konsequentesten gingen zunächst die Amerikaner vor. 13,4 Millionen Menschen mussten in ihrem Einflussbereich einen äußerst detaillierten Fragebogen ausfüllen, auf dessen Grundlage ihre Verstrickung in das NS-Regime überprüft wurde. Die eigens eingerichteten deutschen »Spruchkammern« bezeichneten aber nur 1654 ehemalige Parteigenossen als »Hauptschuldige«, und auch denen geschah am Ende nicht viel. Das hehre Vorhaben, die deutsche Öffentlichkeit von den aktiven Nationalsozialisten zu reinigen, scheiterte an dem Volumen, am Bürokratismus, am Desinteresse der Deutschen und an der sich wandelnden Einstellung der Sieger zu den Besiegten. Viele Verfahren schleppten sich hin, wurden eingestellt, zusätzlich gab es Amnestien. Offiziell endeten die Kampagnen in den einzelnen Zonen zu unterschiedlichen Zeiten, aber im Grunde war das ganze Programm am Beginn der Fünfzigerjahre zu Ende. Selbst Bundeskanzler Adenauer, der wie fast alle Spitzenpolitiker der Anfangszeit zu den »Unbelasteten« gehörte, fand, einmal müsse Schluss sein mit der »Naziriecherei«.

Den Ausschlag gab der immer schärfer werdende Ost-West-Konflikt. Die westlichen Besatzungsmächte benötigten die Deutschen als Bundesgenossen und als Soldaten. Sie dafür zu gewinnen erschien aber problematisch, solange gleichzeitig Deutsche wegen der NS-Vergangenheit büßen mussten. Die bisherige Argumentation kehrte sich darum ins Gegenteil. Zunächst hatte es geheißen, die Entnazifizierung sei notwendig, um die Demokratie einzuführen. Nun lautete die Parole: Wer weiter auf der Entnazifizierung beharrt, gefährdet die Einführung der Demokratie.

Bezeichnend für die veränderte Lage war das Schicksal der so genannten »Landsberger«. Nach dem dilettantischen und gescheiterten Putsch von 1923 hatte Adolf Hitler unter sehr luxuriösen, von den bayerischen Behörden geförderten Umständen in der Haftanstalt Landsberg bei Augsburg gesessen und dort einen Teil seines Buches *Mein Kampf* geschrieben. Vielen galt es als eine Art ausgleichende Gerechtigkeit, dass hier nach dem Krieg verurteilte NS-Kriegsverbrecher untergebracht waren. Anfang 1951 aber erließ der amerikanische Hochkommissar John McCloy, auch auf Drängen deutscher Politiker, eine Amnestie für alle, die eine Strafe von weniger als 15 Jahren abzusitzen hatten. 31 Häftlinge entließen die Alliierten sofort. Für 153 verkürzte sich die Haftdauer. 21 von 28 Todesurteilen hob der Hochkommissar auf, die meisten der so verschonten Verbrecher kamen zudem später sehr vorzeitig frei.

Unbelehrbare und um Vergesslichkeit bemühte Deutsche konnten sich also sowohl von den Alliierten als auch von deutschen Politikern ermuntert und bestätigt fühlen, und es gab durchaus Anlässe, sich wegen einer möglichen Renazifizierung zu sorgen. So zog die »Sozialistische Reichspartei« (SRP), schon an ihrem Namen als Nachfolgeorganisation der NSDAP zu erkennen, 1951 mit elf Abgeordneten in den niedersächsischen Landtag ein. Als ihre Galionsfigur fungierte Otto Ernst Remer, der als Kommandeur des

Wachbataillons »Großdeutschland« maßgeblich an der Niederschlagung des Umsturzversuches vom 20. Juli 1944 mitgewirkt hatte. Remer, zeitweise der bekannteste deutsche Politiker nach Adenauer, versuchte unter anderem an einer neuen Dolchstoßlegende zu basteln, indem er behauptete, der deutsche Widerstand habe einen Sieg des Reiches verhindert, und auch sonst ließ er keine Gelegenheit aus zu zeigen, dass er nichts hinzugelernt hatte.

Otto Ernst Remer (um 1943) war maßgeblich an der Niederschlagung des Attentats auf Hitler am 20. Juli 1944 beteiligt.

Remer konnte sich bei seinen Tiraden auf vertrautem Terrain fühlen. So missbilligten am Anfang des Jahrzehnts etwa 30 Prozent der Westdeutschen das Attentat auf Hitler. Die Offiziere um Stauffenberg galten vielen noch als Verräter. Die politische Führung in Bonn nahm Rücksicht auf diese Stimmung, indem sie sich zum Beispiel bei der Würdigung des Umsturzversuches um Zurückhaltung bemühte. Man wollte jenen Teil der Wähler nicht vor den Kopf stoßen, der noch ähnlich wie Remer dachte.

Was allerdings die SRP anging, erkannte die junge Demokratie die Gefahr. Auf Antrag der Bundesregierung verbot das Bundesverfassungsgericht im Jahre 1952 die Partei. Remer und seine Gesinnungsgenossen waren danach nur noch für kleine Zirkel von Unbelehrbaren attraktiv. Eine Chance, in regionale Parlamente gewählt zu werden, sollten Rechtsextremisten erst wieder in den Sechzigerjahren bekommen, als die NPD auftrat.

Aber auch jenseits der Parteienszene wagten sich belastete Figuren wieder hervor, etwa als der ehemalige Fallschirmjäger-General Bernhard Ramcke 1951 heimkehrte. Die Franzosen hatten ihn als Kriegsverbrecher zu fünf Jahren Zwangsarbeit verurteilt. Mit Rücksicht auf sein Alter ließen sie ihn vorzeitig frei. Bei der Ankunft in seiner Heimatstadt Schleswig feierten ihn frühere Kameraden wie einen Helden, trugen ihn auf den Schultern und ließen ihn hochleben. Ramcke begrüßte die jubelnde Menge mit ausgestrecktem Arm und einem breiten Lachen.

Im Oktober 1951 wanderten in Stadtoldendorf, Niedersachsen, alle Entnazifizierungsakten samt vollständigem Mitgliederverzeichnis der NSDAP und ihrer Gliederungen in den Ofen des städtischen Gaswerks. Der Bürgermeister und die Ratsmitglieder waren dabei, als solcherart die Vergangenheit entsorgt wurde. Der Schriftsteller Ralph Giordano berichtete später über diesen Vorgang als Beleg für seine These von der *Zweiten Schuld*, die sich die Deutschen mit dem Verdrängen und Vergessen der NS-Verbrechen aufgeladen hätten.

Der Staat beteiligte sich durch seine Personalpolitik an der Rehabilitierung alter Parteigenossen. Bundesweit gängig war in jenen Jahren ein Begriff, den heute kaum noch jemand kennt. Jedermann wusste damals, was und wer mit den »Hunderteinunddreißigern« gemeint war: Beamte, die zunächst wegen ihrer Mitgliedschaft in NS-Organisationen nicht wieder in den Staatsdienst hatten eintreten dürfen. Artikel 131 des 1949 beschlossenen Grundgesetzes besagte: »Die Rechtsverhältnisse von Personen einschließlich der Flüchtlinge und Vertriebenen, die am 8. Mai im öffentlichen Dienste standen, aus anderen als beamten- oder tarifrechtlichen Gründen ausgeschieden sind und bisher nicht oder nicht in ihrer früheren Stellung entsprechend verwendet wurden, sind durch Bundesgesetz zu regeln.« Hier war keine Rede vom Nationalsozialismus, trotzdem war klar, worum es ging. Schon im April 1951 verabschiedete der Bundestag das »Gesetz zur Regelung der Rechtsverhältnisse der unter Artikel 131 des Grundgesetzes fallenden Personen«. Nur zwei Abgeordnete enthielten sich, auch die Sozialdemokraten und andere Oppositionsparteien stimmten dem Freifahrtschein für solche Richter, Staatsanwälte, Lehrer und sonstige Beamte zu, die NS-Organisationen angehört hatten. Ausgenommen waren Menschen, die bei der Entnazifizierung in die Gruppen I (Hauptschuldige) oder II (Schuldige) eingestuft worden waren. Alle anderen bekamen einen Rechtsanspruch auf Wiedereinstellung. Das Klima für diesen Beschluss hatte die Bundesregierung durch eine geschickte Regie bereitet: Nur wenige Tage vor dem Gesetz über die 131er hatte der Bundestag auf deren Antrag ein anderes beschlossen, das die Wiedergutmachung für solche Staatsdiener regelte, die unter NS-Unrecht gelitten hatten.

Die Behörden waren nun verpflichtet, einen bestimmten Teil ihrer Stellen für frühere Nazis freizuhalten. Damit stärkte der Staat einerseits seine Funktionsfähigkeit, die bis dahin unter dem Fehlen der kaltgestellten Fachleute gelitten hatte. Andererseits öffnete er ehemaligen Nationalsozialisten die Tür zur Arbeit und zur späteren Beamtenpension, ohne ihre demokratische Zuverlässigkeit zu überprüfen.

Manche machten von dieser Regelung so ausgiebigen Gebrauch, dass auch zurückhaltende Zeitgenossen funktionierende Seilschaften vermuteten. In der Regel kehrten allerdings die alten Kräfte ohne größeres Aufsehen an ihre Plätze zurück, was dann zu schmerzlichen Begegnungen führen konnte, wenn Opfer nationalsozialistischer Verfolgung plötzlich in einer Amtsstube ihren früheren Unterdrückern gegenübersaßen, oder wenn vor Gericht ein Angeklagter mit einem Staatsanwalt konfrontiert wurde, der ihn kurz vor Kriegsende wegen des Diebstahls von Schokolade zum Tode verurteilt hatte. Wolfgang Staudtes Film *Rosen für den Staatsanwalt* erzählte 1959 genau diese Geschichte des Gefreiten Kleinschmidt, und das Publikum verfolgte gespannt, wie Martin Held in der Titelrolle die Vergangenheit einholte und er in einem Lapsus ein zweites Mal die Todesstrafe für denselben »Schuldigen« wegen derselben »wehrkraftzersetzenden Tendenzen« forderte.

Besondere Auswirkungen hatte die Rückkehr der Altgedienten an den Schulen und Hochschulen. Lehrer und Professoren hätten die Aufgabe gehabt, den jungen Menschen die deutschen Verstrickungen zu erklären und ihnen die Demokratie nahe zu bringen. Aber von Demokratie verstanden

viele dieser Leute selbst nicht viel, und die Erörterung der jüngsten deutschen Geschichte hätte sie in Konflikt mit den eigenen Schuldanteilen bringen können. Darum endete so mancher Geschichtsunterricht irgendwann
vor 1933, und das nicht nur wegen des anfänglichen Fehlens von zeitgemä-
ßem Lehrmaterial. Es mangelte, welch ein Zufall, natürlich an Zeit. Das war
einer der Gründe, warum die Schule bei der Einübung der Demokratie nur
eine begrenzte Rolle spielte. In der Justiz waren ähnliche Zusammenhänge
zu beobachten, wenn Gerichte Verfahren wegen Verbrechen während der
NS-Zeit verschleppten, manchmal bis zum Nimmerleinstag, oder wenn sie
überaus große Milde walten ließen.

Die Folgen dieser Form von Resozialisierung reichten bis nach Bonn. Im
Auswärtigen Amt waren schon 1951 zwei von drei leitenden Beamten ehemalige Parteigenossen. Im Justizministerium lag der Anteil nach einer von
dem Politikwissenschaftler Thränhardt zitierten amerikanischen Untersuchung sogar noch höher, in anderen Spitzenbehörden kaum niedriger.
Und auch das Kabinett machte da keine Ausnahme. Da gab es Theodor
Oberländer, Minister für Vertriebene, Flüchtlinge und Kriegsgeschädigte
von 1953 bis 1960. Zwar erwiesen sich die von der DDR-Justiz präsentierten
Belege, wonach er an Judenmorden in Lemberg beteiligt gewesen sein
sollte, als gefälscht. Aber nicht zu leugnen waren seine führende Funktion in
der Partei und seine frühere Rolle als Wortführer einer rassistischen Volks-
tumslehre. Und sogar in Adenauers unmittelbarer Umgebung saßen Beamte
mit umstrittener Vergangenheit. Hans Globke zum Beispiel, Chef und Graue
Eminenz des Kanzleramtes, hatte im Dritten Reich an wichtiger Stelle im
Reichsinnenministerium gesessen und einen Kommentar zu den »Nürnberger Gesetzen« geschrieben, die die Verfolgung der Juden legitimierten.

Deckel auf, Deckel zu

Das alles war durchaus bekannt und wurde diskutiert. Wie es denn auch
sonst, entgegen einem später weit verbreiteten Eindruck, durchaus nicht an
Informationen über die NS-Zeit und ihre Folgen mangelte. Wissenschaftler
hatten sich schon bald nach dem Zusammenbruch an die Arbeit gemacht
und die Vergangenheit aufzuarbeiten begonnen. Auch populäre Sachbü-
cher gab es früh, so hatte Eugen Kogon bereits 1946 sein gründliches und
immer wieder aufgelegtes Buch *Der SS-Staat* veröffentlicht. Weite Verbrei-

tung fand *Das Tagebuch der Anne Frank*, jene bewegenden Aufzeichnungen eines jüdischen Mädchens, das sich mit der Familie in einem Amsterdamer Hinterhaus versteckt hielt, von Nachbarn verraten wurde und im Konzentrationslager umkam. In Westdeutschland schloss dieses Buch viele Lücken, die wegen der Versäumnisse der Schulen und Elternhäuser entstanden. So mancher Jugendliche kam erst über das *Tagebuch* dazu, sich überhaupt mit der jüngsten Geschichte zu befassen.

Es trifft also nicht zu, was Historiker später zuweilen behaupteten: dass die nach vorne blickenden Nachkriegsdeutschen die NS-Zeit in den Fünfzigerjahren systematisch und komplett ausgeblendet hätten. Erst recht nicht im Kino. Vor allem Mitte des Jahrzehnts beschäftigte sich eine regelrechte Flut von Filmen mit NS-Themen. So war *Der Untergang* von 2004 keineswegs der erste Film, der die letzten Tage im Berliner Führerbunker schilderte. Einen Streifen darüber gab es schon 1955, und Mitautor des Drehbuches war kein Geringerer als der Schriftsteller Erich Maria Remarque. Bernhard Wickis Film *Die Brücke* (1959) über eine Gruppe von Schülern, die verantwortungslose Nazis in ein tödliches Gefecht mit den vorrückenden amerikanischen Panzern schickten, hinterließ vor allem bei den jungen Zuschauern einen starken Eindruck – vor wenigen Jahren hätten sie selbst im »Volkssturm« kämpfen müssen.

Die Perspektive war allerdings eine andere als später, wenn die Deutschen sich zu dieser Zeit an das machten, was sie mit einem Schlagwort »Vergangenheitsbewältigung« nannten. Viele Filme stilisierten sie zu Objekten oder gar zu Opfern eines dämonischen Systems, gegen das man nichts ausrichten konnte. Unerwähnt blieb im Film und auch sonst die bis weit in den Krieg hineinreichende Wahlverwandtschaft zwischen NS-Führung und Volk. Diese wurde erst in den Sechzigerjahren zum Thema, als der israelische Prozess gegen den Organisator der Todesfabriken, Adolf Eichmann, und die Frankfurter Auschwitz-Prozesse das ganze Ausmaß und die ganze Brutalität der Mordmaschinerie illustrierten – und damit keinen Raum mehr ließen für Ausflüchte und Verdrängungen.

Die Vergangenheitsbewältigung in den Fünfzigern drang nicht in alle Bereiche vor, erst recht nicht in die besonders unbequemen. Man öffnete den Deckel über den Erinnerungen nur einen Spaltbreit, so weit man es ertragen konnte. Die Frage nach der Schuld oder zumindest nach der Mitwisserschaft und den Mitläufern wurde nur punktuell und eher zögerlich gestellt. Wer insistierte, lief wie Dirk Kuhl Gefahr, mit den schrecklichen Taten von

Familie und Freunden konfrontiert zu werden, oder sich ins Abseits zu katapultieren. Wer öffentlich oder privat an die Verpflichtungen erinnerte, die sich für die Deutschen aus dem NS-Erbe ergaben, handelte sich schnell den Vorwurf ein, ein Nestbeschmutzer zu sein. Die oft zitierte Schlussstrich-Mentalität gab es wirklich. Die Frage »Hört denn das nie auf?« stellte so mancher.

Gleichzeitig gab es aber durchaus Wachsamkeit und Warnungen. Ein frühes Beispiel dafür waren die Proteste gegen *Jud-Süß*-Regisseur Veit Harlan. Der PEN-Club, die Vereinigung von Schriftstellern, schlug 1955 Alarm und wies auf »unbelehrbare Elemente mit nachweislich radikal nazistischer Vergangenheit« hin. Durch Verherrlichung der ehemaligen Naziführer würden »diese Leute die Kapitalverbrechen der NS-Zeit beschönigen und ein gefährliches Geschichtsbild vermitteln«. Der Bayerische Rundfunk strahlte im Februar des gleichen Jahres den Beitrag *Renazifizierung der Bundesrepublik* von Helmut Hammerschmidt aus, in dem dieser eine lange Liste von beunruhigenden Details aufzählte: öffentliche Gedenkfeiern für verstorbene Nazi-Größen, die Zahlung von Extrabeiträgen und Pensionen an ehemals führende Parteigenossen, das Wiedererscheinen von nationalsozialistischen Büchern, die Personalpolitik des Auswärtigen Amtes und vieles mehr.

Aber wie nur eine Minderheit sich verantwortungsvoll und konsequent mit der deutschen Schuld auseinander setzte, war es auch nur eine Minderheit, die diese Schuld ernsthaft bestritt. Von der oft beschworenen Renazifizierung konnte in den Fünfzigerjahren also nicht die Rede sein. Die übergroße Mehrheit war sich des unseligen Erbes durchaus bewusst und wandte sich »von dem Nazi-Abenteuer als einer Peinlichkeit ab, an die man nicht erinnert werden will« (Golo Mann). Nur darüber reden wollte man nicht. Es war zwar nicht möglich, die Vergangenheit einfach zu *ver*schweigen, viele glaubten jedoch, sie *be*schweigen zu können, vor allem dann, wenn es eigene Verstrickungen gab, wenn also die eigene Biografie einen Kratzer bekommen konnte. Dann setzte das Verstummen ein.

Doch wie jeder Psychologiestudent nach dem zweiten Semester weiß, kehrt verdrängte Schuld immer in der einen oder anderen Form zurück. In diesem Fall tauchten die Fragen nach ihr spätestens in der zweiten Hälfte der Sechzigerjahre auf, als die revoltierenden Studenten, nicht immer ohne Selbstgerechtigkeit, von den Vätern wissen wollten, was sie vor 1945 getan hatten. Die Fragen der Sechziger waren die Antworten auf die Versäumnisse der Fünfziger.

Das Wunder der Wunder
Als die Wirtschaft in Schwung kam

An einem Samstagnachmittag bezog der Reisende aus England das reservierte Zimmer in einer Westberliner Pension. Er geriet in ein heilloses Chaos. Handwerker überall, Lärm, das Mobiliar unter weißen Laken verborgen. Erst morgens hatten sie mit der Arbeit an einem kriegsbeschädigten Zimmer begonnen. Als der englische Gast nachts um zwei Uhr von einem Ausflug zurückkehrte, verließen die Maurer, Maler, Tapezierer gerade das Haus. Und als er am nächsten Morgen erwachte, war alles tipptopp.

Der englische Schriftsteller George Mikes, der 1953 über diese und ähnliche Erlebnisse berichtete, fand das Tempo des Wiederaufbaus und die Tüchtigkeit der Deutschen beängstigend. Es gehe ihnen gut, besser als den Engländern und viel besser als den Franzosen, meinte der Spötter und fragte sich: »Wie schaffe ich es am besten, besiegt zu werden?«

Die Väter des Wirtschaftswunders

Solche Formulierungen hörte man in diesen Jahren häufig von ausländischen Besuchern, etwa beim Anblick des Berliner Kurfürstendamms. Die einstige Prachtstraße war nach dem Krieg fast komplett zerstört. Als Mikes 1952 dort flanierte, lag immer noch die Hälfte der Häuser in Trümmern. Die andere Hälfte jedoch präsentierte sich schon wieder als Einkaufsstraße voller Luxus und Eleganz.

Bis 1950 hatten das Geld und die Kraft meist nur für Provisorien gereicht. Jetzt aber hoben Westdeutschland und damit auch Westberlin zum größten Aufschwung des Jahrhunderts ab. Aus dem Chaos in den Boom. Niemand hätte dieses »Wunder« zu prophezeien gewagt, denn die Startsituation war alles andere als verheißungsvoll. Hohe Arbeitslosigkeit, niedrige Einkommen, wenig Kapital. Die Millionen von vertriebenen und geflüchteten Ostdeutschen warteten auf ihre Eingliederung, und die zerstörten Städte warteten auf die Bauleute.

Das Wunder, das die Welt schon bald zu bestaunen lernte, war bei Licht besehen allerdings gar keines, sondern eine Kombination günstiger Umstände. Die weltpolitische Lage, die strategischen Weichenstellungen durch die Sieger, eine realistische Wirtschaftspolitik und der Wille der Menschen, sich einen Weg aus der Depression zu bahnen, all das wirkte zusammen. Die Deutschen entwickelten einen Arbeitseifer, der teilweise schon an Arbeitssucht grenzte, sodass George Mikes sinnierte: »Vielleicht arbeiten sie ja 28 Stunden am Tag, ich habe es nicht herausbekommen.«

Doch Fleiß allein reichte natürlich nicht, auch wenn Franz Josef Strauß später bis zum Überdruss in seinen Reden die Floskel strapazierte, Deutschland sei nach 1945 »der größte Trümmerhaufen der Weltgeschichte« gewesen, den die Deutschen eigenhändig aufgeräumt hätten. Das traf nur partiell zu. Die Alliierten hatten bei den Luftangriffen vor allem Wohngebiete und Verkehrssysteme zerstört, und noch bis ins vorletzte Kriegsjahr waren viele Investitionen in die Produktionsanlagen geflossen. Die fertigten zwar, solange die Nazis regierten, Waffen aller Art für den »Endsieg«, waren aber nach dem Krieg vergleichsweise leicht auf zivile Produkte umzustellen. Die Industriekapazität lag 1945 darum insgesamt höher als in den Dreißigerjahren. Die Wirtschaft begann also nach Kriegsende nicht am viel beschworenen Nullpunkt, sondern hatte 1950 bereits zum Aufschwung angesetzt, auch wenn es für viele noch nicht sichtbar war.

Die Politik der Alliierten half: Schon bald nach der deutschen Kapitulation zeigten sich erste Risse in der Front der Sieger. Um ihre Einflussbereiche, die Westzonen, zu stärken, stoppten Amerikaner, Engländer und Franzosen die Demontage von Fabrikanlagen und andere Reparationen. Dazu kam die wenn auch manchmal überschätzte Initialzündung des Marshall-Plans. Um die europäische Wirtschaft auf die Beine zu bringen, pumpten die Amerikaner unter Anleitung ihres Außenministers, der dem Projekt den Namen gab, bis 1951 insgesamt 12,4 Milliarden Dollar in 14 west- und südeuropäische Länder, zum Teil als Zuschüsse, zum Teil als Kredite. Die Bundesrepublik und Westberlin erhielten 1,7 Milliarden Dollar von diesem Geldsegen.

Eine zentrale Rolle spielte die Währungsreform: Weil die alte Reichsmark nicht dem wirklichen Wert entsprochen hatte, blühten nach dem

Krieg der Schwarzmarkt und der Naturalienhandel. Amerikanische Zigaretten galten als eine Art Leitwährung. Die Großstädter fuhren aufs Land, um bei den Bauern Schmuck, Teppiche oder Kleider gegen Essbares zu tauschen. Viele Hersteller und Händler horteten in ihren Lagerregalen Konsumgüter, um auf bessere Zeiten zu warten. Was die Verbraucher dringend suchten, war also teilweise vorrätig, nur nicht im Verkauf.

Am 20. Juni 1948 kam die neue Deutsche Mark. (Nur drei Tage später führten die Sowjets in ihrer Zone die fortan Ostmark genannte »Deutsche Mark der Deutschen Notenbank« ein.) Ludwig Erhard, zu dieser Zeit Direktor der »Verwaltung für Wirtschaft des Vereinigten Wirtschaftsgebietes«, eine Art Wirtschaftsminister der Trizone, gilt weithin als der Erfinder der D-Mark. In Wirklichkeit waren es die Besatzer, die sie in den Westzonen einführten, aber Erhard propagierte sie. Von 100 Reichsmark blieben noch 6,50 D-Mark übrig. Nur ein Kopfbetrag von 40 Mark wurde im Verhältnis eins zu eins umgetauscht. Die Händler öffneten ihre Lager, und zur Verblüffung der Verbraucher füllten sich über Nacht die Schaufenster und Regale. Erhard konnte nun eine Reihe von Rationierungen sukzessive aufheben. Der letzte Schritt zur Marktwirtschaft war die Abschaffung der Lebensmittelmarken im Frühjahr 1950. Damit wurde ein viel benutzter und auch heute noch manchmal auftauchender Begriff überflüssig: »Otto Normalverbraucher« war bis dahin der Bürger, der die übliche Lebensmittelkarte bezog, ohne Zuschläge etwa für Schwerarbeiter oder junge Mütter.

Bis 1950 hatte jeder Haushalt für je zwei Monate Bezugsscheine bekommen, auf denen Zucker teilweise in Portionen von 10 Gramm, Fett in Portionen von 5 bis 25 Gramm notiert war. Beim Brot ging es bis zu 50 Gramm hinunter. Insgesamt bestand so eine Karte aus mehr als 150 Abschnitten, die die Verbraucher oder Händler muhevoll mit der Schere abschnippeln mussten. Ein riesiger planwirtschaftlicher Apparat war nötig, um die Karten auszuteilen und deren korrekte Verwendung zu kontrollieren. In vielen Chroniken taucht das Datum ihres Verschwindens nicht einmal auf. Für das Lebensgefühl damals aber war das Ende des Bezugsscheins ein wichtiges Signal: Ende der Mangel- und Zwangsökonomie, Sieg der Marktwirtschaft, Zeit für Zuversicht.

Schließlich gehörte zum Wirtschaftswunder eine Schar von Männern, die es als Unternehmer in Gang setzten und hielten (Frauen waren auch hier eine absolute Rarität). Einer von ihnen ließ sich Anfang August 1955 in Wolfsburg feiern. Er hatte fast 1200 Journalisten und Vertreter der internationalen Automobilindustrie eingeladen, sie standen und saßen im unternehmenseigenen Stadion zusammen mit rund 100000 weiteren Gästen, viele davon Werksangehörige mit Familie. Man unterhielt sich prächtig: Leichtbekleidete Damen des Pariser Moulin Rouge tanzten, Chöre von Schwarzen sangen Spirituals, schottische Tänzerinnen traten zu den Klängen von Dudelsäcken auf. Sie alle symbolisierten den weltweiten Siegeszug des »Käfers«. Und dann rückten sie alle allmählich beiseite, die Blicke richteten sich auf eine 15 Meter hohe Treppe. Zum Rhythmus eines Johann-Strauß-Marsches schritt ein hoch gewachsener, braun gebrannter Mann die Stufen herunter. Nach einer kurzen Rede rief er der Menge zu: »Ran an die zweite Million!«

Symbol des Wirtschaftswunders: der Erfolg des Käfers.

Es war Heinrich Nordhoff, Chef des Volkswagenwerks und »König von Wolfsburg« genannt, der sich da so feiern ließ. Sein Fest dauerte drei Tage, und der *Spiegel* schrieb anschließend, der Gastgeber habe die ihm dargebrachten Huldigungen mit jener Mischung aus Selbstbewusstsein und Selbstherrlichkeit entgegengenommen, die ihm schon länger eigen sei.

Der »König von Wolfsburg« war einer aus der Garnitur von »Wirtschaftskapitänen«, ohne die der Aufschwung nicht denkbar gewesen wäre. Ähnlich wie die starken Männer in der Politik dachten und handelten sie autoritär bis autokratisch. Aber solange sie Erfolg hatten, genossen sie eine fast unbegrenzte Bewunderung. Neben Nordhoff gehörten Männer wie Max Grundig (Elektronik), Josef Neckermann (Versandhandel), Hermann Josef Abs (Bankwesen, wichtiger Adenauer-Berater), Carl Friedrich Wilhelm Borgward (Autoindustrie) und Reinhard Mohn (Bertelsmann) in diesen Reigen von Unternehmern, die teilweise aus dem Nichts mit hohem persönlichen Risiko kleine oder große Imperien aus dem Boden stampften. Sie verlangten viel von ihren Mitarbeitern und herrschten wie fürsorgliche, aber strenge Familienväter. Der Übervater aber war Ludwig Erhard, der als CDU-Wirtschaftsminister von 1949 bis 1963 die soziale Marktwirtschaft prägte. Mit seinem ökonomischen Kurs verschaffte er eben jenen Kapitänen die Rahmenbedingungen für ihre Fahrt ins Freie, und mit seinem unentwegt demonstrierten Optimismus steckte er das Volk an – auch in Zeiten von Rückschlägen, die aber begrenzt blieben und den Aufstieg nicht wirklich gefährdeten. Das Symbol dieser von ihm erzeugten Stimmung war neben seiner beträchtlichen Leibesfülle als äußeres Zeichen des beginnenden Wohlstands die ewig qualmende Zigarre, die Karikaturisten und Cartoonisten dankbar benutzten, um ihn zum Beispiel als eine stets unter Dampf stehende Lokomotive abzubilden.

Zu den Wirtschaftsführern, die von Erhards Visionen profitierten und gleichzeitig halfen, sie Realität werden zu lassen, zählte auch ein Mann aus dem Schwäbischen. Er hatte nichts, aber packte an und zu. Dank seiner technischen und ökonomischen Fantasie baute er zunächst eine grundsolide Firma auf und legte dann in der zweiten Hälfte des Jahrzehnts mit einem ebenso einfachen wie genialen Produkt den Grundstein für ein Unternehmen mit Weltgeltung.

Das Ding mit dem Dübel

Es war an einem Samstagmittag im Jahre 1958, als Artur Fischer, ein mittelständischer Unternehmer in der schwäbischen Kleinstadt Tumlingen, nicht ins Wochenende, sondern in die Werkstatt ging. Er wollte etwas ausprobieren, wozu er eigentlich wenig Lust hatte. Aber ein Verkäufer stand ihm schon längere Zeit auf den Füßen, weil die Kunden immer wieder nach funktionierenden Dübeln fragten. Außerdem brauchte Fischer ein neues Produkt, denn er hatte das Patent für ein anderes verkauft. Also begann er zu experimentieren. Er spannte ein rundes Stück Polyamid, auch Nylon genannt, in den Schraubstock und sägte, feilte, bohrte daran herum. Dann schlug er Löcher in eine Wand, steckte die bearbeiteten Polyamid-Röhrchen hinein, befestigte Schrauben darin und versuchte, sie wieder auszuhebeln. Und siehe da: »Der Dübel tat keinen Muckser«, erzählt der inzwischen mehr als 85-jährige Tüftler mit sichtlicher Genugtuung. Das war die Geburtsstunde des Fischer-Dübels, der die Welt der Hand- und Heimwerker veränderte, und gleichzeitig der Beginn einer Erfolgsstory, wie sie für die Fünfzigerjahre nicht typischer sein könnte.

Nach Schlosserlehre, Kriegsdienst und Flucht aus der englischen Gefangenschaft kehrt der 1919 geborene Fischer zu seinen Eltern in den Schwarzwald zurück. Die sind arm, streng und pietistisch. Vater Fischer ist der Dorfschneider, aber immerhin mit eigenem Haus, das sogar einen Erker aufweist – etwas sehr Seltenes, wie der Sohn später betont. Dieser hat nichts außer seinem Willen, seine Talente nicht brachliegen zu lassen.

Die Lage auf dem Arbeitsmarkt ist trostlos, trotzdem gelingt es ihm, in Freudenstadt bei einer Elektrotechnik-Firma anzumustern. Der Chef erklärt ihm bei einem Gespräch im Garten die Ohmschen Gesetze, dann darf er loslegen. Die Karriere scheint perfekt, als Fischer schon nach einem Jahr zum technischen Assistenten aufrückt. Doch ein Elektromeister macht ihm Probleme. Der nämlich hat das Fach von der Pike auf gelernt und mag keine Seiteneinsteiger. Fischer kündigt, obwohl keine andere Stelle winkt und er mittlerweile Frau und Tochter ernähren muss. Vater Fischer ist entsetzt über den unsteten Sohn. Denn der liegt ihm jetzt samt Familie auf der Tasche, obwohl er selbst nur schwer über die Runden kommt.

Artur Fischer mietet für 35 Mark im Monat eine winzige Werkstatt: vier nackte Wände, kein Mobiliar, kein Werkzeug, kein Material. Aus Brettern, die er sich von Waldbauern erbittet, baut er eine Werkbank, von Nachbarn leiht er sich Bohrmaschine und Schraubstock. Er repariert Bügeleisen und alle nur denkbaren Haushaltsgeräte. Dann kommt die erste von insgesamt fast 1100 Erfindungen seines Lebens.

Wie an so vielem fehlt es in der amerikanischen Besatzungszone nämlich an Streichhölzern. Also konstruiert Fischer aus Holz, einem Schalter und einer Heizspirale einen Feueranzünder, mit dem seine Frau
hausieren geht: Für einen Anzünder gibt es ein halbes Pfund Butter
und zwei Eier. Den Startschuss für den Aufstieg der nächsten Jahre
gibt, indirekt, die Existenz der Tochter. Der stolze Vater holt eines Tages
eine Fotografin in die Mansarde, die seine kleine Familie im Hause der
Eltern bewohnt. Für das gewünschte Kinderfoto ist es jedoch zu dunkel, und die Fotografin hat nur einen der damals üblichen Pulverblitze
dabei. Die aber könnten die Wohnung in Brand setzen. So wird der
Fototermin verschoben, doch dem fleißigen Tüftler lässt das Problem
keine Ruhe. Fischer denkt nach, experimentiert, denkt wieder nach, experimentiert weiter und hat schließlich Erfolg: 1949 erfindet er den ersten synchron arbeitenden Blitz, der zusammen mit dem Kameraver-
schluss ausgelöst wird. Verglichen mit den späteren Blitzwürfeln sind
die ersten Geräte wahre Ungetüme, aber die Fachleute erkennen die
Revolution. Einer Frankfurter Firma verkauft er die ersten 20 in Hand-
arbeit hergestellten Exemplare, 190 Mark bringt Artur Fischer nach
Hause, und in seiner Werkstatt stellt er den ersten Mitarbeiter ein.
Trotzdem ist von Aufbruchstimmung Anfang 1950 bei ihm noch wenig
zu spüren. Fischer heute: »Ich wusste nicht, wie es weitergeht. Wenn
jemand in meine Werkstatt reingeguckt hätte, hätte er gesagt: Das wird
nichts. Wir haben uns eingeschränkt, noch und noch. Von wegen ausge-
hen. Nicht einmal ein Bier habe ich getrunken.« Ein besonders feinfüh-
liger Nachbar fragt ihn denn auch: »Wann machst du Konkurs?« Aber
ans Aufgeben denkt Fischer nicht. Mit viel Energie, großer Sparsamkeit
und weiteren Erfindungen krabbelt er aus dem Loch. Die große Foto-
firma Agfa kauft ihm das Blitzlichtgerät in wachsenden Mengen ab. Er
konstruiert immer kleinere, handlichere Apparate. Zur Jahreswende
1952/53 beschäftigt er schon an die 40 Mitarbeiter. Aber bei den Blitz-
lichtern handelt es sich um Feinmechanik, und von der haben der Chef
und seine Leute zunächst wenig Ahnung. Darum bezahlen sie viel
Lehrgeld in Gestalt von Reklamationen. Einmal kommt sein stets sparsamer Vater in die Firma, sieht die vielen zurückgeschickten Geräte und
fragt entgeistert: »Wovon lebst du denn?« Doch der Sohn lässt sich nicht
entmutigen, bastelt und korrigiert, und am Ende werden es 13 Millionen Geräte sein, die er bis zum Verkauf des Patents vertreibt.

1950 wird Sohn Klaus, der spätere Nachfolger, geboren. Für seine Familie hat Artur Fischer nur wenig Zeit. Seine Frau fragt ihn gelegentlich, ob er überhaupt verheiratet sei. Denn Fischers Denken kreist um die Erfindungen, die Firma, die Zukunft. Und als der Erfolg dann kommt, gibt er sich immer noch nicht zufrieden, löst sich von den Grundsätzen seines Vaters, wonach man nur das kaufen darf, was man auch sofort bezahlen kann, nimmt Kredite auf und jongliert auf dem Weg zum Weltunternehmen mit immer größeren Summen.

Artur Fischer heute. Er geht weiterhin jeden Tag in die Firma.

Wenn Fischer heute das Blitzgerät von 1949 und das letzte von ihm hergestellte nebeneinander hält, wundert er sich selbst, was damals alles möglich war. Bei solchen Gelegenheiten gibt er dann ein wenig von seiner Philosophie als Erfinder und Unternehmer preis: »Man sollte nicht im Voraus sagen, das geht nicht. Sondern man muss immer sagen: Das geht *so* nicht.« Es gelte, immer wieder neu anzusetzen: »Und dann geht's eben doch.« Ein anderer Teil seiner Grundeinstellung blitzt auf, wenn er erzählt, wie ein großes Unternehmen seinen inzwischen prosperierenden, aber nach wie vor vergleichsweise kleinen Laden kaufen und ihn als Angestellten weiter beschäftigen wollte. Finanziell hätte ihn das entlastet, aber im Dienste eines anderen zu stehen, das hätte er nicht ertragen. Fischer teilte dem Interessenten mit: »Ich brauche nicht die Gängelung durch andere, ich muss mich selbst gängeln.«

So oder ähnlich denken viele in dieser Zeit, mehr jedenfalls als in anderen Jahren. Fischer verkauft seine Firma also nicht, wohl aber das Patent für den Blitzwürfel. Und dann entsteht als Ersatz dafür an eben jenem Samstag der Fischer-S-Dübel, den der Erfinder und Unternehmer 1958 auf der Handwerksmesse in München zum ersten Mal vorstellt. Die bisher handelsüblichen Dübel sind Blechzylinder mit einem Stück Hanf darin. Man steckt sie in das Bohrloch, das genau passen muss, weil sich der Dübel nicht ausdehnt. Der neue Dübel besteht aus haltbarem Nylon. Der kleine Zylinder hat Kerben, die ihn in der Wand festhalten. Am unteren Ende ist er aufgeschlitzt, sodass er sich spreizen kann, wenn die Schraube eindringt. Außerdem hat dieser neue Dübel keinen Rand mehr, weshalb man ihn überall hindurchstecken und sogar tief in die Wand einlassen kann. Das alles macht ihn vielseitig verwendbar und gibt ihm einen mit einfachsten Mitteln erreichten, felsensicheren Halt.

Eine geniale Erfindung. Der Markt honoriert die Revolution sofort. So selbstverständlich das kleine Ding schon bald anmuten wird, um diese Zeit, im Jahre 1958, ist es der Fortschritt schlechthin. Zu Beginn produziert Fischer 1000 bis 2000 in der Woche, später werden es 7 Millionen am Tag sein. Und wie so oft lässt der Erfinder vom Erfinden nicht. Ständig stellt er neue Varianten her, bald ist Fischer aus Tumlingen das führende Unternehmen für Befestigungselemente jeglicher Art.

Schon Ende der Fünfzigerjahre nehmen die ersten Tochterunternehmen im Ausland die Arbeit auf. In den Sechzigern gehen immer neue Produkte in die Welt hinaus, so der Fischertechnik-Baukasten aus Kunststoff, der eine ähnliche, nur viel breitere Funktion bekommt als der Stabilbaukasten aus Blech, mit dem etliche Generationen bis dahin groß geworden sind. 1972 überschreitet die Zahl der Beschäftigten die 1000, Anfang der Neunziger erreicht Fischer die Marke von einer halben Milliarde Mark Umsatz. Immer neue Zweigfirmen entstehen, auch in China.

1980 hat Sohn Klaus das Unternehmen übernommen, aber der Senior geht weiterhin jeden Tag in die Firma. Ihn leiten immer noch Motive, hinter denen leicht die pietistischen Grundsätze des schwäbischen

Elternhauses zu entdecken sind. Wer nur ein Produkt sucht, das ihm 1 Million Umsatz bescheren wird, der kann nach seiner Ansicht nicht weit kommen: »Das kriegen Sie nie hin, weil Sie unter Umständen so viele Schwierigkeiten haben, ehe das Produkt da ist, dass Sie vorher aufhören.« Für Artur Fischer müssen die Entdeckerfreude und der Spaß am Neuen im Mittelpunkt stehen. Über sich selbst sagt er: »Ich muss eine Aufgabe haben, die bisher nicht oder nicht gut gelöst wurde. Ich kann nicht verdienen, ohne zu dienen.« Von ungerechtfertigten Höhenflügen hält der Selfmademan nichts: »Alles ist einfach, wenn man selbst auf das Einfache Wert legt.« Sich selbst und anderen nichts schenken und alle Kraft in den Aufbau der Firma stecken: Vielleicht treffen solche Sentenzen am besten das Erfolgsgeheimnis jener Wirtschaftskapitäne, die wie Fischer in den Fünfzigern das Wirtschaftswunder auf den Weg brachten.

Als ein Journalist den mehr als 80-Jährigen einmal fragte, was man über ihn schreiben solle, antwortete er jedenfalls: »Schreiben Sie: Artur Fischer hat sich im vergangenen Winter seinen Kindheitstraum erfüllt und eine Modelleisenbahn gekauft.«

Unter den bäuerlichen Schwaben war es zunächst nicht sonderlich attraktiv, in einer Fabrik zu arbeiten. Aber Fischer bot gute Löhne und ein angenehmes Betriebsklima, und so zog er sich allmählich aus der Region eine Belegschaft heran, was den Menschen dort ein sicheres Auskommen brachte. In anderen Gegenden und Branchen aber mangelte es schon bald an Arbeitskräften, sodass sich die Unternehmen in ganz Deutschland auf die Suche begeben mussten. Davon profitierte ein ARD-Zeitzeuge, der mit 17 Jahren die DDR verließ, im Ruhrgebiet am Hochofen landete und das Wirtschaftswunder aus der Perspektive des Arbeiters erlebte.

Drei Zigaretten als Luxus

Otto Schulz reiste auf dem Fahrrad aus dem östlichen Niedersachsen ins Ruhrgebiet. Zusammen mit zwei Freunden fand er ein Quartier in einem so genannten »Ledigenheim« für unverheiratete Männer. Die drei ließen sich auf ihre Tauglichkeit für den Bergbau untersuchen, und schon am nächsten Werktag fuhren sie 570 Meter tief in die Erde. So schnell konnte man in Lohn und Brot kommen, als die westdeutsche Ökonomie in Fahrt geriet.

Schulz erblickt 1933 in einem kleinen altmärkischen Dorf im Norden von Sachsen-Anhalt das Licht der Welt. Er geht acht Jahre auf die Volksschule, in der es nur eine Klasse für alle Schüler gleich welchen Alters gibt, dann absolviert er eine Lehre als Landmaschinenschlosser. Alles scheint auf ein ruhiges Handwerkerleben in der Provinz hinauszulaufen. Doch inzwischen ist aus der SBZ die DDR geworden, und die Bauern und Grundbesitzer haben seit 1945 mit den Enteignungen im Zuge der Bodenreform die Härte der neuen sowjetischen Machthaber zu spüren bekommen. So hat Otto Schulz als Sohn eines Bauern zwar satt zu essen, aber immer heftiger stört ihn die allgemeine Gängelung, zum Beispiel wenn die Polizei einen jungen Bauern abholt, der mit seiner Meinung nicht hinter dem Berg gehalten hat.

Sein Vater ist in der SED, kein Aktivist, eher ein Mitläufer. Trotzdem verrät ihm der Junge nicht, dass er gehen will. Er versteckt Geld in der Lenksäule seines Fahrrads und versucht 1951, über die grüne Grenze in die Bundesrepublik zu wechseln. Beim ersten Anlauf stößt er auf drei Polizisten. Die lassen ihn laufen, als er ihnen erzählt, er müsse in der Gegend etwas reparieren. Der zweite Versuch klappt, mit dem Fahrrad durchquert Otto Schulz einen schlammigen Grenzbach.

Der Flüchtling kommt auf einem Bauerhof unter, hilft bei der Gurken- und Tabakernte, hält das Anwesen sauber. Aber Otto, sein inzwischen nachgekommener Freund und dessen Bruder können sich nicht vorstellen, ihr Leben als Landarbeiter zu fristen. Schon in der DDR haben sie im Westradio gehört, dass im Ruhrgebiet Arbeitskräfte gesucht werden. In drei Tagesetappen radeln sie nach Bochum. Irgendwann können sie nicht mehr. Völlig übermüdet setzen sie sich auf einen abgestellten Lkw, schlafen sofort ein und wachen am Morgen steif gefroren wieder auf.

Am Bahnhof kommen sie mit einigen Bochumern ins Gespräch, die ihnen verraten, dass die Zeche Dallhausen »jede Menge Leute« braucht. Schulz und seine Kameraden fahren hinaus, der Pförtner sagt ihnen, wo sie sich medizinisch untersuchen lassen können, alle drei bestehen den Test. Bergarbeiter sollen zwar eigentlich 18 Jahre alt sein, und Schulz wird diese Grenze erst in drei Monaten erreichen, aber er wird zunächst zu »Kuckarbeiten« eingesetzt, als er wenige Tage später zum

ersten Mal einfährt. Im Lehrrevier bekommt er eine kurze Ausbildung.
Dann muss er unter Tage die Wagen mit der geförderten Kohle aneinander hängen, bevor die Lok sie wegzieht. Pro Schicht absolviert er
1200 Mal die gleichen Bewegungen. Später arbeitet er vor Ort und
»macht Kohle«. Acht Stunden dauert die Schicht, inklusive 20 Minuten
für den Hin- und Rückweg und die Butterbrotpause, und das an sechs
Tagen in der Woche. Pro Schicht trinkt er wegen der Wärme in den
Stollen anderthalb Liter Tee, den er in einer Schnappverschlussflasche
mitbringt. Manche neben ihm arbeiten mit nacktem Oberkörper und
bekommen nie wieder verschwindende dunkle Narben, wenn herun-
terfallende Steine auf die mit Kohlenstaub bedeckte Haut treffen.

Otto Schulz mit seinem Fahrrad.

Viel Arbeit, wenig Zeit fürs Privatleben. Im Sommer schwimmt Otto
Schulz manchmal am Wochenende in der Ruhr; einmal, im Jahre 1953,
taucht neben ihm eine »kleine Wassernixe« auf. Als sie am Ufer die
Wiese hinaufsteigt, fragt er, wohin sie will. »Dahin, wo mein Handtuch
und meine Decke liegen.« Er geht mit, und sie sagt: »Hältst du mir mal
die Decke, dass ich meinen Badeanzug wechseln kann, aber du darfst

nicht gucken.« Otto guckt nicht, und bald sind die beiden unzertrennlich. Wenn sie ins Kino gehen, um zu beobachten, ob sich die Liebespaare auf der Leinwand am Ende »kriegen«, kaufen sie die billigsten Karten zwischen 70 Pfennigen und 1 Mark, aber auch die sind eigentlich schon zu teuer. Auch um anschließend in eine Gaststätte zu gehen, fehlt den Frischverliebten das Geld. Der einzige Luxus, den Otto sich nebenbei leistet, sind drei Zigaretten am Tag.

Einmal allerdings fühlt er sich wie ein Krösus. Nach dem 17. Juni 1953 lockert die DDR-Regierung vorübergehend einige Bestimmungen, so auch für den Reiseverkehr. Bürger, die in den Westen geflüchtet sind, dürfen ihre Heimat besuchen. Schulz tauscht die harte Westmark gegen die Ostmark damals regulär noch im Verhältnis eins zu vier und macht sich auf den Weg in die Altmark. Dort kann er es sich leisten, andere zum Essen einzuladen und Geldgeschenke zu verteilen. Als er in den Westen zurückkehren will, versuchen Beamte im Rathaus ihn zu überreden, in der DDR zu bleiben. Das will er aber auf gar keinen Fall, und er reist, dieses Mal legal, wieder ab.

Zwischen Hochofen und Laubenkolonie

Im Haus seiner zukünftigen Schwiegereltern erzählt ihm ein Schlossermeister, dass die nahe Henrichs-Hütte Leute für die Hochöfen braucht. Otto Schulz stört es schon länger, dass er kaum noch die Sonne sieht; deshalb kehrt er der Zeche den Rücken, verlässt das Ledigenheim, mietet ein kleines Zimmer für 20 Mark im Monat und wechselt 1955 ins Stahlwerk. Einen großen Hut soll er mitbringen und selbst an warmen Sommertagen eine lange Unterhose tragen, damit keine Funken und glühenden Teile seine Haut verletzen. Denn Helme, feuerfeste Anzüge und andere Schutzkleider sind noch nicht üblich. Die meisten tragen alte Anzughosen und ganz normale Hemden ohne Kunststoff, weil dieser zu zerschmelzen droht. Darüber kommt eine Arbeitsjacke, der Blaumann. Der Hut mit der möglichst breiten Krempe schützt vor Funkenflug. Er ist so wichtig im Stahlwerk, dass die Arbeiter bei jedem Winter- und Sommerschlussverkauf die Läden danach stürmen. Handschuhe mit Asbest-Bezug gibt es für jene, die direkt am Ofen arbeiten.

Erst viel später wird man dieses feuerfeste Material wegen der Gesund-
heitsschäden, die es hervorruft, verbieten. Überhaupt ist es mit den
Sicherheitsstandards im Stahlwerk damals noch nicht weit her. So muss
der junge Arbeiter die überall lauernden Gefahren meiden lernen,
denn irgendwo spritzt und knallt und bumst es immer. Das aus dem
Ofen fließende Roheisen ist bis zu 1450 Grad heiß. Allein wegen der
Hitze ist es nötig, ständig etwas zu trinken. Der Arbeitgeber stellt Tee
zur Verfügung, den Otto am Schichtbeginn aufgießt. An heißen Tagen
kommt ein Arbeiter hier leicht auf 6 Liter pro Schicht. Anfangs spendiert das Werk auch noch eine Tüte Milch. Die ist angeblich gut gegen
das giftige Blei, das viele der verarbeiteten Erze enthalten. Später verschwindet die Milch, es heißt, sie sei kein Schutz-, sondern ein Nahrungsmittel.

Auf der Zeche hat Schulz um die 170 Mark im Monat verdient, nun bekommt er mehr als 300. Das hängt mit der Schichtarbeit zusammen.
Ein Hochofen darf nicht abkühlen, sondern muss immer in Betrieb
sein, auch an Wochenenden und Feiertagen. Darum sind die Arbeiter
zu ständig wechselnden Zeiten im Einsatz, zunächst 56 Stunden in der
Woche, dann 48. Mit den dadurch fälligen Zuschlägen kommt Schulz
manchmal sogar auf 500 Mark. Alle zehn Tage stehen die Arbeiter beim
verschlossenen »Hochofen-Meisterbüro« an und bekommen ihren
Lohn durch das offene Fenster herausgereicht. Der Meister zählt die
Scheine vom Bündel ab und drückt sie jedem in die Hand. Im Hintergrund beobachtet ein Mann aus der Verwaltung den Ablauf. Manch
einer findet den Weg erst gar nicht mehr nach Hause, lässt den Lohn
durch die Kehle rinnen und riskiert ein heftiges Donnerwetter in der
Familie, wenn er langsam wieder nüchtern wird.

Für Politik interessiert sich Schulz eher am Rande. Vor einer Bundestagswahl fragt ihn sein künftiger Schwiegervater: »Was willst du denn
wählen?« »Adenauer, das ist doch klar«, schließlich gehe es den Leuten
finanziell gut unter dessen Regierung. Da belehrt ihn der Ältere:
»Untersteh' dich, ein Arbeiter wählt hier nur SPD«, und danach rich-
tet er sich.

Dann wird geheiratet und groß gefeiert. Vor allem der Polterabend geht
ins Geld. Seine Frau arbeitet in einer Buchbinderei und bringt allein
20 Kollegen mit. Der Schwiegervater hat aus allen möglichen Obst-
sorten einen Wein selbst produziert, und dank dieser Vorräte wird der

Abend so feucht-fröhlich, dass zu später Stunde einige Nachbarn durch Ein-Meter-Rohre kriechen, die wegen Kanalarbeiten auf der Straße liegen. Zum Standesamt geht die Gesellschaft am nächsten Tag zu Fuß, weil niemand in der Verwandtschaft ein Auto hat. Nach der Zeremonie herrscht draußen starker Wind, und der Schwiegervater prophezeit: »Das gibt 'ne stürmische Ehe.« Bald danach wird er, wie so viele Bergarbeiter, an Staublunge sterben.

Das Paar bezieht eine Altbauwohnung in Hattingen, mit großer Wohnküche, in der auch eine Couch steht. Der Herd wird mit Kohle oder Holz geheizt, und Frau Schulz backt darin Kuchen, die leckerer geraten als später im komfortablen Elektroherd. Ein Bad haben die Schulzens zunächst nicht, also badet die junge Familie im Keller, wo eine große Wanne und ein gleichfalls mit Kohle und Holz zu befeuernder Kessel stehen. Die Kohle gibt es gratis von der Zeche, solange der Schwiegervater lebt. Dann sammeln sie auch Holz als Brennmaterial.

Als jugendlicher Arbeiter – die Volljährigkeit beginnt erst mit 21 Jahren – hat Otto Schulz zunächst weniger als zehn, später dann 18 Tage Urlaub. Viel Freizeit verbringt er im Garten, wo er Kartoffeln, Erbsen, Bohnen, Möhren und anderes Gemüse für die sich vergrößernde Familie anbaut. Außerdem ist er zuständig für die Hühner- und Kaninchenställe. So kommt er mit seiner Familie gut über die Runden. Doch das alles und die neunstündige Abwesenheit wegen der Arbeit füllen ihn so aus, dass er Frau und Kinder nur selten sieht.

Trotz aller Einschränkungen und der vielen harten Arbeit weiß Schulz im Rückblick die Jahre nach 1950 zu schätzen – vor allem im Vergleich zu seiner ostdeutschen Heimat: »Wenn man hier eine Arbeit hatte und fleißig war und sich nichts zuschulden kommen ließ, dann hat sich niemand um dich gekümmert.« So ist auch der Arbeiter Otto Schulz ein Selfmademan der Fünfzigerjahre wie Artur Fischer, wenngleich am Hochofen und im Kleingarten und auf ganz andere Weise.

Aus der Not über den Mangel in den Konsum

Der Eindruck, den George Mikes hatte, als er 1953 nach Westberlin kam, trog ihn nicht: Die Wirtschaft in der Bundesrepublik boomte, es ging aufwärts, überall wurden Arbeitskräfte gesucht, und die Leute zogen aus den ländlichen Regionen in die Städte oder wie Otto Schulz aus dem Osten in den Westen. Trotzdem zeichnete sich immer deutlicher ab, dass es für bestimmte Arbeiten zu wenige Einheimische gab. Also schlossen die deutsche und die italienische Regierung 1955 ein Abkommen, damit die Bundesanstalt für Arbeitsvermittlung zunächst in Verona und dann in Neapel Büros zur Anwerbung von Arbeitskräften einrichten konnte.

Bei den Deutschen hießen die dunkelhaarigen Männer, die bald darauf zum Straßenbild gehörten, »Makkaronis«, »Spaghettifresser« oder, vorzugsweise in Bayern, »Katzelmacher«, weil sie angeblich Katzen verzehrten. Die Deutschen fuhren zwar inzwischen in hellen Scharen nach Italien, um dort mediterrane Lebensqualität zu schnuppern und eben jene Spaghetti zu genießen, aber im eigenen Land gingen sie mit den Menschen, die sie für die Fortsetzung ihres Wirtschaftswunders benötigten, zunächst ähnlich um wie später mit den Türken. Die Pizzerien und Trattorien, die heute zum gastronomischen Bestand gehören wie der Biergarten und die Eckkneipe, sah man damals kaum. Typischer waren die Scharen von Südländern, die sich sonntags auf den Bahnhöfen ansammelten und sehnsüchtig den Zügen nachschauten, die nach Milano, Roma oder Napoli fuhren. Einmal im Sommer und zu Weihnachten bestiegen sie selbst den Zug, versehen mit unglaublichen Mengen Gepäck, da sie ihre meist armen süditalienischen Familien mitversorgen mussten. Dafür schufteten sie in Deutschland. Vor allem der Ruhrbergbau brauchte Arbeitskräfte. Dort versprach man ihnen guten Verdienst und Vollpension zu niedrigen Preisen in firmeneigenen Unterkünften, die sich freilich oft genug als anspruchsloseste Massenunterkünfte erwiesen. Aber in einer Schicht verdiente ein Gastarbeiter etwa 17 Mark, und dafür nahm er vieles in Kauf.

Das Wirtschaftswunder war auf sie angewiesen, und diese Tatsache illustriert am spektakulärsten die Karriere der deutschen Ökonomie. Im ersten Quartal des Jahres 1950 hatte die Arbeitslosenquote 12,2 Prozent betragen. 1955 waren es noch 7,9 Prozent, im Sommer 1959 lag sie bei 0,9 Prozent, im Winter, als viele Bauten stilllagen, bei 3,0 Prozent. Unter Volkswirtschaftlern gelten solche Zahlen bekanntlich als Vollbeschäftigung de luxe. Auch andere Indikatoren aus dem Dschungel der Statistiken belegen den atemberaubenden Aufstieg der Westdeutschen:

- Das Bruttosozialprodukt stieg real in den Jahren 1950 bis 1959 im Schnitt um fast 8 Prozent. In absoluten Zahlen ausgedrückt: von 97,9 Milliarden Mark auf 250,9. Zum Vergleich: Großbritannien, einer der Siegerstaaten, brachte es auf 2,4 Prozent jährlich. In Deutschland hat es in allen Dekaden von 1870 bis heute nie ein größeres Wachstum gegeben.
- Die industrielle Produktion stieg von 1950 bis 1959 um 125 Prozent. Im Bauhauptgewerbe betrug das Wachstum 213 Prozent.
- Der Preisindex für Lebenshaltungskosten stieg in den zehn Jahren um 19 Prozent, war also nach den Maßstäben der Volkswirtschaft so gut wie stabil.
- Die Reallöhne der Industriearbeiter stiegen in dem Zeitraum um 61 Prozent, die Einkommen der Angestellten und Beamten wuchsen etwa im gleichen Maße.
- Aus der Differenz zwischen hohen Einkommensschüben und niedriger Geldentwertung ergab sich ein enormes Wachstum an Kaufkraft. So musste der Bundesdeutsche im Jahre 1950 für 1 Kilo Margarine zwei Stunden arbeiten, für ein Herrenoberhemd neun Stunden und für einen Volkswagen 493 Tage. Im Jahre 1959 genügten den Arbeitern im Westen 47 Minuten für die Margarine, 5 Stunden und 14 Minuten für das Oberhemd, und den VW konnten sie sich bereits nach 174 Arbeitstagen leisten.

Wie ein Gütesiegel auf das Wirtschaftswunder mutet es im Nachhinein an, dass am Ende der Dekade der erste 1000-Mark-Schein in Umlauf kam. Zuerst war es um Primärbedürfnisse gegangen, um genügend Essen und Kleidung, um Wiederbeschaffung, Reparaturen, Provisorien. Doch als der dringendste Nachholbedarf gestillt war, stellten sich andere Gelüste ein, es begann die Zeit der Wellen: Man sprach von Fresswelle, Kleidungswelle, Einrichtungswelle, Urlaubswelle, Autowelle. Einen zentralen Platz im Alltagsvokabular besetzte die »Anschaffung«. Ständig beschäftigten sich die Familien mit der Frage, was sie als nächstes »anschaffen« wollten: Eine Waschmaschine? Eine Musiktruhe? Einen Persianermantel? Einen Fernseher? Hatte der Nachbar nicht auch schon einen? Oder lieber noch etwas sparen für ein Auto? Wer nicht warten konnte, kaufte auf Raten. Und die Geschäftsleute kamen ihren Kunden mit neuen Vertriebsformen entgegen. Der Versandhandel blühte, und wer in den Dörfern und kleinen Städten nicht kaufen konnte, was begehrenswert war, bestellte aus dem Otto- oder

Quelle-Katalog. So konnte die noch wenig motorisierte Landbevölkerung am Konsum teilhaben. Bald eröffneten auch die ersten Supermärkte und machten den kleinen Läden Konkurrenz. Die bis heute beklagte Verdrängung der Tante-Emma-Läden begann also schon in der Mitte der Fünfziger; seitdem schlendern die Deutschen mit dem Einkaufskorb in der Hand an den Regalen entlang statt über die Ladentheke hinweg auf die Frage »Was darf's denn sein?« ihre Wünsche zu äußern.

So glitten die Bundesbürger fast unmerklich aus der Not über den Mangel in den Konsum und den ersten Luxus. Der Lebensstandard hielt zwar keinen Vergleich aus mit dem späterer Jahrzehnte, wohl aber mit dem der Vorkriegszeit. Dabei brauchten die verschiedenen sozialen Schichten unterschiedlich lange, um auf der Stufe des Komforts oder gar des Luxus anzukommen. Zuletzt jedoch erreichte das Wirtschaftswunder auch die Niedriglohngruppen. Am Ende des Jahrzehnts stiegen deren Einkommen überproportional, weil die Unternehmer immer angestrengter nach Arbeitskräften suchen und darum die Löhne erhöhen mussten.

Rheinischer Kapitalismus oder: Wohlstand für alle

Die Basis, auf der dieses Wunder der Wunder erblühte, hieß »soziale Marktwirtschaft«. Neben dieser offiziellen Bezeichnung gab es noch eine leicht spöttische inoffizielle: »Rheinischer Kapitalismus«, so genannt nach den am Rhein regierenden Wortführern dieses Systems. Gemeint war und ist damit eine Wirtschaftsordnung, die auf dem Privatkapital aufbaut und das Marktgeschehen von der Konkurrenz der Unternehmer bestimmen lässt. Nur wenn das freie Spiel der Kräfte den Verbrauchern Nachteile beschert, soll der Staat eingreifen. Die Union hatte ursprünglich weniger Markt und mehr Sozialismus im Auge gehabt. Im berühmten Ahlener Programm der westdeutschen CDU von 1947 stand als Präambel noch der Satz: »Das kapitalistische Wirtschaftssystem ist den staatlichen und sozialen Lebensinteressen des deutschen Volkes nicht gerecht geworden.« Ähnlich wie bei der SPD war dort damals die Rede von der Vergesellschaftung des Bergbaus. Aber je länger je mehr favorisierte die CDU/CSU einen sozial abgefederten Kapitalismus.

Der theoretische Unterbau stammte aus den Dreißigerjahren. Damals hatten Wissenschaftler der so genannten Freiburger Schule eine Lehre des

Neoliberalismus entwickelt; Ludwig Erhard war deren Anhänger und Vollstrecker. Sein Glaubensbekenntnis formulierte er 1948 so: »Nicht in der Nivellierung des Mangels, sondern in der gerechten Verteilung eines allmählich wachsenden Wohlstands muss das Heil gesucht werden.« Das versuchten die konservativen Adenauer-Regierungen mit einer Kombination von Gewährenlassen und sozialen Korrekturen, manchmal unterstützt von der SPD, oft aber gegen deren und der Gewerkschaften Fundamentalopposition. Beide hatten immer wieder Anlass zu warnen, der sozialpolitische Fortschritt komme nur im Schneckentempo voran, während das Bruttosozialprodukt in rasanten Schritten immer neuen Höhen zustrebte. So mussten die Arbeiterinnen und Arbeiter der Metallindustrie im Winter 1956/57 114 Tage lang streiken, ehe sie den Anspruch auf Lohnfortzahlung im Krankheitsfall und damit die Gleichbehandlung mit den Angestellten durchsetzen konnten. 32 Millionen Mark kostete dieser bis dahin längste Ausstand in der Geschichte der Bundesrepublik die Gewerkschaft.

In manchen Bereichen jedoch sorgten die Regierungen in der Tat für einen möglichst sozialen Ausgleich. Abgeschirmt gegen die Gesetze des Marktes war von vornherein die Landwirtschaft. Das Gleiche galt bis in die Sechzigerjahre hinein für den Wohnungsmarkt. Ein Kartellgesetz und die Gesetze zur Mitbestimmung begrenzten wenigstens im Prinzip die Freiheit der Unternehmer. Einig waren sich die Parteien auch, dass der Staat eingreifen musste, um die durch den Krieg entstandenen Probleme und Notstände zu beseitigen. Das betraf die Versorgung der Kriegsopfer und einen Lastenausgleich für jene, die durch Bomben oder Vertreibung Hab und Gut verloren hatten. Mit den Dimensionen der Entschädigungen waren die Interessengruppen der Betroffenen jeweils hoch unzufrieden, und sicher waren diese Gesetze weit entfernt von einer wirklichen Umverteilung zugunsten der Benachteiligten. Aber niemand konnte leugnen, dass sie ihnen den Start und die Integration in die Gesellschaft erleichterten. Der Staat ging noch weiter und förderte die Familien mit Steuervorteilen und einem Kindergeld, allerdings erst vom dritten Kind an. Ein Sparprämiengesetz half den kleinen Leuten, sich ein bescheidenes Vermögen auf die hohe Kante zu legen. Das gleiche Ziel verfolgten die ersten Volksaktien, die aus der Privatisierung des staatseigenen Preussag-Konzerns stammten. All das sorgte für Zuversicht und einen Baby-Boom in der zweiten Hälfte des Jahrzehnts.

Als der größte, wenn auch inzwischen umstrittene sozialpolitische Fortschritt gilt die Anfang 1957 in Kraft getretene Rentenreform. Bis dahin hatten sich die Ruheständler als Stiefkinder des Wirtschaftswunders fühlen müssen. Denn die Kassen der großen staatlichen Versicherungsträger waren als Folge des Krieges leer; viele Rentner waren deshalb auf die Sozialhilfe oder auf private Fürsorge angewiesen. Nun aber sollten auch sie am steigenden Lebensstandard teilhaben und mehr als ein an der Armutsgrenze liegendes Existenzminimum vom Staat erhalten. Also schloss man den so genannten Solidarvertrag zwischen den Generationen. Die Erwerbstätigen und die Arbeitgeber zahlten fortan je zur Hälfte einen Beitrag in die Rentenkassen, dazu traten Zuschüsse des Staates. Wenn die Bezüge der Beschäftigten stiegen, dann automatisch auch die der Rentner. Man nannte das »dynamische Rente«. Das Leben der damals noch nicht »Senioren« genannten Menschen verbesserte sich dadurch dramatisch. 1956, im Jahr vor der Reform, zahlten die Versicherungen gut 7 Milliarden Mark aus, im Jahr darauf schon 13 Milliarden. Leicht auszurechnen, wie sich die Brieftasche des einzelnen Ruheständlers füllte, und kein Wunder, dass sich in der älteren Generation schnell Zufriedenheit mit den politischen Zuständen breit machte. Die *Neue Zürcher Zeitung* sprach vom »wichtigsten sozialen Reformwerk seit der Bismarck-Ära«. Wie wir seit einigen Jahren wissen, hat das System allerdings einen im Fortschrittsglauben jener Zeit übersehenen oder nicht bedachten Haken. Es funktioniert nur in Zeiten guter Konjunktur. Probleme tauchen unvermeidlich auf, wenn das Wachstum stagniert oder wenn, wie gegenwärtig, immer weniger Beschäftigte immer mehr Rentner ernähren müssen.

Damals aber war das Gros der Menschen im Westen vollauf zufrieden, und das Wirtschaftswunder rückte zunehmend ins Zentrum des bundesrepublikanischen Selbstverständnisses. Die Gesellschaft definierte sich immer stärker über ihre ökonomischen Triumphe. Jeder nach Sozialismus und Klassenkampf riechende Denkansatz geriet da in den Verdacht, diese erfolgreiche Ordnung zu stören und das Wunder zu gefährden. Dabei existierten auch weiterhin erhebliche Unterschiede, was die Verteilung der Einkommen und vor allem der Vermögen anging. Während der Grundbesitz durch die Bodenreform in der sowjetischen Zone enteignet worden war, blieb der Besitz an Boden und Produktionsmitteln bei der Einführung der D-Mark im Westen unangetastet. Also gab es schon in der jungen Bundesrepublik wieder Reiche, und die wurden immer reicher. 1959 verfügten 18,9 Millionen Arbeitnehmer über 6,1 Milliarden Mark Vermögen, das waren 322 Mark pro Kopf; die 3,2 Millionen Selbstständigen hatten pro Kopf etwa 23-mal so viel. Angesichts einer solchen Relation mutet der von dem Soziologen Helmut Schelsky geprägte und unermüdlich zitierte Begriff von der »nivellierten Mittelstandsgesellschaft« irreführend an.

Und trotzdem: Die übergroße Mehrheit akzeptierte diese Zustände, erfüllt von der Zuversicht, dass die gesamte Gesellschaft sich materiell auch weiterhin wie im Fahrstuhl nach oben bewegen werde. Man ließ sich vom »Taumel maßloser Tüchtigkeit« (Paul Schallück) mitreißen, packte an, arbeitete hart, sparte eisern und begann dann sehr schnell, sich vom Leben zu nehmen, was es in zunehmendem Maße bot. Die »schlechten Zeiten« waren vorüber, und das war am unmittelbarsten spürbar in materiellen Dingen. Nur wenige beschlich der Verdacht, das Ökonomische könne zu viel Gewicht haben in der neuen Gesellschaft. Hans Magnus Enzensberger etwa fragte sich, was er zu suchen habe in diesem »Schlaraffenland, wo es aufwärts geht, aber nicht vorwärts«. Eugen Kogon kritisierte später, durch das Wirtschaftswunder sei eine durch und durch kommerzialisierte, in ihrem Innern hohle Gesellschaft entstanden, denn: »Geld als Generalnenner erzeugt kein ethisches und idealistisches Potenzial.« Der Theologe Helmut Gollwitzer warnte schon 1955 in einer Rede zum zehnten Jahrestag des Kriegsendes, die Übersättigung sei vielleicht gefährlicher als der Hunger nach 1945.

Der damals viel gelesene Autor Gerd Gaiser erzählt in seinem Roman *Schlussball* von einem neureichen Millionär, der vor lauter Geschäftigkeit nicht merkt, dass sich seine Frau immer weiter von ihm entfernt. Am Tag des Einzugs in die neue Prachtvilla bringt sie sich um. Warum nur? »Das kann doch nicht sein«, wundert sich der Millionär, »dass eine Frau sich das Leben nimmt, weil es ihr gut geht, und früher ging es ihr dreckig.« Das war die andere Seite des Wirtschaftswunders, die 1959 auch Lore Lorentz vom Düsseldorfer »Kom(m)ödchen« im *Lied vom leichten Unbehagen* besang:

Und als er hatte, was der Mensch zum Leben nötig hat
und Vater war und Fachverbandsvorsitzender und satt
und manches wusste, was der Mensch im Leben wissen soll
und so viel deutsche Pfund wog, dass sein Nacken aus dem Kragen quoll
da trat er, neugiershalber, an den Zaun
und fragte seinen Nachbarn: »Im Vertrau'n –
fühlen Sie sich auch so unbehaglich?«

Die Faszination des Wirtschaftswunders aber blieb ungebrochen und lebt als Mythos bis heute fort, gerade auch in Zeiten wirtschaftlicher Bedrängnis. Als die Konjunktur zu schwächeln begann, ertönte in den Jahren nach 2000 alle paar Wochen der Appell, die Deutschen müssten noch einmal so zupacken wie nach dem Krieg, dann werde alles gut. Dass die politischen, gesellschaftlichen und emotionalen Voraussetzungen sich seither verändert haben, interessiert wenig. Und dass auch damals nicht alle ökonomischen Probleme allein durch das Hochkrempeln der Ärmel gelöst wurden, übersehen die Deutschen im Nachhinein gerne.

Flucht aus den Trümmern
Wie das Land wieder unter Dach und Fach kam

»Tröpferlbad« hieß die Einrichtung in Bayern, in anderen Gegenden »Brausebad«. Dorthin mussten viele Deutsche regelmäßig gehen, denn vier von fünf Haushalten verfügten 1950 in der Bundesrepublik noch nicht über ein Bad. Wenn sie sich zu Hause gründlicher säubern wollten, bereiteten die Menschen heißes Wasser und schütteten es in einen Zuber. Das geschah vorwiegend samstags, nachdem alle Arbeit getan war, und in so manchem Haushalt war es üblich, dass mehrere Familienmitglieder nacheinander in dasselbe Badewasser stiegen. Wie dieses am Ende des Badetages aussah, kann man sich leicht ausmalen.

Vorsintflutliche Zustände

Ähnlich wie der Kohleofen und die Gemeinschaftstoilette »auf halber Treppe« war das fehlende Badezimmer vor dem Krieg weit verbreiteter Standard gewesen. Die drangvolle Enge der Nachkriegszeit in den wenigen nicht oder kaum zerstörten Häusern machte die Sache noch schlimmer. Viele Millionen Flüchtlinge und Vertriebene, zwei Fünftel des Wohnungsbestandes und kaum Investoren – das war die Ausgangssituation Ende der Vierzigerjahre. Die wichtigste und unbeliebteste Behörde war darum für viele Bürger das Wohnungsamt, das Raum wegnehmen und zuweisen und es nie jemandem recht machen konnte.

Von Zuständen, die sich heute so mancher in Mitteleuropa nicht mehr vorstellen kann, berichten mehrere ARD-Zeitzeugen:

Hannelore Primus: Nach ihrer Hochzeit im Jahre 1952 zieht sie mit ihrem Mann in dessen Elternhaus, ein zweistöckiges Fachwerkgebäude in Osterode im Harz, wie es für die Gegend dort typisch ist. Im Erdgeschoss

wohnen Verwandte, denen das Haus gehört, im ersten Stock gehen vom
Flur drei Zimmer ab: Im ersten lebt die Mutter ihres Mannes, im zweiten
die Familie seiner Schwester samt Kindern, im dritten hausen die Jung-
verheirateten mit ihrem Säugling. Die drei Parteien teilen sich eine kleine
Küche, in der streng geregelt ist, wer wann an der Reihe ist mit Kochen,
Abwaschen und Saubermachen. Die Toilette steht im Hof, denn viele Oste-
roder Straßen haben noch keine Kanalisation.

Heinz und Uschi Oppermann: Als die Krankenschwester und der Spätheimkehrer einander Ende 1955 kennen lernen, leben beide zur Untermiete,
sie in Gießen, er in einem winzigen Zimmerchen bei einem Onkel in Bonn.
Als sie heiraten, ziehen sie in eine kleine Zweizimmerwohnung in Bonn mit
einer provisorischen Toilette, einem Abstellraum im Obergeschoss – ohne
Bad. Die Mutter von Herrn Oppermann wohnt bei ihnen und schläft jahrelang auf einer Couch, die sie abends im Wohnraum herrichten. Der Besuch,
meistens Kameraden aus der Gefangenschaft samt Ehefrauen, übernachtet
bei den Oppermanns und wird im »Kämmerchen« untergebracht, das eigentlich nur ein Abstellraum ist. Zuweilen aber nächtigen die Gäste auch
im Schlafzimmer auf dem Boden oder, wenn es sich um besonders gute
Freunde handelt, im Ehebett. Ende 1957 kommt Tochter Susanne zur Welt.
Fortan dient die im Schlafzimmer übliche Kommode als Wickeltisch für den
Nachwuchs. Die Erwachsenen waschen sich in der Kühe und gehen ins
städtische Bad. 1958 bekommt das Ehepaar endlich eine Dreizimmerwoh-
nung. Darin wird ein Zimmer geteilt, sodass für die vier Menschen auch
vier Räume zur Verfügung stehen. Großes Aufatmen.

Die Gebrüder Parpalioni: Die Zwillinge ziehen als Schausteller in West-
und Norddeutschland umher, zuerst mit einer Losbude, dann mit einem
Karussell. Wenn sie unterwegs sind, und das sind sie fast das ganze Jahr,
wohnen sie in einem Wagen von etwa 5 Quadratmetern Grundfläche, dazu
kommt ein winziger Küchenwagen. Sie schlafen in einem Stockbett, und
wenn es nachts kalt wird und sich die Decke des Wohnwagens mit Eiskris-
tallen bedeckt, passiert es schon mal, dass das Oberbett an der Wand fest-
friert. Morgens heizen die Brüder ein Kohleöfchen in der Mitte des Raumes
an, das aber nur spärlich wärmt. Das Wasserkochen für den Kaffee dauert
eine halbe Stunde. Strom gibt es auf vielen Kirmesplätzen ebenso wenig
wie fließendes Wasser oder eine Toilette im Schausteller-Wagen. Die Parpalionis gehen mit Milchkannen zu einer Wasserstelle, behelfen sich mit
Eimern, verschwinden im Gebüsch oder besuchen öffentliche Toiletten-

häuschen. Ältere Kollegen pflegen ins nächste Wirtshaus zu gehen, dort ein Bier plus Korn zu trinken und bei der Gelegenheit gleich die Toilette zu benutzen.

Artur Fischer: Der Erfinder der Fischer-Dübel und spätere Großunternehmer hat gleichfalls einmal klein angefangen. Als junger Selbstständiger mit Ein-Mann-Betrieb zieht er Ende der Vierzigerjahre samt Frau und Kind zu den Eltern, die ihm eine Mansarde in ihrem Haus überlassen. Dort bleiben die jungen Fischers wohnen, auch als sich der erste Erfolg und das zweite Kind einstellen. Bad und Küche teilen sie sich mit den Eltern, 1953 bekommen sie eine eigene Kochstelle, und erst 1958, als die Firma wächst und gedeiht, beginnt Artur Fischer mit dem Bau eines eigenen Hauses.

In Heinrich Bölls Roman *Und sagte kein einziges Wort* ist die drangvolle Enge gleichfalls ein Thema. Im Mittelpunkt steht ein junges Ehepaar. Die Frau lebt mit den beiden Kindern in einem einzigen Raum zur Untermiete bei grässlich-bigotten katholischen Leuten. Der Mann hat dieses Leben nicht ertragen, er hat die Kinder geschlagen und ist gegangen. Er treibt sich auf der Straße und bei Freunden herum und trifft seine Frau in billigen Hotels. Zwar dient die Wohnsituation hier als Hintergrund für die Schilderung von Beziehungsproblemen, gleichzeitig sagt sie aber viel über die deutschen Zustände. Manchen Zeitgenossen ist es so oder ähnlich ergangen.

Ein Häuschen mit Garten, nur klein aber mein

Wenn sie die Bundesrepublik stabilisieren wollten, mussten die Politiker also vordringlich den Wohnungsbau ankurbeln. Am 24. April 1950 beschloss daher der Bundestag das »Erste Wohnungsbaugesetz«, das den »Sozialen Wohnungsbau« durch Bund, Länder und Gemeinden förderte. Die staatliche Nachhilfe führte dazu, dass in den Jahren 1950 bis 1956 jährlich über 500 000 neue Wohnungen entstanden. Weitere Gesetze folgten, und das Defizit an Wohnraum verringerte sich rasch. Zwar gab es auch am Ende des Jahrzehnts noch Engpässe, aber der wirkliche Notstand war behoben.

Die Initialzündung des Staates bestand in Steuererleichterungen und direkten Subventionen, die er in der Regel großen gemeinnützigen Bauträgern zukommen ließ. Solche Gesellschaften waren im Besitz von Gewerkschaften, Gemeinden oder Kirchen. Sie deckten etwa ein Drittel ihres Finanzbedarfs auf diese Weise. Ein weiteres Drittel der Investitionen stellten Bausparkassen, Banken und Versicherungen bereit, das letzte Drittel kam aus Darlehen, Zuschüssen und Privatkapital.

Die Arbeitgeber zum Beispiel beteiligten sich an dem gigantischen Bauprogramm, indem sie »verlorene Baukostenzuschüsse« gaben oder Werkswohnungen bauten. Durch die Zuschüsse erhielten sie das Recht, ihre Beschäftigten in den Neubauten unterzubringen. So konnten sie viele neue Arbeiter und Angestellte damit ködern, dass sie ihnen Wohnraum verschafften, den diese auf dem freien Wohnungsmarkt niemals bekommen hätten. Auch Besserverdienende, die keinen Anspruch auf »Sozialwohnungen« hatten, erkauften sich mit verlorenen Zuschüssen ein Wohnrecht.

Dabei ging es immer um beides: Wiederaufbau und Neubau. Die Alteigentümer hatten bei Totalschaden zunächst den Schutt weggeräumt und möglicherweise das Erdgeschoss hergerichtet. Schließlich folgte das ganze Haus in der alten oder vereinfachten Form. Die gemeinnützigen Bauträger investierten meistens im großen Maßstab, entweder auf zusammengelegten Trümmerfeldern oder auf der grünen Wiese jenseits der bisherigen Siedlungsgrenzen. Dabei zählte oft eher die Masse als die Klasse. Es sollten schließlich möglichst viele Wohnungen in möglichst kurzer Zeit gebaut werden; ästhetische Ansprüche oder architektonische Kreativität waren oftmals zweitrangig, wenn lange Zeilen von neu gebauten Eigenheimen entstanden: eines wie das andere, ausgerichtet wie am Lineal, Häuser von der Stange. Das triste Bild (das die Menschen damals gar nicht als trist empfanden) lockerte sich auf, wenn die Gärten fertig, die Bäume gepflanzt waren und die stolzen Eigenheimbesitzer mit dem Umbauen begannen. Die anfänglich vielleicht 90 Quadratmeter, die solch ein Haus hatte, reichten nicht mehr für die Kinder und die wachsenden Komfortbedürfnisse. Wintergärten, Veranden und Balkone kamen hinzu. Speicher wurden zu Kinderzimmern ausgebaut, die ersten Kellerbars und Hobbyräume eingerichtet.

Vor einigen Jahren spielte der Begriff Cocooning in den Gesellschaftswissenschaften eine Rolle. Gemeint war damit das Bestreben, ein harmonisches Leben in einem nach außen abgeschirmten und liebevoll hergerichteten Kokon zu führen. Für die Fünfziger hätte dieses Wort schon zugetroffen: das Eigenheim als Nest für die ersehnte heile Kleinfamilie, als Schutz vor der Außenwelt und als Kompensation der von Verlust und Zerstörung geprägten Kriegsjahre. Nicht von ungefähr hieß es in einem von dem populären Willy Hagara gesungenen Schlager:

Ein Häuschen mit Garten, nur klein aber mein,
was brauch' ich denn mehr, um zufrieden zu sein.
Ein Frauchen, eine liebes hol' ich mir ins Haus,
ich schmück' ihr das Häuschen zum Himmelreich aus.
Und auch Kinder, eins, zwei, drei, hätt' ich gerne noch dabei.
Wäre das nicht wunderschön, so ein großes Glück zu seh'n.

Als höchste Stufe eines solchen Glücks und als Sinnbild des Luxus galt bald
der Bungalow. Wohnen im Grünen vor der Stadt, abgeschottet von den
Nachbarn und mit viel Platz: So etwas konnten sich nur die wenigsten leisten. Die Mehrheit begnügte sich mit einem kleinen Eigenheim oder wohnte
zur Miete in einer Etagenwohnung. Wer zweieinhalb oder drei Zimmer in
einem Neubau erwischte, sah sich am Ziel seiner Wünsche. Endlich allein
in den vier Wänden, endlich ein wenig Komfort und mehr Quadratmeter,
endlich ein Bad, eine Toilette und Zentralheizung. So mancher erinnert sich
noch heute an das wohlige Gefühl, zum ersten Mal in der eigenen Bade-
wanne zu liegen – Lebensqualität pur angesichts der dürftigen Wohnverhältnisse unmittelbar nach dem Krieg. Auch die Aufteilung der Räume entsprach den sich wandelnden Bedürfnissen. Bis dahin waren die Küchen
groß genug gewesen, um mit vielen Personen darin zu essen, während die
Wohnzimmer umso kleiner waren. Nun war es häufig umgekehrt.

Doch auch dieser Aspekt des Wirtschaftswunders hatte seine Nachteile,
auf die freilich in den Gründerjahren kaum jemand achtete. Das berühmte
Bauhaus der Zwanzigerjahre hatte die Schönheit des Zweckmäßigen, die
Konzentration auf das Wesentliche und den Verzicht auf das Ornament ge-
predigt. Damit aber war mehr und anderes gemeint als das immer gleiche
Flachdach, der einfache Kubus und die eintönige Fassade, wie sie in den
Fünfzigern unter dem Diktat des schnellen und billigen Bauens und unter
Berufung auf die Ideen der Bauhaus-Architekten landauf landab Einzug
hielten. Ähnliche Missverständnisse hatte die »Charta von Athen« im
Gefolge. Dieses Dokument aus den Zwanzigern kannte und kennt die Öffentlichkeit kaum, obwohl es weitreichende Konsequenzen für das Bauen
bis heute hat. Architekten, Stadtplaner und Wissenschaftler beschäftigten
sich damals intensiv mit Reformideen für den Städtebau. Sie suchten Alternativen zu den dunklen, ungesunden Wohnquartieren mit ihren geschlossenen Straßenfluchten und den Höfen ohne Sonne und Grün, wie sie in den
Zeiten der schnellen Verstädterung rund um die Jahrhundertwende ent-

standen waren. Die Charta fasste diese Ideen zusammen. Die Wohnhäuser sollten nun von Luft, Grün und Sonnenlicht umflossen sein und darum einzeln stehen. Zwischen ihnen sollte Platz für die Kinder, für die Alten und für die Erholung der Werktätigen sein. Das Ergebnis waren in den Fünfzigern oft genug die schlicht hintereinander gestellten Wohnblocks mit ein bisschen Gras, ein paar Bäumen und einem kleinen Spielplatz dazwischen, die für die Menschen damals ein Stück Fortschritt, für uns heute jedoch Monotonie bedeuten.

Die von den Verfassern der Charta so menschenfreundlich gedachte Trennung zwischen Wohnen, Arbeiten und Freizeit erwies sich gleichfalls als zweischneidig. Sie führte zu den eintönigen Schlafstädten nach amerikanischem Muster und zur Errichtung der Gewerbegebiete. Die Menschen mussten sich aus ihren Wohnvierteln heraus zur Arbeit oder zum Einkaufen in andere Stadtviertel und zurück bewegen. Das taten sie mit wachsender Vorliebe im Auto. Die wiederum brauchten natürlich Platz, und so entstanden schon damals Pläne für die »autogerechte Stadt«. Riesige Straßenfluchten fraßen sich durch Trümmergelände, aber auch durch funktionierende Viertel; wertvolle im Krieg verschonte Bausubstanz ging zugrunde. Das Ergebnis waren hässliche Vorstädte und Schneisen der Verwüstung, die sich durch die Stadtarchitektur fraßen, zuerst zwei-, dann vier- oder gar sechsspurig.

Der Wiederaufbau sei zu einer »kopflosen Flucht aus den anklagenden Trümmerlandschaften« geraten, schrieb ein Autor der *Frankfurter Allgemeinen Zeitung* rückblickend im Jahre 2004. Das ist ein harsches Urteil, aber nicht ohne wahren Kern.

Abmarsch in die Nische
Wie die Ostdeutschen sich mit den Zuständen arrangierten – oder auch nicht

Zu den bedeutendsten Chronisten deutscher Zustände nach dem Krieg zählt der 1959 von Ost nach West gewechselte Schriftsteller Uwe Johnson. Schon der Titel seines Erstlingswerks *Mutmaßungen über Jakob* zeigt, dass es dem Autor um das Gegenteil von Gewissheit geht. Hat Jakob, der junge Reichsbahnbeamte, Selbstmord begangen, als er an einem Tag des Jahres 1956 beim Gang über die Gleise des Dresdner Bahnhofs umkam? Hat ihn die Obrigkeit liquidieren lassen, weil er, der eigentlich unpolitische Mann, sich in politische Angelegenheiten hat verstricken lassen? Oder ist er schlicht das Opfer eines Unfalls geworden? Denn Jakob ging, wie es bei Johnson gleich im ersten Satz heißt, »immer quer über die Gleise« – und was dann geschah, konnte man von vielen verschiedenen Seiten betrachten.

Zwischen Idealismus und Ernüchterung

Der Roman löste beim Erscheinen im Jahre 1959 im Westen Irritationen aus. In dieser Zeit des Kalten Kriegs waren Klischees, scheinbare Wahrheiten und Vereinfachungen gefragt. Viele glaubten genau zu wissen, was im anderen Deutschland vor sich ging. Doch vieles von dem, was die Westdeutschen für Realität hielten, stand wie bei Johnson unter dem Vorbehalt der Vieldeutigkeit, Unübersichtlichkeit, sogar Verworrenheit. In der westlichen Beobachtung ging zum Beispiel oft verloren, wie viel Idealismus zumindest anfänglich noch mitschwang, gerade bei jungen Menschen in der DDR, die glaubten, der Sozialismus werde eine gerechtere Welt schaffen und den Faschismus ein für allemal auslöschen. Voller Schwung fuhren sie zu den Weltjugendfestspielen 1951 in Ostberlin. Das große Fest schien ihnen zu bestätigen, dass der junge Staat seine Existenzberechtigung hatte und sich weltoffen zeigte. Dass das Regime den guten Willen der jungen Menschen missbrauchte, indem es sie zum Beispiel mit großen Transparenten »Ami go home« nach Westberlin marschieren ließ, merkten die Beteiligten wahrscheinlich nicht.

Pfingsttreffen der FDJ 1950.

Auch sonst schien die Führung um die junge Generation ehrlich bemüht zu sein. Da verabschiedete am 30. Mai 1952 die FDJ ein Manifest, in dem es hieß: »Jugendliche in der Deutschen Demokratischen Republik! Seid Euch der hohen Verantwortung bewusst, die Ihr tragt. ... In der DDR besitzt die Jugend Rechte, die es in Deutschland bisher nicht gab und von denen die Jugend Westdeutschlands heute noch nicht einmal zu träumen wagt. Denn in der DDR herrscht zum ersten Mal in Deutschland das Volk. Hier stehen der Jugend alle Wege zum Aufstieg offen.«

Aber die andere Wirklichkeit war auf die Dauer nicht zu verbergen. Schon gut ein Jahr später veröffentlichte die Evangelische Bischofskonferenz am 21. April 1953 eine Erklärung zur Lage der Kirche in der DDR, in der sich die Situation der Jugendlichen völlig anders las: »Uns ist bekannt geworden, dass gegen die Glieder der Jungen Gemeinde mit besonderer

Härte vorgegangen wird. … Wir wissen von vielen Fällen, in denen junge Menschen, die ihre Gliedschaft in der Jungen Gemeinde nicht aufgeben wollten, von der Schule verwiesen und am Abschluss ihrer Ausbildung gehindert wurden. Wir wissen von anderen noch schwereren Fällen, in denen unverantwortlicher Druck auf junge Menschen ausgeübt worden ist mit dem Ziel, das Rückgrat ihrer Gesinnung und ihres Glaubens zu brechen.«

Der Gegensatz von Anspruch und Wirklichkeit war in der DDR schon früh so eklatant, dass die von den Sowjets eingesetzte und an der Macht gehaltene Führung nie das Maß an Glaubwürdigkeit erreichte, das nötig gewesen wäre, um aus eigenem Recht zu regieren. Jeder, der mit leidlich wachen Augen durch den Alltag ging, sammelte Beobachtungen und Erfahrungen, die diese Legitimitätsschwäche belegten. Bedrängt und unterdrückt fühlten sich nicht nur die Mitglieder der Jungen Gemeinde, sondern auch viele andere, die sich dem Allmachtsanspruch der Partei nicht fügten. Dorit Zinn beschreibt in ihrem stark autobiografisch kolorierten Roman *Ostzeitstory*, wie sich im Jahre 1958 allmählich ein Netz um sie zusammenzog, weil sie den »dekadenten« westlichen Rock 'n' Roll liebte, sich der FDJ verweigerte und auch sonst zum Eigensinn neigte. Stundenlange Verhöre bei der Staatssicherheit, Verweis von der Schule kurz vor dem Abschluss, zwei Jahre zur Bewährung in Betrieben waren die Folge. Zwar durfte sie dann doch noch das Abitur ablegen und ein Studium beginnen; das aber hielt sie nicht davon ab, 1964 unter abenteuerlichen Umständen nach Westberlin zu flüchten.

Zu dem individuellen kam der kollektive Druck. So drängten die Behörden und Betriebe ihre Belegschaften, sich samt Familien an Kundgebungen zu beteiligen und sich auch sonst »gesellschaftlich« zu betätigen. Ein Lehrer erzählt aus seiner Kindheit: »Immer am 1. Mai mussten wir mit den Erwachsenen zur großen Demonstration gehen. Im Jahr 1951 trug ich ein Plakat mit der Aufschrift ›Für ein einheitliches und friedliebendes Deutschland‹. Was das bedeuten sollte, verstand ich nicht.«

Die Mängel in der Versorgung mit Konsumgütern waren für viele ein weiteres Ärgernis und ein Beweis für die Unverlässlichkeit des Regimes. Nach den Notjahren brauchte auch in der DDR kaum jemand wirklich zu hungern, und es war der Führung gelungen, die Preise massiv zu senken. Ein Kilogramm Weizenmehl kostete im Juli 1949 beispielsweise 8 Mark, im Januar 1952 nur noch 1,32 Mark. Ein Kilo Zucker sank im selben Zeitraum von 15 auf 3 Mark, ein Ei von 2 Mark auf 45 Pfennige. Ein Herrensporthemd fiel von 1949 bis 1952 im Preis um fast 40 auf 21,20 Mark, ein Kleid aus Kunstseide von 195 auf 62,50 Mark, eine Glühbirne von 20 auf 2,30 Mark.

Das leistete die Planwirtschaft, aber was sie nicht leistete, war eine Balance zwischen den Konsumwünschen und Versprechungen auf der einen und dem Angebot auf der anderen Seite. Es blieben Engpässe, sogar als 1958 die Lebensmittelkarten verschwanden und damit auch in der DDR die Ära der Rationierung endete. Irgendetwas fehlte vor- und nachher immer, oder es gab die Ware nur in minderer Qualität. Ein 1956 eingeschultes Mädchen berichtete später, sie habe von Beginn an in Hefte geschrieben, Papier und Tinte zu beschaffen habe allerdings oft Probleme bereitet. Die Tinte zerlief auf dem faserigen Papier, obendrein war sie knapp. Einmal gab es gar keine blaue Tinte mehr, sondern nur noch lilafarbene, was die Mädchen schick fanden. Sie liefen, um einen Vorrat anzulegen, doch jede erhielt nur eines der kleinen Fässchen, was den alsbaldigen Ausverkauf trotzdem nicht verhinderte. Ein andermal war das Papier so knapp, dass die Lehrerin den Kindern die Zeugnisnoten ins Heft diktierte und dann abzeichnete. An solche Engpässe erinnern sich viele ebenso wie an die lästigen Stromsperren, die trotz Verbesserungen nach dem 17. Juni 1953 immer wieder vorkamen.

Da auch in der DDR, wenngleich nicht so rasch wie im Westen, die Einkommen stiegen, steigerte sich die Kaufkraft. Während sich in der Bundesrepublik die Schaufenster jedoch längst gefüllt hatten, blieb das Angebot in den Geschäften im Osten eher bescheiden. Was die Bürger sich an Luxus oder zumindest Komfort leisten wollten, gab es dort gar nicht oder erst nach langen Wartezeiten. So wanderte das Geld aufs Sparkonto oder es verschwand in Richtung Westen, da die Menschen ihre Ostmark, meist über Westberlin, schwarz eintauschten und sich mit dem Erlös begehrte Westwaren kauften. Sogar der Staat selbst schöpfte die Kaufkraft ab, indem er in den eigenen Läden der Handelsorganisation (HO) knappe Artikel zu überhöhten Preisen unrationiert verkaufte, während andere Läden die Ware billiger, aber rationiert abgaben. Auch das nagte bis zum Ende der Rationierung 1958 an der Glaubwürdigkeit des Regimes.

Von gleichen Rechten für alle Bürger war dem egalitären Anspruch des Sozialismus zum Trotz im realsozialistischen Alltag keine Spur. Das begann bei der Partei- und Staatsspitze, die sich nach sowjetischem Muster schon in den Fünfzigerjahren in das Getto Wandlitz unweit Berlin zurückzog, mit einer Extraversorgung und strikt abgeschottet vom gemeinen Volk. In manchen Kantinen fanden die Beschäftigten eines Tages, wie der Schriftsteller Erich Loest berichtete, eigene Speiseräume mit weißen Tischdecken, wo nur Ingenieure und andere höhere Ränge essen durften. Schließlich gab es Geschäfte, in denen Angehörige der Intelligenz mit Sonderausweis bevorzugt einkauften, während die Arbeiter und ihre Frauen woanders Schlange standen. Sogar der Wirtschaftsexperte und Regierungsberater Jürgen Kuczynski bestätigt in seinen Erinnerungen, schon zu jener Zeit habe sich ein Graben zwischen Führung und Volk aufgetan, samt einem Personenkult in der Partei.

Die Partei hatte Recht ...

Gehen oder bleiben, fragten sich angesichts solcher Erfahrungen viele. Das sorgte für permanente Unruhe bei den Einzelnen, in den Familien, in Nachbarschaften, vor allem aber in den Betrieben, sozialen Einrichtungen und Krankenhäusern. Ständig verschwanden über Nacht Menschen gen Westen und rissen Lücken. So mancher schöne Plan verwandelte sich in Makulatur, weil plötzlich die Menschen fehlten, die ihn hätten erfüllen können. Dieser ständige Abfluss wirkte sich umso schlimmer aus, als es meistens die jüngeren, gut ausgebildeten, fähigen und wagemutigen Fachkräfte waren, die sich absetzten.

Für alle, die blieben, bestand die Möglichkeit, aus Überzeugung oder aus Opportunismus mitzumachen oder sich so weit in die Privatsphäre zurückzuziehen, wie es das System erlaubte. Später hieß es oft, die DDR sei eine typische Nischengesellschaft. Die ersten Schritte in die Nischen taten viele Bürger schon in den Fünfzigern. Dort führten sie ein anderes Leben, als es bei dem eingeengten und verfremdeten politischen Blick auf Ostdeutschland oft scheinen mochte: Sie verliebten sich wie die Menschen überall auf der Welt, sie heirateten, bekamen Kinder, zogen sie auf, feierten fröhliche Feste, besuchten Kinos und Theater, fühlten sich unter Arbeitskollegen wohl. Wenn man so will: das kleine Glück im Winkel. Eine 1950 geborene Frau zum Beispiel erzählte später, die Erinnerung kenne nicht nur den Mangel, »sondern auch ein Gefühl von unendlicher Weite und Raum für Kinder. Wiesen voller Champignons, bunte Feldraine, wilde Erdbeeren am Straßenrand, Hänge am Schweriner See voller Leberblümchen, Seen zum Baden, Heuboden zum Toben, auch wenn das verboten war.«

Eine zentrale Position inner- und auch außerhalb der Nische besetzte die Familie. Ähnlich wie in der Bundesrepublik, wenngleich unter anderen Voraussetzungen, erwies sie sich als Solidarzelle, als ideologieferner Rückzugsraum gerade auch für jene, die Abstand zum sozialistischen Apparat hielten. So viel Distanz aber konnte einer Organisation nicht gefallen, die in einem ihrer Lieder von sich behauptete: »Die Partei, die Partei, die hat immer Recht.« Deshalb kontrollierte »die Partei« ganz besonders gründlich in den Betrieben und stellte den Bürgern nicht selten eine Falle. So schickte eines Tages ein »volkseigener« Betrieb seine junge Mitarbeiterin auf eine Dienstreise nach Berlin, offensichtlich um zu prüfen, ob sie den Verlockungen des Westens erliegen würde. Aber die Frau, die sich aus allen Aktivitäten von Partei und Staat heraushielt, verzichtete auf den Besuch in Westberlin und kehrte unangefochten zurück. Darauf rief der Chef sie erneut zu sich, um ihr nahe zu legen, endlich einen Antrag auf Mitgliedschaft in der SED zu stellen. Doch genau das widerstrebte ihr. Die Mutter half ihr aus der Klemme, indem sie ihr eine Stelle in einem Privatunternehmen besorgte, wo sie, zumindest vorerst, vor der Partei sicher war.

Die verlangte nämlich, dass die Menschen nicht nur sozialistisch arbeiteten, sondern auch sozialistisch lebten und sich auch in der Freizeit um den Aufbau des Sozialismus sorgten. Die Freizeit aber war knapp. Während man in der Bundesrepublik in der zweiten Hälfte der Fünfziger begann, die wöchentliche Arbeitszeit von bisher 48 Stunden und die Sechs-Tage-Woche zu reduzieren, dauerte es in der DDR bis 1967, ehe der Samstag freier Tag wurde, bei weiterhin 43,75 Stunden Wochenarbeitszeit. Kein Wunder, dass die Menschen in der verbleibenden Zeit lieber abschalten, sich selbst überlassen bleiben und sich unterhalten wollten.

Es lag in der Logik des Systems, auch da noch regulierend einzugreifen. Typisch darum, was Walter Ulbricht in seinem strohigen Bürokratendeutsch auf einer Konferenz forderte: »Besonders in der heiteren Muse gibt es noch Altes zu überwinden. Der Kampf gegen das Erbe der kapitalistischen Epoche, den Kitsch, muss zur allgemeinen Forderung erhoben werden ... Es genügt nicht, die kapitalistische Dekadenz in Worten zu verurteilen, gegen Schundliteratur und spießbürgerliche Gewohnheiten zu Felde zu ziehen, gegen die ›Hot‹-Musik und die ekstatischen ›Gesänge‹ eines Presley zu sprechen.« Mit ›Hot‹-Musik meinte Ulbricht den Rock 'n' Roll, und wenn er von der Überwindung des »Alten« sprach, dann wollte er auch die Unterhaltung in die Pflicht der Ideologie nehmen.

… aber das Volk versuchte, nicht hinzuhören

Das wichtigste Unterhaltungsmedium war in der DDR bis weit in die zweite Hälfte des Jahrzehnts, ähnlich wie im Westen, das Radio. Darum erfreute es sich besonderer Aufmerksamkeit bei den Herrschenden. Da gab es zum Beispiel den populären und darum später vom Fernsehen übernommenen bunten Abend mit Musik *Da lacht der Bär*. Natürlich achteten die Redakteure auf Linientreue, trotzdem erregten sie Missfallen bei der Obrigkeit. Im Juli 1957 schrieb Horst Sindermann, zu dieser Zeit Leiter der Abteilung Agitation und Propaganda im Zentralkomitee der SED, diese und andere Sendungen zeigten, dass es immer noch nicht gelungen sei, »ein richtiges gutes Kulturprogramm zustande zu bringen. Immer triumphiert noch das Geplärr abgetakelter westdeutscher Künstler und solcher von uns, die es ihnen nachahmen.« Die ganze Richtung stimmte also nicht, und so kündigte Sindermann eine unverzüglich einzuberufende »Parteiaktivtagung« an.

Wie stark der Drang war, sich zu zerstreuen, erwies sich, als die DDR-Bewohner schneller noch als die Bundesrepublikaner ihre Vorliebe vom Radio auf das Unterhaltungsmedium par excellence, das Fernsehen, übertrugen. Am 3. Januar 1956, fast zeitgleich mit der ARD, begann der Deutsche Fernsehfunk (DFF), sein offizielles Programm von 2,2 Stunden täglich auszustrahlen. Auf 1000 Haushalte kamen zwölf Fernseher, die meisten vom Typ »Rembrandt«: ein voluminöser Kasten, dessen Bildschirm allerdings nur die Größe eines DIN-A4-Blattes besaß. Die Zahl der Geräte stieg vergleichsweise rasch, obwohl sie teuer waren, 1959 gab es schon 1 Million. Für die Herrschenden war das Fernsehen von Beginn an ein weiteres Medium der Erziehung zum Sozialismus, die DDR-Bürger aber wollten politisch nicht belehrt werden, sondern sich amüsieren. Darum wichen viele Zuschauer, wo irgend möglich, lieber auf das Westfernsehen aus. Das wiederum versuchte die Partei zuerst noch zu verhindern, indem sie überzeugte Mitglieder auf die Dächer schickte, um die Antennen zu zerstören. Aber auf die Dauer war das nicht durchzuhalten. Linientreue und Entspannung, das passte schlecht unter einen Hut.

Der Hort, in dem man sich noch am ehesten ein offenes Wort erlauben durfte, war das Kabarett. Es erfüllte eine nicht nur geduldete, sondern gewollte Ventilfunktion, und darum galt es als förderungswürdig, solange es sich in einem gewissen Spektrum der Linientreue aufhielt. Die Kabarettis-

ten konnten sich also an Versorgungsproblemen oder bürokratischen All-
tagserschwernissen reiben, solange sie die Staatsräson unangetastet ließen
und wie die »Distel« bekannten:

> Wir können es nicht lassen,
> heiße Eisen anzufassen,
> denn wir lieben unsere Republik.

Schmal war der Grat, wenn sie mehr wollten. Das sollte die beliebte Leipziger »Pfeffermühle« zu spüren bekommen, als sie 1956 die Staatsführung
ermahnte, dem sowjetischen Beispiel in der Tauwetter-Periode nach Stalins
Tod zu folgen und der Freiheit eine Gasse einzuräumen. Zwei Tototipper
unterhalten sich in einem heute völlig harmlos anmutenden, aber damals
mutigen Sketch über die Chancen der Fußballmannschaften »Wacker
08/15« und »Fortschritt IA«:

> »Wie wird sich Ulbricht als Linksaußen behaupten?«
> »Der ist gut, wenn er die Vorlagen von Chruschtschow übernimmt.«
> »Vor allem darf er nicht zu lange warten. Er muss doch mal ein eigenes
>   Spiel entwickeln.«
> »Das sagt ihm aber keiner.«
> »Weißt du, woran das liegt?«
> »Ich kann's mir denken, ich sag's aber nicht.«

Jeden Abend lachte das Publikum über diese Nummer, nach zwei Monaten
war dann Schluss mit lustig. In der 70. Vorstellung inszenierten gelenkte
Störer einen Tumult, und anderntags riet der Leipziger Oberbürgermeister
ultimativ, die Szene zu streichen, wie Conrad Reinhold, der später in die
Bundesrepublik geflüchtete Pfeffermühlen-Chef, berichtete. In einem solchen Moment nützte auch die fast obligatorische Anti-West-Nummer nichts
mehr, die in viele Kabarett-Programme als Rückversicherung eingebaut
war: Spott und Hohn über die unsäglichen Zustände im kapitalistischen
und imperialistischen Westen sollten den Freiraum für die DDR-interne
Satire sichern. Aber Ulbricht selbst in den Senkel zu stellen, das ging nun
mal zu weit.

Bei so viel Konformismus erfreuten sich die Westmedien einer großen
Attraktivität, vor allem der »Rundfunk im amerikanischen Sektor«, kurz

RIAS. Die Amerikaner hatten ihn 1946 in Westberlin als ihren Ortssender gegründet. Anfangs meldete er sich auf einer schwachen Mittelwelle. Aber je heißer der Kalte Krieg wurde, desto mehr bauten die Besatzer den RIAS zu einem in vielen Teilen der DDR empfangbaren Medium der Information und auch der Propaganda aus. Er meldete sich als die »freie Stimme der freien Welt« und machte nie einen Hehl daraus, dass er nicht nur anti-faschistisch, sondern vor allem antikommunistisch war. In den Fünfziger-jahren arbeiteten die zumeist deutschen Journalisten auch mit Polemik, Übertreibungen und nicht immer gesicherten Nachrichten. Später hielten sie sich mehr an die Gebote der Nüchternheit. Der Osten warf dem Sender vor, er verbreite falsche Nachrichten und hetze die Bevölkerung auf. Vor allem im Zusammenhang mit den Ereignissen vom 17. Juni 1953 stilisierte die SED den RIAS zum zentralen Instrument des Westens bei seinem angeb-lichen imperialistischen Umsturzversuch. Wahr ist, dass der Sender gut informiert war und die Nachrichten von den ersten Protesten in Ostberlin so schnell und so weit in die DDR hineintransportierte, dass diese am 17. Juni auf viele Städte übergriffen. In Prozessen gegen Beteiligte und auch in späteren politischen Verfahren spielte die Beschuldigung, Angeklagte hätten sich durch den RIAS zu staatsfeindlichen Untaten hinreißen lassen, eine zentrale Rolle.

Auch mit Unterhaltungsformaten versuchte der Sender an die Hörer in der DDR heranzukommen. So traten »Die Insulaner« auf, eine zu etwas grobschlächtigem Humor neigende Gruppe von Westberliner Kabarettis-ten, die ein Pendant zur regimetreuen Satire in der DDR zu bieten ver-suchte. Eine feste Figur war der »Funzionär«. In einer aus der ersten Hälfte des Jahrzehnts stammenden Nummer erläutert dieser den Genossen die planwirtschaftlichen Fortschritte. Ein Zuhörer beschwert sich aber, dass der Sommer komme und er keine Badehose habe.

Der »Funzionär«: »Jenosse, so wie die neue Punktekarte raus ist, kriegste
    ooch 'ne Badehose!«
Zuhörer: »Und wann ist det?«
»Funzionär«: »Anfang bis Mitte Dezember.«
Zuhörer: »So spät?«
»Funzionär«: »Im Sommer wird erst mal das Heizmaterial vom vorigen
    Winter aufjerufen.«

Alsdann will er »die kleenen Macken« ja nicht abstreiten, »aber die Erklärung liegt doch klar auf der Hand: Der unjeheure Aufschwung in de
DDR is so schnell jejangen, dass unse Wirtschaft nicht janz mitjekommen
is ... Im übrijen: Die Zahlen der sojenannten Flüchtlinge wird von Westen
her jewaltig übertrieben! Es sind nachweisbar zirka fünf- bis sechstausend
Männerkens nach drüben jetürmt. Davon allein dreißigtausend kriminelle
Elemente. Und davon wieder wollen über sechshunderttausend zurückkommen.«

Zwangskollektivierung

Trotz allem schien es Ende der Fünfziger, als könnte sich das System nach
tiefen Vertrauenskrisen etwas stabilisieren. Immer mehr Menschen waren
bereit, sich mit den Zuständen nicht zu identifizieren, sich aber doch mit
ihnen abzufinden und von den Vorteilen zu profitieren: niedrige Preise,
Erholungsheime, dreiwöchige Kuren für jedermann, Kulturhäuser (sogar
auf dem Land), Polikliniken, Kinderhorte, Berufschancen für Frauen, Sicherheit des Arbeitsplatzes, gleicher Lohn für gleiche Arbeit. Der Mann-
heimer DDR-Historiker Hermann Weber konstatierte für diese Zeit eine
Situation, »die der Klischeevorstellung widersprach, nach der eine Hand
voll fanatischer Kommunisten eine konsequent antikommunistische, dem
Westen verschworene Bevölkerung unterdrückte.« Aber dann verschlech-
terte eine erneute Schwäche der Wirtschaft und vor allem ein verschärfter
Kurs bei der Kollektivierung der Landwirtschaft das Klima.

1957 war ein Drittel aller Höfe in Landwirtschaftlichen Produktionsgenossenschaften (LPG) aufgegangen. Das war der Partei jedoch immer noch
zu wenig Sozialismus. Darum hieß von 1958 an die Losung: flächendeckende
Vergesellschaftung. Zuerst rückten FDJ-Truppen aus, um die Bauern zu
agitieren, mit wenig Erfolg. Als dann der Staat den Druck mit Stromabschaltungen, der Schließung von Dorfläden und weiteren Repressionen erhöhte, drehten manche Bauern durch, schlugen schon mal zu, flohen oder
brachten sich um. Ein Ehepaar erzählte 1959 direkt nach der Flucht der
Historikerin Erika von Hornstein, wie die von außen gekommenen, in der
Schule oder im Gemeindehaus einquartierten Stoßtrupps der Partei von
Hof zu Hof gingen, um die restlichen Einzelbauern in die LPG zu treiben.
Sie schrien Losungen oder drangen ins Haus ein, um die Bauern zur

Unterschrift zu drängen: »Der Bauer kommt aus der Zange nicht mehr heraus.«

Aber der Bauer wollte sich weder zwingen noch von einem Abgesandten aus dem Nachbardorf überreden lassen: »Meine gepflegten Rinder in die Offenställe der LPGs? Da gehen sie bald kaputt. Gehen Sie ins Nachbardorf, da ist schon so eine Viehhaltung der LPG, gucken Sie sich an, wie die frisch geborenen Kälber da eingehen in Kälte und Zugluft, die Kühe geben nur noch 5 bis 6 Liter am Tag, und vorher bei den Einzelbauern im Stall haben sie 10 bis 12 Liter Milch gegeben. Und erst die Schweinekoben. Das sind ja keine weißen Schweine mehr, das sind grüne Schweine vor lauter Kot und Dreck. Und das soll die Zukunft sein?«

Doch der Besucher warnte ihn, dass »die« noch ganz andere Mittel einsetzen würden, wenn er nicht unterschriebe. Zum Beispiel würden sie ihn daran hindern, seine Schweine zu verkaufen. Da wusste der Landwirt, »was die Stunde geschlagen hat«. Eine Woche später kam eine Gruppe übers Feld auf den Hof, vorneweg der schon bekannte Scharfmacher, ein Staatsanwalt. Der Bauer nahm sich vor, nicht ausfällig zu werden, aber dann konnte er doch nicht an sich halten und sagte, was er von der »ganzen verdammten Kollektivierung« hielt. Ihm war sofort danach klar, dass er entweder unterschreiben oder fliehen musste, wenn er nicht angezeigt und bestraft werden wollte. Er floh, weil er »nicht Knecht auf meinem eigenen Hof werden wollte«.

Wahrscheinlich bekam das Ehepaar in Westberlin den begehrten »C-Ausweis«, der den wirklich »politischen Flüchtlingen« vorbehalten war. Das Papier verschaffte dem Inhaber Anspruch auf die bevorzugte Zuteilung von Wohnraum, auf Hausratsentschädigung und auf drei Jahre Steuerermäßigung. Die Mehrheit der Ausreisenden bekam den Status des »politischen Flüchtlings« nicht und musste aus eigener Kraft auf die Füße kommen.

Im Jahre 1960 endete die Kollektivierung aus Sicht der SED mit einem kompletten Erfolg. Nun bewirtschafteten 19 000 Produktionsgenossenschaften knapp 85 Prozent des Landes. Parallel dazu war eine Kampagne zur Überführung des Handwerks in Volkseigentum gelaufen, die gleichfalls für eine verstärkte Abwanderung sorgte und den ökonomischen Rückschlag beschleunigte.

Die SED sah sich vor die Frage gestellt, ob sie ihr Land leer laufen oder abriegeln lassen sollte. Sie entschied sich für die zweite Alternative, und dieses Mal stimmte der Große Bruder in Moskau zu, nachdem er ähnliche Vorstöße der Ostberliner zuvor stets abgelehnt hatte. Der Mauerbau 1961 bedeutete für das Innenleben der DDR das eigentliche Ende der Fünfzigerjahre, weil die allermeisten nun keine Wahl mehr hatten zwischen Bleiben und Gehen.

Victor Klemperer, der 1959 gestorbene jüdische Romanist, ist mit seinen posthum veröffentlichten Tagebüchern über die NS-Zeit berühmt geworden. Weniger bekannt sind die Aufzeichnungen über sein Leben in der DDR. Ende 1950 notierte er: »Ich will Kommunist sein, ich will mit der SED gehen – aber was sie auf kulturellem Gebiet tut, ist oft grundfalsch.« Ende 1955 schrieb er als Jahresbilanz: »Tiefste politische Enttäuschung. Von der Begeisterung ist nur geblieben: Wir sind das kleinere Übel« (im Vergleich zur Bundesrepublik). Silvester 1958 ist er in tiefsten Pessimismus versunken: »Ohne Sympathie für, nicht für den Westen u. nicht für den Osten. Deutschland ist ein in zwei Stücke zerfahrener Regenwurm; beide Teile krümmen sich, beide vom gleichen Faschismus verseucht, jeder auf seine Weise.« Der Titel dieser Tagebücher: *So sitze ich denn zwischen allen Stühlen.* Wie Klemperer mögen am Ende des Jahrzehnts viele empfunden haben, die sich am Beginn mit den besten Vorsätzen in den Aufbau gestürzt hatten.

Der große und der kleine Grenzverkehr
Drei Arten, mit und in der DDR zu leben

Zwischen der Gründung der beiden Staaten im Jahre 1949 und dem Bau der Mauer im Jahre 1961 flüchteten nach offiziellen Statistiken 1 691 270 Menschen von Osten nach Westen, die meisten davon über das Schlupfloch Berlin. Zu ihnen gehörte der ehemalige Volkspolizist Gerhard Zwerenz, der 1957 über die Grenze floh und in der Bundesrepublik ein bekannter Schriftsteller wurde. Mit der ihm eigenen Mischung aus Realismus und Sarkasmus sagt Zwerenz über die deutsch-deutschen Grenzgänger: »Unter den Flüchtlingen gibt es alle Variationen, die möglich sind: Personen, die Ulbricht loyal gegenüberstanden. Aktive Feinde. Ehemalige SED-Mitglieder, aktive Kommunisten, Mitläufer, Karrieristen, Opportunisten, Idealisten, enttäuschte Romantiker, Abenteurer, Wirtschaftswundergläubige; Männer und Frauen, die eines Morgens davongingen; Leute, die die Welt sehen wollen, Männer und Frauen, die unglaublich hohe Zuchthausstrafen hinter sich bringen mussten.« Auch hier galt also, dass die Wirklichkeit um einiges komplizierter und vielschichtiger war als das Bild, das man von ihr hat.

Ungleiche Bedingungen

Im Eisenbahnabteil sitzen drei Männer, gerade aus der Haft entlassen. Sie fragen einander, warum sie im Gefängnis gewesen sind. Der erste sagt: »Ich war für Popow.« Der zweite sagt: »Ich war gegen Popow.« Der dritte zögert eine Weile, dann sagt er: »Ich bin Popow.«

Der Witz stammt vermutlich aus der Sowjetunion, wurde aber gerne in der DDR erzählt. Er illustriert die Willkür eines Systems, mit dem sich

immer weniger Menschen identifizieren konnten. Der Prozess des Aus-
einanderlebens begann gleich nach der Staatsgründung. Denn zwischen
den Zielen der Regierenden und den Wünschen des Volkes bestand eine
Spannung, und das Bemühen, diese Spannung zu bewältigen, machte, so
Peter Bender 1989, die halbe Geschichte der DDR aus: »Die Ostdeutschen
durften nicht zum Westen, und zum Osten wollten sie nicht.« War der »real
existierende Sozialismus« also von Anfang an zum Scheitern verurteilt?

Es gab viele – strukturelle und selbst gemachte – Gründe dafür, dass
sogar an den Sozialismus glaubende Menschen schnell auf Distanz gingen
und nur halbherzig bis widerwillig am Aufbau der DDR mitarbeiteten oder
sich nach Westen absetzten. Neben Despotie und Willkür schürte vor allem
die ökonomische Lage die Unzufriedenheit. Dabei gab es für diese Situation
objektive Gründe. Den Hauptanteil der Wirtschaftskapazitäten hatte der
Westen in Form von Bodenschätzen und Schwerindustrie geerbt. Im Osten
dagegen war beides rar, und was vorhanden war, wurde von den Sowjets
mehrere Jahre länger als von den Westalliierten in der Trizone als Reparationen demontiert. Sie bauten immer noch Fabrikanlagen in der DDR
ab und in der Sowjetunion wieder auf, als die Amerikaner, Engländer und
Franzosen längst damit aufgehört hatten, und wenn sie darauf verzichte-
ten, bedienten sie sich aus der laufenden Produktion. Die Sowjets schwäch-
ten die Wirtschaft in ihrem sozialistischen Bruderland, während die Amerikaner sie im Westen kräftigten. Von einer derartigen Unterstützung war im
Osten nie die Rede. Schon deshalb lag ein »Wirtschaftswunder« nach dem
Muster der BRD niemals im Bereich des Möglichen.

Darüber hinaus entwickelte die ostdeutsche zentralistische Planwirtschaft weniger Dynamik als die westdeutsche Marktwirtschaft. Für Menschen mit leidlichem Durchblick war es daher eher ein Witz, als die SED-
Führung 1958 beschloss, die DDR werde die Bundesrepublik bis 1961
ökonomisch überholen. Auch die DDR machte Fortschritte, dabei ging es
ihr aber wie dem Hasen in der Fabel: Immer wenn sie mit größter Mühe ein
Ziel erreicht hatte, meldete der Westen, er sei lange angekommen und
schon wieder ein Stück weiter. So blieb die DDR das Land des Mangels.
Welche Stimmung das bei den einfachen Menschen erzeugte, skizzierte
Bertolt Brecht in seinem Arbeitsjournal am 12. September 1953. In Buckow,
wo er ein Landhaus besaß, hatte er sich mit einem ortsansässigen Klempner
unterhalten. Aus dem Gespräch hielt er fest:

»arbeitet mit einem lehrling, ohne zink. zink in Schlesien. ersatzmaterial hält nur ein jahr und kostet das zehnfache. rentner hier bekommen 30 mark im monat, das ist keine kundschaft mehr. sein geschäft hat im letzten vierteljahr 1500 mark umsatz. die mittleren gehälter sind zu groß, der beamtenapparat ist aufgebläht, das geld geht in unproduktive arbeit. die bauern haben keine arbeitskräfte, ein mädchen bekommt in einem amt 400–500 mark. ein lehrling, den er wegen stehlen und dummheit entließ, ist jetzt bei der volkspolizei … er erzählt von 2 alten rentnerinnen; eine holte in westberlin 2 pakete; sie wurden ihr weggenommen, obwohl sie nicht mehr weiß, wie schmalz riecht.« Auch über den Zustand der Freiheitsrechte im Land war dieser Mann sich im Klaren: »das maul kann man nicht aufmachen, schon zwanzig jahre lang nicht mehr.« Schon seit 20 Jahren – für den Handwerker bestand kein Unterschied zwischen den Regimes der Nazis und der Kommunisten.

Dabei war die Lage in der DDR im Verhältnis zu den anderen Staaten des Ostblocks sogar besser, aber die Führung hatte mit einem entscheidenden Nachteil zu kämpfen: mit der ständigen Möglichkeit des unmittelbaren Vergleichs. Fast jeder Ostdeutsche konnte sich durch Briefe, Besuche von Verwandten oder Medienberichte von dem West-Ost-Gefälle überzeugen. Die westliche Propaganda tat das Ihre, diesen Effekt zu verstärken. Wenn zum Beispiel Westberlin zum »Schaufenster der freien Welt« gekürt wurde oder die Bürger in der Bundesrepublik die Früchte des Wirtschaftswunders ernteten, schaute und hörte ganz Ostdeutschland über die Westzeitungen, das Westradio und später das Westfernsehen zu.

So kam es, dass die Ökonomie schon früh die Verhältnisse in beiden deutschen Staaten prägte: So wie der Erfolg die Bundesrepublik stabilisierte, destabilisierte der Misserfolg die DDR. Sie machte es ihren Menschen schwer, in ihr und mit ihr zu leben. Dass die Menschen darauf sehr unterschiedlich reagierten, zeigen drei Lebensgeschichten.

Einer, der kein Held sein will

ARD-Zeitzeuge Manfred Seidel, geboren 1934, lebte und lebt in Ostberlin. Er siedelte nie in den Westen über, obwohl er dazu viele Gelegenheiten gehabt hätte und beim Aufstand am 17. Juni 1953 sogar in Lebensgefahr geriet.

Alltag in der geteilten Stadt

»Als Lehrling hatte ich ein Fahrrad. Vieles an Zubehör gab es nur im Westen, da konnte man West- gegen Ostmark tauschen, im Verhältnis eins zu drei oder eins zu vier. Es gab auch einmal einen Kurs von eins zu zwölf. Wir haben so lange gespart, bis wir genügend zum Tauschen hatten. Der Haken dabei war, dass es uns generell verboten war, Westgeld zu haben. Es gab Leute, die in den Wechselstuben guckten: Wer tauscht da wie viel um, wo geht der hin. ... Das führte zu Prozessen wegen ›Devisenschieberei‹. Für uns war die Gefahr bei den geringen Summen, die wir getauscht haben, nicht so groß. Mit dem Westgeld konnte ich dann mein Rad mit Westerzeugnissen veredeln.

Auch Schuhe haben wir im Westen gekauft. Jeder hatte so sein Einkaufsgebiet. Meine Eltern und ich sind zum Beispiel immer nach Gesundbrunnen im Norden von Westberlin gefahren. Im Schuhladen stand ein großer Pappkarton, da konnte man als Ostler seine alten Schuhe reinwerfen. Wenn man über die Grenze nach Ostberlin kam, mussten die neuen Schuhe ein bisschen dreckig aussehen, damit sie nicht auffielen. Offiziell war es ja verboten, im Westen einzukaufen, und es gab Kontrollen in den Bahnen. Einmal wollte ich Cordhosen haben. Ich hatte schon Shorts aus Cord. Ich bin also rübergefahren und habe lange Cordhosen gekauft. Die dicken Dinger habe ich über die dicken Shorts gezogen. Habe wohl ein bisschen dick ausgesehen. Aber es ging. Wir sind mit dem Ost-West-Konflikt und mit dem Schmuggel groß geworden.«

Die Westberliner nutzen das Währungsgefälle umgekehrt aus. Die Preise in Ostberlin sind sowieso niedriger, und wer dann noch schwarz tauscht, ist der König – vorausgesetzt, es ist vorrätig, was man sucht. Manche fahren in den Osten, um zum Friseur zu gehen: Die Dauerwelle für 'nen Appel und 'nen Ei. Herrenhaarschnitt 1.60 Mark, das sind Pfennige für den Westler. Verwandte und Freunde machen Geschäfte auf Gegenseitigkeit. Seidels Familie bringt der Tante in Westberlin Butter, weil die im Osten billig ist. Die Tante besorgt dafür irgendetwas, was im Osten fehlt. So herrscht ein ständiges Hin und Her trotz der jederzeit drohenden Kontrollen.

Im Sommer pflegt Manfred Seidel mit dem Fahrrad von Ostberlin durch Westberlin nach Potsdam zu fahren, wo seine Mutter ein Grundstück besitzt. Einmal trägt er einen Pullover, den die Mutter gestrickt hat. An der Glienicker Brücke halten ihn Kontrolleure an. Sie sind überzeugt, dass der Junge den Pullover verbotenerweise im Westen gekauft hat. Sie rufen die Mutter an, die muss kommen und bestätigen, dass das gute Stück aus ihrer Hand stammt. »Die Beamten waren so spitz, weil viele Potsdamer über die Glienicker Brücke auf den Markt in Wannsee zum Einkaufen gegangen sind«, erinnert sich Seidel. Einmal sitzt er in der S-Bahn, als es dort lieblich nach Bücklingen zu riechen beginnt, die es nur in Westberlin gibt. Ein Grenzer kommt herein, schnuppert, sucht, findet nichts und muss sich wie so oft der List der Grenzgänger geschlagen geben.

Dann aber verschärft die SED 1952 den Kurs. Die Abriegelung der Grenzen zur Bundesrepublik, der Beschluss zum »planmäßigen Aufbau des Sozialismus«, eine forcierte Kollektivierung der Landwirtschaft und andere Maßnahmen verschlechtern die Stimmung. Eine wirtschaftliche Krise im folgenden Winter senkt diese auf den Tiefpunkt. Nach dem Beispiel Moskaus konzentrieren sich die DDR-Ökonomen auf den Ausbau der Schwerindustrie, was zu Lasten der Konsumgüter geht. Es kommt zu ersten Protesten, die Zahl der Flüchtlinge steigt, worauf die Regierung am 11. Juni 1953 einen Großteil der Verordnungen zurücknimmt. Aber die massive Korrektur verpufft, weil die Erhöhung der Normen bestehen bleibt: Die Arbeiter sollen für dasselbe Geld mehr arbeiten. Es rumort an der Basis, und Seidel gerät in einen Strudel von Ereignissen.

17. Juni 1953

Im Februar 1953 hat er seine Lehre als Tischler beendet und ist zu einer Firma gegangen, die an der Stalin-Allee mitarbeitet, dem städtebaulichen Prestigeobjekt in Ostberlin. Innenausbau und Verkleidung von Aufzügen heißt der Auftrag: »Ich habe mich gefreut, dass ich da arbeiten durfte. Ringsum war noch alles kaputt, und da entstand endlich mal was Neues«, sagt Seidel. Am Morgen des 16. Juni spricht sich auf den Baustellen herum, dass die Kollegen am nahen Strausberger Platz die Arbeit wegen der Erhöhung der Normen niedergelegt haben. Auch Seidel denkt nach: Er ist acht Stunden am Tag auf der Baustelle, bekommt 1,58 Mark die Stunde, das reicht ihm nicht, und nun soll er noch härter ran. Am Mittag hört seine Gruppe Lärm auf der Straße. Das hat nichts mit den üblichen, von oben organisierten Demonstrationen zu tun. Hier ist nichts organisiert, die Leute laufen ungeordnet, sie haben hastig gemalte Transparente dabei, auf denen sie fordern: Runter mit den Normen! Die Kollegen laufen mit, etliche Tausende sind es inzwischen, die sich ohne rechtes Ziel voranschieben und sich gegen Abend Unter den Linden versammeln. Im nahen Friedrichstadt-Palast hat sich die Freie Deutsche Jugend (FDJ) zu einer großen Kundgebung getroffen. Jetzt stoßen die Regimetreuen und die Protestierenden aufeinander. Sie tragen Stöcke von ihren inzwischen eingerollten, sehr unterschiedlichen Transparenten in der Hand. Doch Manfred Seidel beeilt sich, nach Hause zu kommen. Später hört er noch, dass am nächsten Tag eine große Protestversammlung auf dem Strausberger Platz geplant ist.

Was tun? Als die Belegschaft seiner Firma im Betrieb darüber diskutiert, beauftragen die Kollegen ihn, ausgerechnet den Jüngsten, er solle im Gewerkschaftshaus nach Direktiven fragen. Dort trifft er niemanden, aber Seidel beobachtet, dass die nahe Warschauer Straße voller Menschen ist. Die Kollegen beschließen, sich dem Zug anzuschließen. An der Warschauer Brücke stellen sich ihnen Volkspolizisten in den Weg. Sie schießen nicht, benutzen aber Knüppel, um sich Leute zu greifen und auf Lastwagen zu verfrachten. Der junge Tischler und seine Kollegen holen die Festgehaltenen von den Lastwagen wieder herunter. An einer Brücke zur Grenze nach Westberlin werfen vier Demonstranten eine Zöllnerin ins Wasser und zünden eine Hütte an.

Wer und was hinter dem Aufstand steckte, bleibt später umstritten: Der Zorn über die Normenerhöhung und die allgemeine wirtschaftliche Unzufriedenheit? Der Ruf nach Freiheit und Einheit? Ein aus dem Westen gesteuerter Umsturzversuch? Das SED-Regime sprach sofort vom Putsch »imperialistischer Kräfte«. Der Westen stilisierte die Ereignisse zu einem Aufstand gegen die Unterdrückung und für die deutsche Einheit, der 17. Juni wurde in der Bundesrepublik fortan als Feiertag begangen. Seidel sagt über seine Motive: »Die Wut über die Normenerhöhung hatte sich angestaut. Wir haben schon gearbeitet bis zum Umfallen. Immer wieder, auf der Berufsschule und woanders, haben wir gehört, dass die westdeutschen Arbeiter um ihre Rechte auf der Straße kämpfen müssen. Jetzt wollte ich auch etwas bewegen. Später hat man mich gefragt: ›Na, hat dir das Abenteuer gefallen?‹ Es war kein Abenteuer. Es ging um meine Arbeit, um mein Geld. Und wenn man in einer solchen Situation mit so vielen Leuten zusammen läuft, dann bildet sich eine Solidaritätsgemeinschaft. Die kennen sich alle nicht, aber sie sind sich einig: Wir wollen etwas erreichen. Man hat mich auch gefragt, ob ich mich als Held gefühlt habe. Die Frage stellt sich für mich nicht.«

Gegen Mittag steht er mit Tausenden in der Leipziger Straße vor dem »Haus der Ministerien«. Sowjetische Panzer rollen heran und schießen, zuerst in die Luft, dann tiefer. Die ersten Demonstranten werden verwundet. Panik bricht aus. Manfred Seidel läuft mit vielen anderen in Richtung Potsdamer Platz, sie nehmen Verletzte mit. Dort stehen auf der Westseite Autos, die Mauer gibt es noch nicht. Einen Kollegen, der durch eine Schaufensterscheibe gefallen ist und sich verletzt hat, transportieren sie in einem PKW in ein Westberliner Krankenhaus zum Verbinden. Dann kehren sie zurück zum Brandenburger Tor. Junge Männer sind auf das an der Grenze zu Westberlin stehende Gebäude gestiegen, um die rote Fahne herunterzuholen. Russische Soldaten schießen mit dem Maschinengewehr auf sie. Da klettern Seidel und einige andere Demonstranten auf das Gebäude, um die Jungen aus ihrer misslichen Lage zu befreien. Er findet sich auf Westberliner Gebiet wieder, will aber auf jeden Fall zurück, nach Hause. Manfred Seidel klettert mit seinen Freunden über hohe Trümmerberge, doch eine Schützenkette von Volkspolizisten kommt ihnen entgegen und schießt gezielt. Sie laufen zurück. Erst abends gelingt es ihm in Kreuzberg, mit einem Freund die Sektorengrenze zu überschreiten. Jeder Verkehr ist eingestellt, zu Fuß läuft er den weiten Weg durch die Stadt.

Eine Nische zwischen Ost und West

Natürlich, nach der Rettung am Brandenburger Tor hätte Manfred Seidel im Westen bleiben können, aber: »Wo sollte ich mit 19 Jahren hin? Ich hatte mein Zuhause, meine Arbeit. Und ich war ja Berliner. Vielleicht wäre jemand aus Leipzig oder Dresden, der in dieser Situation war, nicht mehr nach Hause gefahren. Aber für mich als Ostber-

liner war der Westen nicht so faszinierend, dass ich da hätte bleiben
wollen. Wir sind mit Westberlin aufgewachsen. Ich habe Wut gehabt,
weil die auf die eigenen Leute geschossen haben. Das war für mich dann
auch der Grund, den Waffendienst abzulehnen. Ich wollte nicht in die
gleiche Lage kommen wie die, die da geschossen haben. Ich habe nie
eine Waffe angefasst.«

Die SED reagiert mit einer Mischung aus Härte und Nachgiebigkeit auf
die unerhörten Ereignisse, die von Berlin aus auf insgesamt 300 Orte
übergegriffen haben. Dass Arbeiter gegen die Partei der Arbeiter auf-
gestanden sind, spielt in den offiziellen Stellungnahmen keine Rolle.
Aber ein »Neuer Kurs« kündigt die Rücknahme der Normen, einen
verstärkten Wohnungsbau, höhere Mindestrenten und ein Ende der
von der Bevölkerung als schikanös empfundenen Stromabschaltungen
an. Auch ist es plötzlich möglich, die Preise zu senken und Benzin für
1,80 statt für 3 Mark zu tanken. Doch am System ändert sich nichts,
wie die drakonischen Strafen gegen gefangen genommene Demonstranten zeigen. Nach dem 17. Juni 1953 sollen die Gerichte 14 Todesurteile
verhängt und 1067 Menschen zu insgesamt 6321 Jahren Zuchthaus
verurteilt haben.

Seidel kommt davon und nimmt sein altes Leben mit all den Problemen
und Gelegenheiten der geteilten Stadt wieder auf. So zahlt er als Ostler
mit Ausweis in den Westberliner Kinos nur 25 Pfennige Westgeld, was
etwa 1 Mark Ost entspricht. In seine Lieblingsfilme wie *Ben Hur* oder
Vom Winde verweht nimmt er nicht nur Verwandte mit, die zu Besuch
aus der DDR-Provinz kommen, sondern vor allem auch seine Freundinnen. Mit denen verkriecht er sich in die letzte Reihe, denn zu Hause
ist es zu eng für Zärtlichkeiten.

Im Westen spielt er Lotto, obwohl die Ost-Propaganda ihm erklärt, der
böse Kapitalismus ziehe den Leuten damit das Geld aus der Tasche. Das
allerdings hält die DDR-Regierung später nicht davon ab, ihrerseits ein
Glücksspiel einzuführen. Doch Seidel interessieren solche Sprüche sowieso nicht. Er hört mit dem Spielen auf, als sich der erhoffte große
Gewinn nicht einstellt und ihm das Ganze schlicht zu teuer wird.
Schwarzarbeit im Westen und für Westgeld erscheint ihm lukrativer.
In Spandau versieht er eine Gartenlaube mit einem neuen Dach. Oder
er hilft einem Mann, der seinen kostbaren DKW-Oldtimer verkaufen
will. Der Wagen hat eine mit Wachstuch überzogene Holzkarosse, die

hinteren Kotflügel müssen erneuert werden. Seidel baut sie im Osten nach Maß und transportiert sie auf der S-Bahn in den Westen. An der Grenzstation stoppt ihn die Kontrolle. Was ist in dem Sack? Holzteile. Er muss aussteigen und den Sack öffnen. Die Teile sind für ein altes Möbelstück. Erst da darf Manfred Seidel weiterfahren.

Manfred Seidel mit Ulla bei ihrer Verlobung 1957.

Einmal sogar reist er ganz offiziell nach Westdeutschland. Über seine Freundin, die dann zur Braut wird, ist er zur Jungen Gemeinde der protestantischen Kirche gekommen. Als diese auf Einladung einer Patengemeinde eine »Rüstzeit« in Bayern plant, ist er mit von der Partie. Seidel muss den Personalausweis abgeben und erhält die Erlaubnis, zwei Wochen in der Bundesrepublik zu verbringen. Eine andere Welt, in der ihm niemand sagt: »Ausweis, bitte . . . Machen Sie mal die Tasche auf.« In Ulm bieten ihm die Gastgeber an, zu bleiben und dort eine Stelle als Tischler anzunehmen. Aber Seidel fährt zurück, mit 14 Tagen Verspätung, was ihm Ärger mit der Polizei einbringt.

Immer wieder streckt er die Fühler aus, trennt sich jedoch niemals wirklich von seiner Ostberliner Heimat. Die nächste Gelegenheit bietet sich 1957, als im Westteil der Stadt ein schwedisches Büro aufmacht, das Holzfacharbeiter für Sägewerke und Möbelfabriken anwirbt. Das reizt ihn. Seidel bewirbt sich, schmuggelt die nötigen Unterlagen über die Sektorengrenze. Doch die Eltern der Braut wenden ein: »Das könnt ihr nicht machen, dann sind wir ganz allein hier.« Das Paar gibt den Plan auf und heiratet. Als es auf die Feier zugeht, fahren die beiden nach Westberlin, um den Stoff für das Hochzeitskleid zu kaufen. Der ist zwar dort viermal so teuer wie in Ostberlin, aber auch viel schöner. Für die Fahrt über die Grenze wickelt sich die angehende Frau Seidel den Stoff um den Bauch und sieht aus, als sei sie schwanger. Es klappt. Am Ende des Jahrzehnts studiert Manfred Seidel in Westberlin an einer Ingenieurschule, neben der Arbeit. Mit einem Abschluss könnte er dort legal arbeiten. Das tun viele, wie es auch Westberliner gibt, die im Osten eine Stelle haben. Doch all jene Gedanken erledigen sich mit dem Bau der Mauer am 13. August 1961.

Gehen oder bleiben?

Die DDR ging immer wieder, in fast regelmäßigen Abständen, durch große Krisen, von denen der 17. Juni 1953 nur die erste war. Die zweite Krise kam 1956 im Zusammenhang mit dem dann niedergeschlagenen Aufstand in Ungarn und den Unruhen in Polen. Und die Regierenden reagierten stets nach demselben Muster. Nach den Ereignissen lockerten sie die Zügel, woraufhin manche idealistischen Zeitgenossen Hoffnung schöpften und sich zu Zugeständnissen verleiten ließen. Die Schicht derer, die nach wie vor auf ein anderes, »besseres« Deutschland hofften, war breiter, als man in der Bundesrepublik, wo das Schwarz-Weiß-Denken bekanntlich Konjunktur hatte, wahrnehmen wollte. Die DDR bestand eben nicht nur aus Stasi, Zentralkomitee, Volkspolizei und Nationaler Volksarmee, sondern auch aus Menschen, die trotz allem den Sozialismus für das menschenfreundlichere und auf die Dauer überlegene System hielten. Einer von ihnen war der Schriftsteller Erich Loest, der seinen Glauben an die Machbarkeit eines Sozialismus mit menschlichem Antlitz allerdings bitter bezahlte. Seit der Gründung der DDR hielt er sich zum Optimismus an: »Die private Welt war heil, hell, die große Welt würde in zehn Jahren hell und kommunistisch sein, die Rezepte lagen auf dem Tisch, die Menschheit musste sich nur ins Zeug legen. An ihm selbst sollte es nicht fehlen«, schrieb er später in seinem autobiografischen Buch *Durch die Erde ein Riss*. Am 17. Juni war er zufällig in Ostberlin, wanderte durch die Straßen, diskutierte mit Kollegen. Er machte sich viele Gedanken über die Gründe des Aufstands und schloss einen aus: »Für keinen, der sich in die Wirren dieser Tage verstrickte, war die Einheit des Vaterlandes das bestimmende Moment, niemand kämpfte für sie.«

Aber auch für ihn war danach nichts mehr wie zuvor. Kritische Äußerungen über den 17. Juni in den DDR-Medien büßte er genauso mit Maßregelungen wie seine positive Haltung zu den Demokratiebewegungen 1956 in Polen und Ungarn. Dennoch weigerte er sich, in den Westen zu gehen: »Dorthin verschwanden ehemalige Nazi-Studienräte und bezogen fette Renten.« Aus den letzten Illusionen riss ihn seine Verhaftung Mitte November 1957. Rund ein Jahr dauerte es bis zum Prozess, von dem er anfangs noch glaubte, er werde mit einer kurzen Freiheitsstrafe enden. Sieben Jahre wegen Staatsfeindlichkeit lautete das Urteil. Erich Loest verbüßte sie als Nummer 23/59 in Bautzen. 1981 ging er schließlich in die Bundesrepublik.

Andere jedoch glaubten bis zum Schluss an die Legitimität und Menschenfreundlichkeit des DDR-Systems. Zu ihnen gehört die ARD-Zeitzeugin Gerda Kress, die sich in den Fünfzigern ihre Hoffnungen auf Selbstverwirklichung erfüllten konnte.

»Wer zünden will, muss brennen«

Als im Juni 1953 die Arbeiter in Ostberlin und anderen DDR-Städten revoltierten, hatte Gerda Kress ein gewisses Verständnis für ihre Forderungen, aber auch für das Vorgehen des Staates. Noch deutlicher reagierte sie, als sie am 13. August 1961 im Radio vom Bau der Berliner Mauer hörte. Heute noch glaubt sie, dass der Schritt richtig war. Sie lebte im Einklang mit dem kommunistischen Staat. Ihm hat sie »alles zu verdanken, was ich geworden bin«, sagt noch die 92-Jährige, und dabei denkt sie vor allem an die Berufschancen als Frau.
Sie wächst in der Weimarer Republik auf, und der Vater stellt sich auf den Standpunkt, dass ihre Brüder eine Ausbildung erhalten müssen, während er über sie bestimmt: »Du kannst als Dienstmädchen gehen.« Mit Glück gerät die Tochter in eine Berufsschule, die zur Probe einen Hauswirtschaftszweig eingerichtet hat. Der Kurs kostet kein Geld, da-

rum darf sie teilnehmen. So ist sie immerhin gelernte Hauswirtschaf-
terin, als sie heiratet und zwei Mädchen bekommt.

Gerdas Mann geht in den Krieg, die beiden schreiben einander täglich.
Am 8. Oktober 1944 berichtet er aus Jugoslawien: »In einer Stunde
stehen wir im Kampf. Ich weiß nicht, ob wir uns wiedersehen.« Nie
wieder hört Gerda von ihm und hofft dennoch viele Jahre lang, dass er
zurückkommt. Schließlich lässt sie ihn für tot erklären.

Gerda Kress mit ihren Töchtern Gisela und Renate.

Die Alleinerziehende verfolgt ein großes Ziel: Sie will sich beruflich
qualifizieren, auf eigenen Füßen stehen, ihre Talente nutzen. Bald nach
Kriegsende liest sie einen Aufruf, dass die Verwaltung Lehrer sucht.
Gerda nimmt an einer Prüfung teil, hört lange nichts und bekommt
schließlich einen Brief, sie solle sich an einem bestimmten Tag an der
Pestalozzi-Schule in ihrer Heimatstadt Heidenau melden. Sie glaubt,
sie werde dort das Ergebnis des Tests erfahren, aber als sie ankommt,
eröffnet ihr der Schulleiter: In einer Viertelstunde beginnt ihr
Deutschunterricht in der dritten Klasse, dann ist Heimatkunde in einer
anderen Klasse und so weiter. Ohne jede Vorkenntnis beginnt Gerda
Kress zu unterrichten, doch da sie immer gern mit Kindern gearbeitet
hat, kommt sie zurecht.

Die Vorgesetzten schicken die neue Lehrerin auf einen dreimonatigen Lehrgang. Gleichzeitig beginnt ein ähnlicher Kurs für Richter, wo noch Teilnehmer fehlen. Eigentlich möchte Gerda an der Schule bleiben, aber man sagt ihr: Du hast ein starkes Rechtsempfinden, du machst das. Ein bisschen gegen ihren Willen legt sie wieder einen kleinen Test ab, und schon steckt sie in der Ausbildung zur Richterin. Ihre beiden Mädchen kommen für die Zeit in ein Waisenhaus, worüber sie froh war, weil sie versorgt waren.

Nach diesem Kompaktkurs in Juristerei möchte sie am liebsten in Dresden arbeiten, von wo es nicht weit nach Heidenau ist und wo Verwandte wohnen, die ihr bei der Versorgung der Kinder helfen könnten. Aber so viel Verständnis sie für ihren Wunsch nach beruflichem Fortkommen findet, so wenig für ihr Bemühen, die Kinder dabei nicht zu vernachlässigen. Mehr als einmal erfährt Gerda Kress von anderen Frauen, die Ähnliches zu hören bekommen: »Was ist, du hast doch keinen Mann zu versorgen.« Allein stehende Frauen, ob mit oder ohne Kinder, gelten als überall einsatzfähig und werden nicht gefragt, ob das möglich und richtig ist. »Das war halt so«, sagt die alte Dame und kann sich immer noch empören.

Es wird also nicht Dresden, sondern das Amtsgericht Döbeln. Die Töchter sind nun elf und 14 Jahre alt und führen den Haushalt weitgehend allein. Freitagabends kommt die Mutter angereist, am Sonntagnachmittag fährt sie wieder fort, fünf Stunden benötigt sie jeweils für den Weg mit öffentlichen Verkehrsmitteln. Doch Gerda bleibt hartnäckig und findet einen älteren Amtsgerichtsdirektor in Dresden, der Verständnis für ihre Lage als berufstätige Mutter aufbringt und für ihre Versetzung sorgt. Am 1. Dezember 1949 kann sie eine Stelle in der sächsischen Hauptstadt antreten, als eine Art richterliches Mädchen für alles, aber mit dem Schwerpunkt Jugendangelegenheiten. Vielseitigkeit ist ihre Stärke, seitdem sie an dem kleinen Döbelner Gericht fast alles hat erledigen müssen. Aber Gerda vermisst Brief und Siegel auf einer gediegenen abgeschlossenen Ausbildung. So bewirbt sie sich um ein juristisches Fernstudium und bekommt aus Gründen, die sie nicht versteht, eine Ablehnung. Dann folgt ein Angebot für ein »Direktstudium« in Jura in Potsdam-Babelsberg. Die Kress-Kinder sind inzwischen groß genug, dass sie sich weitgehend selbst organisieren können. Als 40-Jährige und älteste unter den Studenten büffelt ihre Mutter nun zunächst Gesellschaftswissenschaften und dann Jura. Sie will nicht schlechter sein als die jüngeren und schläft kaum noch, weil sie ständig lernt. Man schickt sie wegen Erschöpfung in die Kur, dann schließt sie die Ausbildung mit einem Diplom ab.

Nach drei Jahren Abwesenheit ist ihre Stelle besetzt, aber Gerda Kress kommt wieder unter und bearbeitet nun hauptsächlich »Wirtschaftssachen«. Stolz ist die Juristin, als ein Experte in einem Vortrag sagt, Wirtschaft sei für Richter die schwierigste Materie überhaupt.

Als im Juni 1953 in vielen Städten die Demonstranten marschieren, bekommt sie wenig mit, weil sie so intensiv mit dem Studium beschäftigt ist. Aber nach dem Aufstand unterhält sie sich mit Bauleuten und wundert sich, da diese die Arbeit nicht sofort wieder aufgenommen haben. Dass der Staat von den Werktätigen viel verlangt, kann sie auch heute noch verstehen. Schließlich habe die DDR keine Marshall-Plan-Gelder und keine Care-Pakete bekommen, und man habe die Reparationen an die Sowjetunion leisten müssen: »Nehmen Sie mal einem nackten Mann was aus der Tasche. Wir mussten doch erst mal zugreifen, um überhaupt eine Basis für unser Leben zu schaffen. Das müssen die Leute begreifen.«

Noch eindeutiger ist ihre Position zum Bau der Mauer. Gerda Kress glaubt zum Beispiel, die Bundesrepublik habe bewusst auf die in der DDR ausgebildeten Ärzte spekuliert und darum selbst weniger Mediziner herangezogen. »Ein Arzt war kaum fertig, da hat er pro forma eine Stelle angenommen, und nach vier Wochen oder sechs Monaten war er weg.« Und dann der Missbrauch beim Einkaufen. Selbst habe sie erlebt, wie Westberliner und sogar Westdeutsche sich in Ostberlin mit schwarz getauschtem Geld eindeckten. Eine Westberlinerin habe sich von einer Erna aus dem Osten Lebensmittel bringen lassen, Fleisch, Butter, Eier, dann habe die Ostberlinerin auch noch geputzt, und für das alles habe sie am Ende nicht mehr als 15 Mark West bekommen. »Du glaubst ja nicht, wie gut es mir geht«, habe die Westberlinerin zu Frau Kress gesagt. Sie erklärt den Mauerbau mit »Selbsterhaltungstrieb und Notwehr«. Die DDR habe als Staat die Pflicht gehabt, seine Grenze zu schützen.

Die Familie Kress kommt mit dem aus, was sie bekommen kann, auch als die Rationierung der Lebensmittel anhält. In Schwierigkeiten gerät die Mutter nur, als ihre Töchter heiraten und sie Essen für viele Leute auf den Tisch bringen muss. Wenig Probleme bereitet ihr dagegen die Kleiderfrage, weil sie es gewohnt ist, für sich und die Mädchen bis hin zu den Hochzeitskleidern vieles selbst zu schneidern. Stolz ist sie, als die Fotografen meinen, so schön gekleidete Bräute hätten sie noch nie gesehen.

In Heidenau arbeitet Gerda Kress schon 1947 als Stadtverordnete. Und als Mitglied der SED ist sie im Frauenbund aktiv. Anfang der Fünfziger hilft sie in Dresden während ihres Urlaubs, Ferienfreizeiten für kriegsgeschädigte Großstadtkinder zu organisieren. Sie veranstaltet Wanderungen und Spiele, lässt die Kinder singen und sorgt dafür, dass sie zu essen bekommen. Walter Ulbricht schickt der Aktivistin einen Dankesbrief, den sie bis heute aufbewahrt.

Freiwillig und ehrenamtlich hilft sie, Dresden von den Trümmern zu befreien. Nach dem Krieg hat es dort wie überall in den zerstörten Städten die Trümmerfrauen gegeben, die gegen eine Extrazuteilung von Lebensmitteln Steine geklopft und Schutt weggeräumt haben. Aber auch nach dem Ende dieser offiziellen Aktionen liegt in der Elbe-Stadt noch viel Schutt überall. Es bilden sich kleine Trupps, die teils jahrelang und in der Freizeit weiterräumen, um »Dresden wieder bewohnbar zu machen«, wie Gerda Kress sagt. Hin und wieder passiert es, dass dabei Ruinen zusammenbrechen, und einmal kommt ein Mann, mit dem zusammenzuarbeiten sie gewohnt ist, dabei ums Leben. Insgesamt leistet sie 5000 Stunden ab, und das in einer Zeit, als andere längst nicht mehr an die Trümmer, sondern an den eigenen Wohlstand denken.

»Ich konnte mich als alleinstehende Frau, als Mutter von zwei Kindern qualifizieren.« Deshalb fühlt sich Frau Kress bis heute der DDR verpflichtet. Der Staat habe den Frauen Chancen zum Aufstieg und zur finanziellen Selbstständigkeit verschafft. Für sie war es ein entscheidender Schritt, dass »die Frauen nicht mehr den Mann anbetteln mussten, ob sie zum Friseur gehen durften«. In die Versuchung, nach Westdeutschland zu gehen, ist sie nie geraten.

Heute vermisst sie die Selbstverständlichkeit, mit der die Menschen früher einander geholfen hätten. Wenn sie mal Nachbarn gefragt habe, ob sie auf die Kinder achten könnten, weil sie selbst etwas zu erledigen habe, dann hätten die einfach gesagt: »Ja, bringen Sie die nur 'rüber.« Auch bei ihr habe nie einer vergeblich um Hilfe oder Rat gefragt. Sie glaubt von sich, dass sie nach dem Satz Lenins gelebt habe: »Wer zünden will, muss brennen.« Dann fügt sie hinzu: »Ich glaube, ich habe gebrannt.«

Der Tischler Seidel wurde einmal, am 17. Juni, eine (unbekannte) Figur der Zeitgeschichte. Ansonsten arrangierte er sich mit den DDR-Zuständen und lebte in der später als typisch bezeichneten Nische. Gerda Kress identifizierte sich mit dem System. Für die Familie der ARD-Zeitzeugin Rose Brock (früher Koch) dagegen war von vornherein klar, dass sie in Opposition stehen würde. Sie geriet in die Repressionsmaschine, kam aber dank einer Ausreise auf Raten davon.

»Warum sprecht ihr leise, wir sind hier in Freiheit«

Sie will nicht weichen, diese tiefe Angst: Es gelingt nicht – es kann nicht gelingen – gleich ist es zu Ende – gleich sagt irgendjemand, nein, ihr nicht. Auch als der Schaffner sie und den Bruder samt Gepäck in den überfüllten Waggon presst, weiß sie, dass alles scheitern wird. Dann fahren sie durchs Niemandsland, und sie ist überzeugt, gleich holt sie jemand aus dem Zug. Der erste Westposten taucht auf, der Zug hält, bundesrepublikanische Grenzer kommen in den Waggon, nüchterne, freundliche Männer. Sie wacht erst wieder auf, als nette Menschen zu ihr sagen: »Du bist umgefallen, wir haben dich hingesetzt.« Das Mädchen und ihr Bruder fühlen sich wie in einer anderen Welt. Sie fahren weiter nach Württemberg, zur Mutter. Gemeinsam warten sie dort auf den Vater, der in DDR-Haft sitzt, Urteil 25 Jahre.

Eine Familie geht von Deutschland nach Deutschland, eine Geschichte voller Bitternis und Tränen, aber mit einem guten Ausgang. Sie beginnt 1948 in Halle, Sachsen-Anhalt. Das Mädchen Rose ist damals sieben Jahre alt. An einem Morgen wie jeder andere geht der Vater wie immer zur Arbeit. Ein Unbekannter folgt ihm, wie die Familie später erfahren wird. Abends kommt ein Kollege vorbei und berichtet, Hans-Jochen Koch sei »abgeholt« worden, vom Schreibtisch weg. Das passiert in diesen Nachkriegsjahren öfter in Halle und anderen ostdeutschen Städten – und jeder hofft, dass es ihn nicht trifft.

Der erste Gedanke bei den Kochs wie bei vielen: Sie bringen ihn nach

Sibirien. Auch das passiert täglich. Die Mutter macht sich auf die Suche, ohne Erfolg. Auf gut Glück bringt sie einen Koffer mit Kleidung zu den Sicherheitsbehörden, sie und die Kinder schreiben Briefe ins Blaue. Die Ungewissheit dauert bis 1951. Dann teilt der Vater in einem kurzen Brief mit, er sitze im Gefängnis Bautzen und habe sich sowohl über den Koffer als auch über die Briefe gefreut. Unergründliche Welt der Behörden.

Allmählich setzt sich ein Mosaik von Details zusammen. Der Vater ist in einem Geheimverfahren zu 25 Jahren Haft verurteilt worden, weil er sich an politischen Bestrebungen von Leuten beteiligte, die für die Freiheit in der SBZ und für die deutsche Einheit eintraten. Freunde haben ihn kurz vor der Festnahme gewarnt und ihm geraten, nach Westdeutschland zu wechseln. Aber er hat gesagt:»Wir können nicht alle weggehen«, schließlich habe doch gerade der Nationalsozialismus gezeigt, wie wichtig es gewesen wäre, sich nicht zu drücken.

Doch auch ohne die politischen Aktivitäten wären die Eheleute verdächtig gewesen: Hans-Jochen Koch als Mitglied einer ehemals begüterten, inzwischen enteigneten Grundbesitzerfamilie, seine Frau als Tochter einer preußischen Offiziersfamilie. Und die Mutter hält auch nach der Verhaftung des Vaters Distanz zum System. Rose und ihr ein Jahr älterer Bruder gehen nicht wie fast alle ihre Mitschüler zu den Pionieren. Frau Koch wird nicht einmal Mitglied der »Gesellschaft für deutsch-sowjetische Freundschaft«. Dort in der Kartei zu stehen, gilt als Mindestmaß gesellschaftlichen Engagements im Sinne der SED.

Die Kinder lernen, mit einem Vater zu leben, der nicht da, aber ständig präsent ist. Alles kreist um die Möglichkeiten, dass und wann er zurückkommen wird. Die Mutter verdient wenig Geld, zuerst mit Putzarbeiten und ähnlichen Tätigkeiten, dann wird sie Sekretärin in einer Schule. Die Tochter erinnert sich an drei eigene Kleidungsstücke, die sie in der ersten Hälfte der Fünfziger bekommen hat: ein Kleid zur Einschulung, eins während der Schuljahre, eins zur Konfirmation, dieses umgenäht aus einem gebrauchten. Sonst trägt sie nur Sachen, die andere abgelegt haben. Als Rose hört, dass im Westen kleine Stücke Stoff, »Nikitücher« genannt, beliebt sind, bindet sie sich so etwas um den Hals, um auch einmal ein bisschen modisch zu sein. Trainingshosen verwandelt sie in Knickerbocker. Auch ihre Schuhe sind grundsätzlich gebraucht. Als sie endlich einmal neue bekommt, handelt es sich um Plastikschuhe, in denen sie so stark schwitzt, dass die Mutter sagt, sie solle sie nicht mehr tragen.

Eines ist bei alldem klar: Die Familie will nicht mehr in einem Land leben, wo das geschehen kann, was ihr widerfahren ist und weiter widerfährt. Auch Hans-Jochen Koch fordert nun Frau und Kinder auf, nach Westdeutschland zu gehen, natürlich tut er das in verschlüsselter Form. So schreibt er in einem der jetzt regelmäßig möglichen Briefe, sie sollen Tante Marie-Luise grüßen und sie besuchen. Die drei Kochs wissen, was der Vater sagen will: Sie sollen die Sachen packen und zur Tante in Baden-Württemberg übersiedeln. Aber vorläufig schieben sie den Gedanken beiseite, schon aus Angst, ihm zu schaden. Denn dann, so fürchten sie, könnte Vater Koch tatsächlich nach Sibirien kommen.

Der 17. Juni 1953 ist für die Familie ein Tag der Hoffnung und der Angst zugleich. Der Lehrer schickt die zwölfjährige Rose plötzlich nach Hause. Als sie an einem Verwaltungsgebäude vorbeikommt, sieht sie, wie Menschen Akten und andere Gegenstände aus dem Fenster werfen, die Plakate sind von den Zäunen abgerissen. Ungeheuerlich. Hier ist etwas im Gang, was die Dinge verändert: »Jetzt kommt Papi frei.« Die Mutter hat Angst, gesehen zu werden, aber es überwiegt die Neugier. Die drei gehen zum Marktplatz im Stadtzentrum. Sie treffen Bekannte, die sagen: »Jetzt kommt Ihr Mann heim.« Das Gefängnis ist schon gestürmt, aber sie wissen ja, dass der Vater nicht dort sitzt. Das Deutschlandlied wird gesungen, das die Kinder nur aus dem Westradio kennen. Und dann fahren Panzer auf. Es wird still auf dem Platz, nichts bewegt sich. »Oh Gott«, raunt die Mutter, und die drei rennen nach Hause: »Die Rache wird furchtbar.« Am Abend schreit eine Frau in der Nähe ihrer Wohnung, wie in Todesangst. Am nächsten Tag sieht Rose Koch, dass der Eingang des Hauses, aus dem der entsetzliche Schrei gekommen ist, von Blut verschmiert ist. Frau Koch ängstigt sich: »Wir sind auch da gewesen, man hat uns gesehen, wer weiß, was kommt.« Aber es kommt nichts. Später erinnert sich Rose, wie wichtig dieser Tag gewesen ist, weil er ihr gezeigt hat: Man muss sich nicht alles gefallen lassen, Widerstand ist möglich.

Immer öfter und dringlicher rät der Vater aus dem Gefängnis, die DDR zu verlassen. Doch erst als die Mutter unter der seelischen Belastung so leidet, dass sie krank wird, beginnen die Kochs umzudenken. Ausgerechnet vor der Konfirmation der Tochter ist dieser Zustand erreicht. Die Mutter verlässt das Haus nicht mehr, ständig hat sie Angst, es könne etwas Furchtbares passieren. Rose spürt ein Klima »grauer Angst«, das für alle schwer erträglich ist, erst recht aber für eine 14-Jährige, die sich auf die Konfirmation freut.

Eine ganz legale Ausreise

Die Mutter hat ihre Schwester, Roses Patentante, eingeladen, jene Tante Marie-Luise, die in Baden-Württemberg wohnt. Die ist entsetzt über den Zustand von Frau Koch und besorgt von einem befreundeten Hausarzt ein Rezept, das die Notwendigkeit eines längeren Genesungsurlaubs bescheinigt. Damit geht sie zu den Behörden, und das Wunder passiert, sie bekommt die Erlaubnis, die Schwester mit nach Westdeutschland zu nehmen. Nach dem kärglichen, aber harmonischen Konfirmationsfest reisen die beiden mit wenig Gepäck nach Korntal unweit Stuttgart.

Die beiden Geschwister, 14 und 15 Jahre alt, bleiben allein zurück. Sie haben tatkräftige Großeltern in Halle, sind aber so zur Selbstständigkeit erzogen, dass sie allein zurechtkommen. Rose kann kochen und kennt sich auch sonst im Haushalt aus. Die beiden wissen zunächst nicht, ob die Mutter gesund wird, ob sie zurückkehrt, ob sie den Westen vorzieht. Schließlich zeichnet sich ab, dass die Mutter in Korntal bleiben und die beiden nachholen will. Die aber entscheiden, zuerst das Schuljahr in Halle zu beenden. Rose bekommt zum Ende der achten Klasse eine Belobigung – eine Ausnahme für Schüler, die nicht bei den Pionieren mitmachen.

Die Mutter schickt nun einen Brief, in dem sie die Kinder einlädt, die Ferien mit ihr im Westen zu verbringen. Damit gehen diese zur Behörde. Rose glaubt fest, dass sie keine Reisegenehmigung bekommen, sondern festgenommen werden. Doch der Bruder beruhigt sie, und am Schalter erhalten sie zu ihrer Überraschung die offizielle Erlaubnis für Ferien im Westen überreicht. Sie packen je einen großen Koffer und bereiten die Fahrräder vor. Der Interzonenzug fährt nachts von Halle ab. Ein gespenstisch leerer Bahnhof, kein Schalter besetzt. Dunkle stille Gestalten warten in dem zu den Bahnsteigen führenden Tunnel. Posten mit Gewehren und Schäferhunden, die Aufgänge mit Ketten versperrt.

Der Zug fährt ein, die Reisenden dürfen hinaufgehen. Sie zittert, dass jemand sie zurückhalten wird. Aber dann stehen sie im Zug, die Fahrräder sind im Gepäckwagen verstaut. Als Proviant haben sie auch eine aus einem Westpaket stammende Tafel Schokolade dabei. Plötzlich überfällt die Geschwister die Angst, dass man sie festhalten wird, wenn die Tafel bei einer Kontrolle auftaucht. Sie beschließen, die Schokolade aufzuessen, bringen aber vor Nervosität nichts herunter. Sie wagen es auch nicht, die Tafel einfach irgendwo zu deponieren. Was sie schließlich damit gemacht haben, weiß Rose heute nicht mehr.

In Probstzella hält der Zug zum letzten Mal vor der Grenze. Alle, die keinen Sitzplatz haben, müssen mitsamt Gepäck in eine Baracke gehen. Die Erwachsenen drängeln so, dass die beiden Jugendlichen als Letzte vor dem Abfertigungstisch stehen. Die Grenzbeamten wühlen die Koffer durch und kontrollieren die Fahrräder. Die Geschwister hasten mit dem schweren Gepäck den Bahnsteig entlang. Der Bahnbeamte steht mit der Kelle in der Hand da und will den Zug abfahren lassen. Das tut er sofort, nachdem er sie hineingestoßen hat.

Am übernächsten Tag sind die Kinder in Korntal, bei Mutter und Tante. Fest steht für alle Beteiligten, dass sie nicht nach Halle zurückkehren werden, obwohl das Heimweh sofort einsetzt. Die beiden besuchen das örtliche Gymnasium. Rose fühlt sich fremd und braucht viel Nachhilfe, um die Lücken zu stopfen, die sie wegen der unterschiedlichen Schulsysteme hat. Das Leben der Schulkameradinnen kommt ihr oberflächlich vor. Sie hat zwar mit Sozialismus nichts im Sinn, im Gegenteil. Aber das Ideal von der neuen Gesellschaft, die dort entstehen soll, hat sie unterschwellig wohl doch beeinflusst: Ihr fehlt etwas im konsumorientierten Westen. Der Tanzkurs und andere Erfahrungen erleichtern es ihr schließlich, in die ungewohnten Lebensweisen hinüberzugleiten.

Nach der offiziellen Lesart sind die drei Kochs weiterhin Bürger der DDR, legal auf Urlaub im Westen. Aber die zugebilligten Zeiten sind überschritten. Es geschieht nichts. Auch die Briefe des Vaters kommen jetzt im Westen an. Er schreibt, es sei eine große Last von ihm genommen, seitdem er wisse, dass sie bei der lieben Tante sind. Immer wieder flackert Hoffnung auf, dass die politische Lage sich ändert oder eine Amnestie dem Vater die Freiheit gibt. Mal schreibt er voller Zuversicht, dann wieder voller Skepsis. Einmal entnehmen sie dem Brief, dass es dem beinamputierten und auch sonst körperlich angeschlagenen Mann schlecht geht. Und dann, ganz am Ende eines weiteren Briefes, teilt er fast beiläufig mit: Habe die Nachricht erhalten, dass ich bald entlassen werde.

Unvermutet bekommt die verschwommene und idealisierte Vatergestalt Konturen für die Tochter. Es gibt diesen Mann plötzlich leibhaftig. Als sie an einem der nächsten Tage aus der Schule kommt, fordert die Mutter sie auf, ins Wohnzimmer zu gehen. Dort liegt ein Telegramm: »Ankomme morgen Stuttgart 14.30 Uhr, Hans-Jochen.« Eine nette Nachbarin hat einen großen Blumenstrauß dazu spendiert.

Rose Brock heute.

Am Ankunftstag zieht Rose sich hübsch an, einen schwarzen Popeline-Rock, den sie auch im Tanzkurs getragen hat, und eine Bluse, die sie aus einem Stoffrest selbst genäht hat – viel mehr hat sie auch gar nicht. Mit der Mutter fahren die Geschwister nach Stuttgart, und als der aus der DDR kommende Zug dort hält, schreit sie über den Bahnsteig: »Da ist er!« Nach acht Jahren hat sie ihn sofort erkannt. Sie umarmen einander und sind sich überhaupt nicht fremd. Im Zug nach Korntal unterhalten sich die vier; Mutter und Kinder reden gedämpft, aber der Vater erwidert mit klarer, lauter Stimme: »Warum sprecht ihr leise, wir sind hier in Freiheit.«

Auch bei dem Vater hat also die Ausreise funktioniert. So willkürlich vieles in der DDR abläuft, so korrekt arbeitet man in anderen Fällen. Da der Häftling dort als Aufenthaltsort der Familie eine Adresse im Westen hat angeben können, darf er das, was das Regime anderen verwehrt: Er darf ausreisen. Familie Koch wohnt zunächst noch bei den Verwandten, in sehr engen Verhältnissen. Sie müssen sich wieder aneinander gewöhnen, das läuft nicht immer glatt. Dann bekommt der Vater eine Stelle an der Evangelischen Akademie in Bad Boll bei Göppingen und auch eine Wohnung. Dem Großvater, der noch immer in Halle wohnt, gelingt es sogar, große Teile des auf einem Speicher deponierten Besitzes nach Westdeutschland zu transferieren: eine weitere erfreuliche Überraschung.

Die Fünfziger, sagt Rose Brock, geborene Koch, heute, sind die Jahre gewesen, in denen die Eltern ihr zweierlei auf den Weg mitgegeben haben. Der Vater hat ihr gezeigt, wie wichtig es ist, zu dem zu stehen, was man für richtig hält, und was für ein hohes Gut die Freiheit ist. Die Mutter hat in allen Wirren immer daran festgehalten, ihren Kindern den Unterschied zwischen Gut und Böse einzupflanzen.

Kleine Vorgriffe auf die Revolution
Als sich das Verhältnis zwischen den Geschlechtern und Generationen zu wandeln begann

Eine unverheiratete Frau war weniger Frau als eine verheiratete und darum nur ein »Fräulein«. Für diesen Sprachgebrauch bestanden sogar juristisch fixierte Regeln, zwar nicht im Alltag, wohl aber im »amtlichen Verkehr«: Wer da nicht länger eine Frau im Diminutiv sein wollte, konnte sich von der Polizei auf Antrag einen offiziellen Anspruch auf die Anrede »Frau« bescheinigen lassen. Ausgerechnet die konservative Deutsche Partei wollte diese kuriose, aus der NS-Zeit stammende Regelung aufheben, wenngleich noch nicht ganz: Frauen über 35 sollten grundsätzlich das Recht bekommen, hinfort nicht mehr als »Fräulein« durch die Welt zu gehen. Am 13. Dezember 1954 lehnte die Mehrheit des Bundestags den Vorstoß ab.

Der Sieg der Traditionalisten mag als Petitesse erscheinen, aber er ist bezeichnend. Denn er lag auf der Linie einer restaurativen Tendenz, was die Beziehungen zwischen Geschlechtern und Generationen anging. Dem Buchstaben nach sollten Frauen und Männer gleichberechtigt sein und die Kinder in einem demokratischen Geist erzogen werden. In der Wirklichkeit gerieten rechtlicher Anspruch und mehrheitliches Bewusstsein jedoch oft durcheinander. So passte die Prügelstrafe nicht zur Essenz des Grundgesetzes, galt aber bis weit in die Sechziger hinein als ein durch Gewohnheitsrecht legitimiertes und von Gerichten bestätigtes Mittel der Erziehung. Was der ARD-Zeitzeuge Manfred Koertgen in einem rheinischen Waisenhaus erlebte, gehört darum ins Gesamtbild, auch wenn der Fall krass anmutet.

Das Elend des geschlagenen Kindes

Noch heute gruselt es ihn, wenn er an diese zu den frühesten Erinnerungen zählenden Szenen denkt: Er mag fünf Jahre alt gewesen sein, die Heimkinder räumen die Möbel fort, schrubben und trocknen die Böden. Dann der schwerste Teil: das Linoleum mit Hartwachs einreiben und so lange mit »Blockern« bearbeiten, bis es makellos glänzt. Blocker, das sind mit Borsten versehene Klötze an langen Stangen. Wenn der Boden mit ihnen nicht blank genug wird, binden sich die Kinder Wolltücher um die Füße und fuhrwerken als lebende Bohnerbesen herum. Beschwert sich ein Kind oder verweigert gar die Arbeit, wird »draufgedroschen«, wie Manfred Koertgen sagt, und er fügt leise hinzu: »Es war die Hölle.«

Die »Hölle«, das ist ein katholisches, von Nonnen geführtes Kinderheim in Stolberg nahe Aachen. Dorthin kommt der kleine Manfred 1948 im Säuglingsalter, als die Eltern sich scheiden lassen. Die Nonnen gehören zum Orden »Vom armen Kind Jesu«, und die für ihn verantwortliche Schwester heißt Zerina. Etwa 30 Kinder leben in ihrer Gruppe, insgesamt rund 600 in dem Heim.

Manfreds Gruppe ist in zwei Schlafsälen untergebracht; dazwischen liegt eine Kammer, von der aus die Dienst habende Nonne die Kinder im Blick hat. Zu dem Trakt gehören ein Spiel- und Esssaal und der Waschraum samt Toilette. Mit sechs Jahren kommt der Junge auf die Volksschule. Viertel nach sechs Uhr aufstehen, Waschen an einem Betonklotz, aus dem mehrere Wasserhähne ragen, das Wasser kalt. Kontrolle der Zähne und Hände. Die Kleider stammen zumeist aus Spenden und werden so lange geflickt und getragen, bis sie auseinander fallen, was Hänseleien in der Schule herausfordert. Das Frühstück besteht aus Getreidekaffee oder Milch, Graubrot, Marmelade und schwarzem Rübenkraut. Sonntags kommen manchmal Rosinenbrötchen hinzu. In der Schule gibt es Milch, die aber viele der Waisenkinder nicht bezahlen können. Die Eltern eines Mitschülers spendieren ihm darum täglich die nötigen fünf Pfennige. Dazu isst Manfred wie alle Heimkinder sein Butterbrot oder einen Apfel.

Um ein Uhr ist die Schule aus, und wie schon morgens gehen die Kinder als geschlossener Trupp durch die Stadt zurück ins Heim. Das Essen besteht in der Regel aus Kartoffeln, Gemüse, Fleisch und freitags Fisch wie in allen katholischen Gegenden. Samstags kommt Eintopf auf den Tisch, den die Nonnen alle paar Wochen mit Speckschwarte kochen, vor der Manfred sich ekelt. Nun gilt das strikte Gebot: Es wird gegessen, was auf den Tisch kommt! Aber der Junge bringt die oft knüppelhart gekochte Schwarte einfach nicht herunter, auch dann nicht, wenn der Bambusstock nachhilft. Also muss er mehrere Tage fasten, denn er darf mittags erst wieder mitessen, wenn die übrig gebliebene Samstag-Portion samt Schwarte verschimmelt und im Abfall verschwunden ist.

Manfred Koertgen (7. Kind v. re., mit Hütchen) an Karneval 1954.

Nachmittags bei den Hausaufgaben ist strenge Ruhe geboten, wer dagegen verstößt, bekommt die Hand oder den Bambus zu spüren. Da Manfred allmählich rebellisch wird, ist er häufig dran. Bei schlechtem Wetter räumen die Kinder nach der Arbeit die Tische zur Seite und spielen auf dem Fußboden mit Bauklötzen oder »Mensch ärgere dich nicht«, Halma und »Fang den Hut«. Einmal taucht sogar eine Eisenbahn auf, doch die Mechanik ist zur Enttäuschung aller bald defekt. Bei gutem Wetter spielen die Kinder auf dem von Mauern umgebenen, geteerten Hof, der mit einer Wippe, einem Kletterbaum, zwei Schaukeln und einer Sandkiste ausgestattet ist. Ein Gebäude, in dem die Kapelle und die Zimmer der Nonnen untergebracht sind, trennt den für die

Jungen bestimmten Teil des Heims von dem der Mädchen. Die Häuser der Nonnen und der Mädchen dürfen sie nicht betreten.

Bis auf eine Ausnahme: Zu den gefürchteten Strafen im Heim gehört die Totenwache bei einer gerade gestorbenen und in dem Zwischengebäude aufgebahrten Nonne. Mit einer Kerze und dem Leichnam ist das Kind dann allein, möglicherweise über Stunden. Manchmal müssen die Kinder auch in der geschlossenen Besenkammer stehen, wenn sie »etwas angestellt« haben. An die Totenwache und die Besenkammer muss Koertgen noch heute manchmal denken, aber vor allem sind es die Schläge, die er nie vergessen wird. Nur einmal, bei der Wahl eines neuen Papstes, bleibt er verschont, worauf er denkt: Papstwahl könnte jeden Tag sein.

Wenn andere Kinder »Mami und Papi« sagen, weiß Manfred nicht, wovon sie sprechen. Und die Nonne, die er danach fragt, antwortet nur: »Das musst du nicht wissen.« Sie erzählt ihm, dass seine Eltern geschieden sind, und vermittelt ihm das Gefühl, darum minderwertig zu sein. Erst später erfährt Koertgen, dass die Mutter ihn zu sich nehmen wollte, aber das Jugendamt sie daran hinderte. Begründung: Sie habe aus der neuen Ehe mehrere Kinder, noch mehr könnten in der 36-Quadratmeter-Wohnung nicht aufwachsen.

Manfred fühlt sich einsam. Auf der Suche nach Liebe und Geborgenheit flüchtet er sich zu einer Marien-Statue, die in der Kapelle steht: eine in seinen Augen wunderschöne Skulptur der auf einer Wolke schwebenden Madonna von Fatima, angetan mit einem blauen Mantel und einem weißen Kleid, in der Hand den Rosenkranz. Bis heute schwärmt er von Maria, und er weiß noch, wie er vor der Figur gestanden und gefragt hat: »Kannst du nicht meine Mutter sein?«

1956 geht er zum ersten Mal zur Kommunion, wie in katholischen Gegenden üblich am Weißen Sonntag, dem ersten Sonntag nach Ostern. Nach dem Gottesdienst kommen zwei erwachsene Menschen auf ihn zu. Die Mutter und ihr neuer Mann sind auf einem Motorroller von Köln nach Stolberg gefahren. Die für ihn fremde Frau gibt ihm die Hand, und er sagt: »Und Sie sind meine Mutter?« »Du brauchst nicht Sie zu mir zu sagen«, antwortet sie, aber das Kind hat Angst: »Dann haut die Nonne mich.« Im Laufe des Nachmittags kommen beide einander näher, und Manfred beginnt seine Mutter auch zu duzen. Mitnehmen aber darf sie ihn nicht.

Bei den Nonnen gilt er inzwischen als schwer erziehbar. Mit zwölf Jahren wiegt er schon 75 Kilo, was nicht am Essen liegen kann, sondern mit seinen seelischen Nöten zu tun haben muss. 1960 übergeben die Nonnen ihn einem von Franziskanern geführten Haus in Aachen. Manfred fürchtet, auch dort Prügel zu beziehen, spürt aber sofort, dass er willkommen ist. Zum ersten Mal merkt er: Auch für Kinder seiner Herkunft kann es ein anderes Leben als das bisherige geben. Die Patres kümmern sich darum, dass der Junge auf einem Auge fast blind ist und wegen eines im Bauchraum stecken gebliebenen Hoden operiert werden muss. Sie entdecken seine Begabung für Musik, bringen ihm das Fahrradfahren, das Rollschuhlaufen und den Umgang mit Schlittschuhen bei. Endlich findet Manfred seinen Weg.

Heute spricht Koertgen davon, dass die überstrenge und ständig zum Schlagen bereite Schwester Zerina und die übrigen Nonnen möglicherweise »Ersatzbefriedigungen« gesucht haben. In anderen Heimen sei es ähnlich zugegangen, und er kennt Leidensgenossen, die die Kirche deshalb verklagen wollen. Davon allerdings hält er nichts: »Hass bringt nur Hass.« Christ ist er geblieben, und die Liebe zur Madonna hat er sich erhalten: »Sie ist meine wahre Mutter.« Dass er damals aufsässig gewesen ist, weiß Manfred Koertgen. Aber er sagt auch: »Es gibt keine bösen Kinder, auch wir waren nicht böse. Wir waren nur im falschen Jahrzehnt.«

»Aus Kindern werden Leute, aus Mädchen werden Bräute«

Wie die Erziehung per Ledergürtel, Stock oder Hand gehörte in den Fünfzigern vieles zum Alltag, was heute anachronistisch wirkt. Auch das Verhältnis zwischen Frauen und Männern wäre so nicht mehr denkbar. Krieg und Gefangenschaft hatten viele Männer, gerade auch die jungen, lange von den Familien getrennt. Die Frauen mussten darum über längere Zeit das Unternehmen Familie ganz oder doch weitgehend allein organisieren und dabei schwierigste materielle und psychische Situationen bewältigen – auf der Flucht, in der Evakuierung, im Zusammenleben auf engstem Raum, beim »Hamstern« von Essen und Kleidung. Als die Männer sich wieder leidlich etabliert hatten, taten sie und die offizielle Familienpolitik der Adenauer-Regierungen einiges, um die Frauen wieder zum berühmten dreifachen K – Kinder, Küche, Kirche – zurückzudrängen. So verloren nach der Währungsreform viele Frauen ihren Arbeitsplatz, weil die ehemaligen Soldaten Anspruch darauf hatten. Viele bemühten sich gar nicht erst um eine neue Stelle, sondern blieben zu Hause.

Andere wiederum nutzten die Chancen, als das Wirtschaftswunder Arbeitskräfte benötigte. Die Zahl der erwerbstätigen Frauen stieg nach 1950 um rund ein Fünftel, 1957 gingen in rund 1 Million Familien mit Kindern die Mütter einer hauptberuflichen Tätigkeit nach, allerdings fast immer in einer untergeordneten Position. Entweder die Qualifikation oder das Durchsetzungsvermögen reichten für mehr nicht aus, und dass Männer Ambitionen von Frauen gefördert hätten, gehörte zu den Rarissima.

Das Einkommensgefälle war entsprechend groß. Im Schnitt verdienten Frauen 42 Prozent weniger als Männer. Sie nahmen das in Kauf, weil sie froh waren, überhaupt arbeiten zu können, und weil das Hauptmotiv zu arbeiten ein Nebeneinkommen war. Viele Angehörige der unteren und mittleren Schichten konnten noch in der zweiten Hälfte des Jahrzehnts mit nur einem Einkommen den Lebensunterhalt zwar sichern. Wer jedoch die mit dem Wirtschaftswunder wachsenden Bedürfnisse befriedigen wollte, brauchte zusätzliche Einkünfte, und die besorgten oft genug die Frauen. Ob und wie sie mit der dabei entstehenden Doppelbelastung zurechtkamen, blieb ihnen überlassen. Das später so heiß diskutierte Thema einer Arbeitsteilung im Haushalt und bei der Kindererziehung war damals für die allermeisten Zeitgenossen noch gar keines.

Die Gesetzeslage half wenig, weil sie zunächst noch voller Widersprüche steckte. Zwar hatte das Grundgesetz die Gleichberechtigung von Mann und Frau in Artikel 3 als »unmittelbares Recht« verkündet, was gegenüber der Weimarer Republik und noch mehr natürlich gegenüber der NS-Zeit ein großer Fortschritt war. Ein weiterer Artikel verlangte vom Gesetzgeber, bis 1953 die nötigen Schlüsse aus diesem Prinzip zu ziehen, die Gesetzesbücher zu durchforsten und zu reformieren, in denen es von Beispielen der Ungleichheit wimmelte. Der von Männern beherrschte Bundestag ließ diese Frist allerdings verstreichen und brachte erst 1957 ein Gleichberechtigungsgesetz zustande. Es bedurfte dieses Gesetzes und des Bundesverfassungsgerichts, um den so genannten »Stichentscheid« aus der Welt zu schaffen, wie er in Paragraph 1354 des Bürgerlichen Gesetzbuches (BGB) verankert war. Dieser schrieb fest, dass der Ehemann in den »das gemeinschaftliche Leben betreffenden Angelegenheiten« das letzte Wort hatte – selbst dann, wenn es etwa um die Frage der richtigen Schule für die Kinder gegangen und die Frau Kultusministerin gewesen wäre. Aber auch danach bestanden Reste von gesetzlicher Ungleichheit fort, die erst das Eherecht von 1977 endgültig ad acta legte.

Auch in der Bildung waren die Frauen weiterhin benachteiligt. In vielen Biografien tauchen bittere Erinnerungen an verpasste Chancen auf. Ein von den Eltern anerzogenes und von vielen Betroffenen verinnerlichtes Prinzip besagte in den Fünfzigern noch immer, dass die Jungen optimale Ausbildungs- und Berufschancen brauchten, wohingegen es das Schicksal der Mädchen war, auf die Ehe und die Rolle als Hausfrau und Mutter zu warten und später, wenn die Kinder groß waren, allenfalls hinzuzuverdienen. Daher war das Hochschulstudium noch immer eine Domäne der jungen Männer; aber auch unterhalb dieser Ebene gaben sich viele Eltern und junge Frauen mit einem Mindestmaß an Qualifikation zufrieden. Das rächte sich so manches Mal in tragischen Lebensverläufen, wenn die Frauen etwa nach einer Scheidung ohne Ausbildung dastanden.

»Aus Kindern werden Leute, aus Mädchen werden Bräute« – Die Allianz-Werbung für eine Aussteuer-Versicherung entsprach also durchaus dem Frauenbild jener Jahre. Gleichwohl war das Ideal nicht von allen Frauen zu erreichen. Mindestens 3,2 Millionen deutsche Männer, die meisten davon naturgemäß jüngeren Alters, waren im Krieg gefallen. Dadurch hatte sich das ohnehin bestehende Ungleichgewicht zwischen den Geschlechtern weiter verschoben: In der Bundesrepublik standen 1950 etwa 23,7 Millionen Männer 27 Millionen Frauen gegenüber, und nur ganz langsam näherte sich der Frauenüberschuss der üblichen, wesentlich niedrigeren Marke. Diese Situation ließ »nach dem Gesetz von Angebot und Nachfrage die Frau als Liebes- und Ehepartner ›billiger‹ werden«, schrieb in aller Nüchternheit 1951 Walter Dirks in den *Frankfurter Heften*. Mit anderen Worten: Die heiratswilligen Frauen standen, ob sie wollten oder nicht, im Wettbewerb um die übrig gebliebenen Männer.

Risse im konservativen Gebälk

Die gesellschaftliche Norm war weiterhin oder wieder die mit standesamt-
lichem und meist auch kirchlichem Trauschein besiegelte Partnerschaft. Das
zeigte sich auch im Rückgang der Scheidungszahlen. Nach dem Krieg
waren diese zunächst dramatisch gestiegen, von 48 400 im Jahre 1946 auf
den Höchststand von 87 000 im Jahre 1948 (Westdeutschland und Westberlin). So manche Hochzeit (wie auch so manche Schwangerschaft) war
das voreilige Ergebnis eines Zusammenseins im Heimaturlaub gewesen.
Nach der Rückkehr des Mannes zeigte sich dann oft genug, dass der Vorrat
an Gemeinsamkeiten unter veränderten Bedingungen nicht ausreichte, erst
recht wenn seelische und materielle Belastungen hinzutraten.

Mit der Stabilisierung der Zustände gingen die Scheidungszahlen wieder zurück. Sie sanken seit 1949 fast kontinuierlich auf rund 42 000 im Jahre
1958. Wie jeder Scheidungsrichter und Eheberater weiß, bedeuten allerdings weniger Scheidungen nicht automatisch mehr Eheglück. Vor allem
Ehepaare, die lange getrennt gewesen waren, schlugen sich mit Problemen herum. Viele Männer fanden sich schwer damit ab, dass ihre Frauen
es inzwischen gewöhnt waren, Entscheidungen allein zu treffen, und so
manche Frau verspürte wenig Lust, die vom Gesetz vorerst noch verlangte
Unterordnung wieder zu praktizieren. »Im Grunde war meine Frau mir
fremd, auch die Jungens kannte ich ja kaum«, sagte ein Mann im Interview, der 1948 aus russischer Gefangenschaft zurückgekehrt war und sich
über längere Zeit zu Hause überflüssig vorkam. Umgekehrt verstanden
Frauen ihre durch die Kriegserlebnisse veränderten Männer nicht mehr.
Eine Frau erzählte, dass sie gern weitere Kinder bekommen hätte, aber
ihr Mann kaum noch in der Lage war, sein Leben zu bewältigen. Auch ero-
tisch hatten sich die beiden entfremdet: »Manchmal hat er versucht, lei-
denschaftlich zu sein, und ich habe es über mich ergehen lassen.« Solche
Fälle gab es mehr als nach außen drang, aber darüber sprach man natürlich nicht.

Insgesamt nahm die Bereitschaft, allen Problemen zum Trotz beieinander zu bleiben, in dem Maße zu, wie sich die gesellschaftlichen Bindungen
allgemein festigten. Öfter als heute arrangierte man sich, weil es die Konvention verlangte, weil die Frau allein mittellos gewesen wäre, weil die
Rücksicht auf die Kinder es geboten erscheinen ließ. Die seelische und sexuelle Not, die dadurch entstand, war kein öffentliches Thema.

Ein Gegenstand wuchernder Fantasien war die »wilde Ehe«, so ruhig sie auch sein mochte. Ohne Trauschein zusammen zu leben war eine wenig geachtete und von vielen geächtete Lebensform. Eine Ausnahme machte die »Onkelehe«. Dieser inzwischen so gut wie ungebräuchliche Begriff hatte sich nach dem Krieg für jene vergleichsweise häufigen Partnerschaften eingebürgert, die mit Rücksicht auf Versorgungsansprüche nicht legalisiert wurden, zum Beispiel weil eine Kriegerwitwe durch eine erneute Heirat ihre Pension oder Rente eingebüßt hätte. »Onkelehe« hieß das, weil der männliche Teil oft aus Gründen der Schicklichkeit zunächst eben als Onkel vorgestellt und von den Kindern auch so genannt wurde, obwohl jeder wusste, dass er kein solcher war. So eine »Ehe« galt nicht als »wild«, sondern als gesellschaftlich sanktionierte, wenn auch leise belächelte Möglichkeit, das gemeinsame Einkommen zu sichern oder zu erhöhen.

Wie die Familie regenerierte sich das Bildungs- und Erziehungssystem nach alten Mustern. Nach dem Krieg hatte zunächst eine Diskussion über

Der Zuwachs an Selbstständigkeit und Selbstbewusstsein der Frauen veränderte langsam auch das Verhältnis der Geschlechter.

eine Reform des Schulwesens eingesetzt. Die westlichen Alliierten förder-
ten die Bestrebungen, weil sie das alte dreigliedrige, stark klassenorientierte
System (achtklassige Volksschule, Realschule, Gymnasium) mitverantwort-
lich machten für einen Hang der Deutschen zur Autoritätsgläubigkeit. Aber
die konservativen Parteien, die Kirchen (vor allem die katholische), die
Schulbürokratie und einflussreiche Teile der Elternschaft sorgten dafür,
dass solche Pläne nicht gediehen. Das galt vor allem für die von den
Amerikanern forcierte Einheitsschule, die für mehr Durchlässigkeit zwischen den sozialen Schichten sorgen sollte.

So blieb das Schulsystem von didaktischen Neuerungen weitgehend
verschont. Konfessionsschulen und die Trennung nach Geschlechtern gehörten ebenso zum Repertoire wie Frontalunterricht, Prügel- und andere
Strafen und die frühe, einseitige Auslese. Bis zu neun von zehn Schülern absolvierten lediglich die Volksschule. Vom Jahrgang 1950 gelangten
zum Beispiel nur 4 Prozent zum Abitur, im Jahre 1960 waren es nicht wesentlich mehr: 6 bis 7 Prozent. Nicht einmal jeder zehnte der Schulab-
gänger mit Hochschulreife stammte aus Arbeiterfamilien, obwohl diese
die Hälfte der Gesamtbevölkerung ausmachten. Grundlegend ändern
sollte sich daran erst etwas in den Sechzigerjahren, als Bildungstheoreti-
ker und -politiker den »Bildungsnotstand« ausriefen und mit Reformen begannen.

In den Fünfzigern aber wirkten Familie und Schule stabil und stabilisie-
rend. Dramatische Warnungen der ersten Nachkriegszeit, die Familie
werde zerfallen und die Jugend verwahrlosen, erwiesen sich als grundlos.
Sogar die in alle Winde zerstreuten Familien der Flüchtlinge und Vertriebenen fanden schnell wieder zusammen.

In Vergessenheit gerät allerdings oft, dass sich unter dieser restaurierten
Oberfläche des Zusammenlebens von Geschlechtern und Generationen
sehr wohl einiges veränderte, was die späteren Umwälzungen mit vorbe-
reitete. Vor allem die Position der Männer hatte sich gewandelt. Ihre lange
Abwesenheit hatte zu einem Machtverlust geführt, und die Frauen hatten
in der Zeit der Not Arbeit und Verantwortung übernommen. So schreiben
es unter anderem Sibylle Meyer und Eva Schulze in ihrem Buch *Von Liebe
sprach damals keiner. Familienalltag in der Nachkriegszeit.* Auch wenn sich
vordergründig gesehen zunächst die alten Strukturen wiederhergestellt
hätten, sei der »Zuwachs an Selbstständigkeit und Selbstbewusstsein der
Frauen nicht mehr rückgängig zu machen« gewesen.

Zumindest im Verhältnis zu den älteren Kindern konnten viele Männer nicht einfach da wieder anfangen, wo sie seinerzeit aufgehört hatten. Die waren über längere Zeit ohne die väterliche Autorität groß geworden. Kinder und Jugendliche genossen, was oft aus dem Blickfeld gerät, bis weit in die Fünfzigerjahre hinein ein Maß an Freiheit wie keine andere Generation davor und danach. Auch die Eltern von früher gut behüteten Bürgerkindern waren so sehr mit der Bewältigung des Alltags beschäftigt, dass sie im Allgemeinen und die Väter im Besonderen kaum merkten, wie ihre Sprösslinge herumstromerten, auf Trümmergrundstücken spielten und auch sonst eine Eigenständigkeit entwickelten, die sie als Erzieher zu anderen Zeiten nicht geduldet hätten.

Auch die Lehrer hatten es mit anderen Schülern zu tun als vorher. Die jungen Menschen, schreibt der Soziologe Schelsky, hätten Sturz und Ruin der sozialen Systeme und der gewohnten Ordnung bewusst miterlebt. Solche Vorgänge seien ihnen ebenso »selbstverständliche Möglichkeiten wie Irrtum, Schwäche und Versagen der Erwachsenen«. Darum sei diese Generation »ohne den Halt lebensweisender Autoritäten und Vorbilder« und sage von sich: »Wir haben keine Lehrmeister mehr.« Es liegt auf der Hand, dass einer so skeptischen Jugend die Lehrer nicht mehr mit den althergebrachten Methoden und Prinzipien kommen konnten, obwohl sie es hin und wieder mit drastischen Strafen und autoritärem Unterrichtsstil versuchten.

Ehepartner, Eltern, Pädagogen, alle mussten sich neu einstellen. Es mangelte nicht an den üblichen Konflikten um Gefühle, Geld, Moral, Leistung, Disziplin. Aber ein schleichender, schwer messbarer Trend führte schon zu mehr Partnerschaft, Kooperation, Rücksicht. Auch dieser Trend gehört zum Bild der Fünfziger. Wenn nicht alles trugt, verwandelten sich an ihrem Ende sogar – auch ohne Zutun des Gesetzgebers – immer mehr Fräuleins in Frauen.

Als um 22 Uhr die Sittlichkeit begann
Sexualität und Angst

Wenn der berühmte Romano Guardini seine für alle Fakultäten offenen
Vorlesungen hielt, war das Auditorium Maximum der Münchner Universität gesteckt voll. Der katholische Religionsphilosoph galt als aufgeklärter,
geistvoller und spannender Redner. 1956 las er ein Semester lang über Dan-
tes *Göttliche Komödie*, und wie immer hatte er ein ausgearbeitetes Manuskript vor sich. Irgendwann aber fiel ihm der ein Jahr zuvor in Deutschland
erschienene Kinsey-Report über das Geschlechtsleben der Amerikaner ein,
dieses voluminöse Werk mit den endlosen Statistiken. Der Mensch sei doch
keine Ameise, polterte der Wissenschaftler, und das Publikum klopfte
spontan und begeistert Beifall.

Alfred C. Kinsey galt vielen Amerikanern als eine Art Gottseibeiuns, vor
allem seitdem er 1953 den zweiten Band seiner Untersuchung veröffentlicht
und viele Illusionen über den Einklang zwischen offizieller Moral und dem
Geschlechtsleben der Frauen zerstört hatte. Aber auch in der Bundesrepublik hielten viele die Offenheit, mit der Kinsey über Sexualität sprach und
schrieb, für anstößig, ja schmuddelig. Nicht anders als in den USA sah sich
der Professor als »Dr. Sex« verspottet und als Gefahr für die Sittlichkeit ver-
dächtigt. Das Geschlechtsleben beschäftigte die Menschen wie zu allen Zeiten brennend, aber doch bitte nicht öffentlich. In dieser Hinsicht trifft das
Bild von den Fünfzigern als einer Dekade der offenen und verdeckten Re-
pression voll zu.

Allerdings war die zumindest nach außen hin hoch gehaltene Moral
keine Erfindung dieser Zeit, sondern ein Erbe. In der Weimarer Republik
hatten sich die Sitten im Vergleich zum Kaiserreich gelockert, aber das war
eher die Sache einer großstädtischen Minderheit, wie sie unter anderem in
Erich Kästners Roman *Fabian* auftrat. Auch die Kriegs- und ersten Nach-
kriegsjahre hatten, wie das oft in wirren Zeiten geschieht, einige Moralvor-

stellungen vorübergehend verändert. Doch mit den gesellschaftlichen Verhältnissen verfestigten sich auch die sexuellen Normen wieder. »Der veilchenblaue Jungfernkranz steht wieder hoch im Preise«, spottete der Kabarett-Texter Martin Morlock in einem Lied über die »Höheren Töchter«. Und die ARD-Zeitzeugen erinnern sich gut, in welch engem Korsett von Konventionen sie aufgewachsen sind.

Vom Küssen kriegt man Kinder!

Rose Brock kennt lange Zeit nicht einmal das Wort »Aufklärung«. Die Mutter sagt nie etwas, der Vater höchstens einmal, und zwar dass »ein Mädchen nicht mit einem Jungen Hand in Hand geht«. Selbst als sie die Regel bekommt, ist sie völlig ahnungslos. Rose hat ein schlechtes Gewissen und denkt insgeheim: »Irgendetwas stimmt nicht.« Als sie einen Busen bekommt und wie die anderen Mädchen einen BH haben möchte, hält sie das für ein eigentlich unmoralisches Ansinnen. Und vom Küssen, davon ist Rose überzeugt, wird man schwanger. Doch allein das Wort »schwanger« nimmt ein anständiges Mädchen wie Rose nicht in den Mund. Wenn überhaupt, spricht man davon, dass jemand ein Kind kriegt. Zweimal denkt Rose tatsächlich, es sei »passiert«, weil sie einen Jungen geküsst hat. Wie »es« wirklich passiert, weiß sie aber gar nicht, und wenn sie am Rande mitbekommt, was die anderen hinter vorgehaltener Hand tuscheln, denkt sie: Das kann doch nicht sein! Heute findet Frau Brock, geborene Koch, das alles »äußerst schade«.

Die Brüder Waldo und Manfred Parpalioni sammeln als Betreiber eines Karussells ihre ganz eigenen Erfahrungen. Weil sie die Musik der jungen Leute spielen, lieben diese ihr Fahrgeschäft, doch das Auge des Gesetzes passt auf, ob alles mit rechten Dingen zugeht. Abends um 22 Uhr erscheinen die Zivilstreifen des Jugendschutzes, um zu prüfen, ob sich noch Mädchen und Jungen unter 18 Jahren bei den Parpalionis vergnügen. Die springen dann schnell hinten vom Karussell und machen sich im Dunkeln davon. Manchmal aber wird die Streife fündig und bringt die Jugendlichen nach Hause. Auch einer der Brüder wird einmal erwischt, wie er mit einem Mädchen am Wohnwagen steht, das wie 18 aussieht. Die beiden müssen mit auf die Wache, wo die anderen Beamten schätzen, für wie alt sie das Mädchen halten. Sie sagen einhellig: über 18. Das befreit Parpalioni von jedem Verdacht, er darf gehen. Das Mädchen jedoch, das tatsächlich erst 15 ist, muss in Beamtenbegleitung nach Hause fahren, denn die Eltern suchen bereits nach ihr. Auf ihr Karussell lassen die Brüder eine Frau auf Schlittschuhen in einem Bikini malen. Eine Provokation, denn der Bikini kommt gerade erst in Mode und so viel Nacktheit in der Öffentlichkeit wollen die Ordnungsbehörden nicht dulden: Das geht nicht, entweder oben zukleben oder übermalen. Kollegen betreiben die bei den Jugendlichen sehr beliebte Raupe: ein Karussell, bei dem während der Fahrt ein Verdeck über die Abteile gezogen wird. Und wieder wachen die Behörden über die Tugend der Kirmesbesucher. Sie bestimmen, dass das Verdeck nur zehn Sekunden geschlossen sein darf, die Sittenwächter hatten Angst, »dass da drunter was passiert«. Dabei ist auch auf der Kirmes ein möglicher Zusammenhang zwischen Kuss und Schwangerhaft gefürchtet. Manfred Parpalioni erzählt von mehreren Mädchen, die sich zwar küssen ließen, dann aber gleich fragten: »Kriege ich jetzt ein Kind?«

Wenn Peter Süss heute liest, wann die Jugendlichen zum ersten Mal miteinander schlafen, kann er nur mit dem Kopf schütteln: »Im Verhältnis dazu war ich ein uralter Mann, als ich das erste Mal – mit jämmerlichem Erfolg – versucht habe, mit einer Frau zurechtzukommen. Ich habe aber das Glück gehabt, mit einer sehr viel älteren Frau zusammen zu sein, sodass es doch noch einigermaßen geklappt hat.«

Dirk Kuhls Mutter ist damals großzügiger als andere. Auf sein eigenes Zimmer kann der Sohn mitbringen, wen er will. Mit einigen Mädchen geht es nur so weit, so weit man damals eben geht, man knutscht und schmust herum, mit anderen schläft er auch. Beim ersten Mal ist er 18 Jahre alt. Manche Eltern seiner Freundinnen sind toleranter als andere, aber er erinnert sich auch an einen Tanzstundenball in einem Pavillon über der Wupper. Der Vater seiner damaligen Liebe bringt das Mädchen im Mercedes und sagt zu Kuhl: »So, jetzt gebe ich Ihnen meine Tochter. Um elf hole ich sie wieder ab, und zwar genauso, wie sie jetzt ist.« Das heißt: unberührt. Der Zeitgeist erzeugt manchmal schon kuriose Moralvorstellungen bei seinen Mitschülern. Einige von ihnen behaupten, Frauen seien entweder Huren oder Mütter, Mädchen, die sich mit Jungen einlassen, seien folglich Huren, und heiraten dürfe man natürlich nur eine Jungfrau. Gleichzeitig aber kursieren Storys unter den Jungs, die Manfred, als er noch keine Freundin hat, Komplexe machen. Allerdings stellt sich heraus, dass die Erzählungen vom vermeintlich wilden Treiben mit den Mädchen »erstunken und erlogen« sind. Das beruhigt ihn.

Worüber man nicht sprach

Über dem Thema Sexualität lag ein großes Tabu. Selbst in liberalen Elternhäusern gab es Hemmungen, darüber auch nur zu reden. Es herrschte allgemeine Prüderie und Unkenntnis, auch bei vielen Erwachsenen. Eltern, Lehrer und Jugendleiter in Verbänden und Kirchen behalfen sich nach wie vor mit den Geschichten von der Biene und der Blume, die im Zusammenwirken das Weiterleben der Natur sicherten. Worum es wirklich ging, erfuhren die Jugendlichen von anderen, die schon ihre Erfahrungen gemacht hatten, oder aus der Natur, etwa wenn sie paarungswillige Tiere beobachteten. Beides war dann oft Aufklärung brutal.

In *Das verborgene Wort* schreibt Ulla Hahn, die Region zwischen den Schenkeln habe nur »unten rum« geheißen. Wie viele Jugendliche versuchte sie, sich aus dem Lexikon zu informieren. Eine andere Quelle waren Bücher, die im Schrank der Eltern hinter wohlanständigen Titeln zu finden waren. Darin gab es Passagen zu lesen, die einem heute 15-Jährigen nicht einmal ein Lächeln abnötigen würden, damals jedoch ungeheuerlich anmuteten. Wer Zugang zu einer größeren Bibliothek mit Lesesaal hatte, konnte in der zweiten Hälfte des Jahrzehnts jenen Kinsey-Report finden, über den sich Guardini in seiner Münchner Vorlesung ereiferte. Aus den trockenen Zahlen des weitgehend aus Umfrageergebnissen bestehenden Werkes erfuhren sogar manche Erwachsenen erst, was alles zwischen zwei Menschen nicht nur möglich, sondern gang und gäbe war. Ansonsten hielten sich die Wissenschaftler auffällig zurück. So kommt auch Schelsky in seinem gründlichen Werk über *Die skeptische Generation* im Register ohne ein einschlägiges Stichwort aus.

Nacktheit war weithin verpönt und der Film *Die Sünderin* mit der barbusigen Hildegard Knef, den Peter Süss sich gleich zweimal im Kino anschaute, ein Skandal. Viele Besucher von Duschen in öffentlichen Bädern, Jugendherbergen oder Sportstätten vermieden es, sich vollständig zu entkleiden. Freikörperkultur galt als fragwürdig, als unsittlich. Gleichzeitig allerdings kamen an Ost- und Nordsee die ersten, streng abgegrenzten

FKK-Strände in Mode. Auffällig unauffällig patrouillierten jene, die sich selbst nicht dorthin wagten, durch die Dünen oder am Wasser entlang, um einen Blick auf diejenigen zu werfen, die dort in der Sonne lagen. Wo hatten vor allem Männer schon sonst die Gelegenheit, außerhalb des eigenen Schlafzimmers nackte Frauen in natura zu sehen?

Die ersten Bikinis waren ständige Zankäpfel zwischen Müttern und Töchtern.

   Die Grenzen des Anstands waren eng gezogen. Illustrierten-Redakteure verwandten viel Zeit darauf, Fotos so lange zu bearbeiten, bis sie das vom Gesetz oder von der allgemeinen Schicklichkeit erlaubte Maß an Busen und Bein zeigten. Die ersten Bikinis waren ständige Zankäpfel zwischen Müttern und Töchtern, weil Erstere befürchteten, nun gehe es mit der Sittlichkeit der Letzteren steil bergab. Eine ganze Schar von Einrichtungen und Vereinen betätigten sich als Hüter von Anstand und Sitte. Eine »Aktion gegen Schmutz- und Schundliteratur« und die Bundesprüfstelle für jugendgefährdende Schriften überwachten das gedruckte Wort, die »Aktion saubere Leinwand«, die »Katholische Filmkommission« und andere kümmerten sich ums Kino, dann auch um das Fernsehen.

Als führend auf dem Gebiet der sexuellen Restriktion galt die katholische Kirche, und in der Tat übte sie öffentlich und unterschwellig einen Druck aus, der später undenkbar wurde. Da gab es den Jesuitenpater Johannes Leppich, einen damals legendären Erweckungsprediger. Er füllte Säle und Plätze mit Menschenmengen, die heute allenfalls noch der Papst auf die Beine bringt. Etliche Tausend drängten sich, um diesen Mann von angenehmem Äußeren und charismatischer Rednergabe zu sehen und zu hören. Manche Ansprachen waren eine einzige Warnung vor Unmoral, die in die unerlaubte Schwangerschaft führen könne. Die Folgen von Abtreibungen konnte der Geistliche mit solcher Eindringlichkeit schildern, dass junge Frauen in Ohnmacht fielen.

Heiner Geißler, Jesuitenzögling und früher führender CDU-Politiker, hat einmal in einem Interview zum Thema Angst gesagt, die Kirchen hätten die Gläubigen stets zu Sündern gestempelt. Dabei hätten sie Sexualnormen, die kein Mensch habe einhalten können, als Machtinstrumente eingesetzt. Das überforderte viele Menschen und entfremdete sie von der Kirche, gerade in den Fünfzigern.

Die evangelische Kirche galt als liberal. Doch auch sie lieferte Beispiele von zuweilen schon komischer Angst vor der Macht des Sexus. Noch Ende des Jahrzehnts erschien im Kreuz Verlag ein *Evangelisches Elternbuch*, das in den Jahren darauf mehrere Auflagen erlebte. Abgesehen von einiger Unkenntnis in einfachen biologischen Sachverhalten fällt darin wieder der normative Druck auf, dem die jungen Menschen ausgesetzt waren. So sollten die Eltern den Mädchen beibringen, »dass sie mit der ersten körperlichen Hingabe über ihr ganzes ferneres Leben entscheiden«. Ein merkwürdiges Bild vom Verhältnis zwischen den Geschlechtern zeigt sich im darauf folgenden Satz: »Den Jungen ist klarzumachen, dass sie hier eine ungeheure Verantwortung tragen.« Der junge Mann soll sich also bemühen, seine Freundin nicht zum Geschlechtsverkehr zu verführen, von deren möglichen Wünschen ist erst gar nicht die Rede. Das entsprach den verklemmten Beziehungen, wie sie weithin an der Tagesordnung waren: Jungen »kriegten die Mädchen herum« – oder auch nicht. Mädchen hatten die Aufgabe, sich nicht »herumkriegen« zu lassen, sei es aus moralischen Gründen, aus Angst vor Schwangerschaft oder weil der Geschlechtsverkehr »vor der Ehe« so ziemlich das Verwerflichste war, was ihnen passieren

konnte – wenn es publik wurde. Die jungen Männer wirkten darum oft wie
Machos und die Mädchen wie Zicken. Dabei hatten beide im Grunde vor
allem eines: Angst.

Unfreiwillig satirisch mutet das *Evangelische Elternbuch* an, wenn es um
die Onanie geht: Bei Mädchen ist das Thema nicht so dringlich, wie der
Autor zu wissen glaubt, da deren Geschlechtstrieb nur ein Fünftel so stark
ist wie bei den Jungen. Schlecht ist vor allem falsche Ernährung. Die
Jugendlichen sollen »zwischen dem Nachtessen und dem Schlafengehen
keine schwer verdaulichen, stopfenden, stark gesalzenen oder gewürzten
Speisen bekommen«. Je reizloser die Abendkost, desto besser. Daneben
haben die Eltern es möglichst unauffällig zu unterbinden, dass die Puber-
tierenden abends oder morgens länger wach im Bett liegen. Hilfreich sind
eine harte Unterlage und ein luftiges, kühles Oberbett. Und weiter: »Nichts
aber schützt vor der abendlichen Selbstbefriedigung wie ein frohes und zu-
friedenes Zubettgehen.« Also abends keine Strafgerichte und Schularbei-
ten. Verderblich sind auch die Bilder in Zeitschriften und Magazinen, die
der Fantasie auf die Sprünge helfen könnten. Stattdessen sollen die Eltern
Ausschau halten nach guten Bildern, »die wie etwa Dürers *Ritter, Tod und
Teufel* charakterbildend wirken.«

Kuppelei und andere »Verbrechen«

Bücher wie dieses charakterisieren den Geist der Zeit, später Zeitgeist genannt, weit über die Kirchen hinaus. Die bis zum Totschweigen führende
Befangenheit in Sachen Sexualität durchsetzte die ganze Gesellschaft. Auch
die Gesetzbücher atmeten diesen Geist. Bei Scheidungen galt das (erst in
den Siebzigern abgeschaffte) Schuldprinzip, das zu den unerfreulichsten
Schnüffeleien und Auseinandersetzungen führte, wer es mit wem wann
und unter welchen Umständen getrieben hatte. Im Strafgesetzbuch gab es
den Kuppeleiparagrafen, den der Gesetzgeber später weitgehend auf die
Prostitution beschränkte, zu jener Zeit aber noch Vermieter und Eltern verpflichtete, die Sittlichkeit in ihren Räumen sicherzustellen, mit anderen
Worten: Wer einem unverheirateten Paar ein Hotelzimmer vermietete, wer
ihnen für ein Rendezvous die Schlüssel zum Wochenendhaus gab, wer sie
nicht daran hinderte, im eigenen Zimmer unter sich zu sein, wobei dann
»etwas passierte«, machte sich strafbar.

Diese tief verinnerlichten Bestimmungen gaben Heerscharen von Müttern und Vermietern den Anlass oder den Vorwand, um 22 Uhr an die Tür zu klopfen und »Schluss für heute!« zu rufen. In Wohnheimen war Besuch nach 22 Uhr daher schon aus rechtlichen Gründen verboten – wenn er denn vorher erlaubt war. Hanns Dieter Hüsch schildert in seinen Erinnerungen *Du kommst auch darin vor*, wie er seine spätere Frau im Studentinnenheim besuchte, was nach 22 Uhr eben nicht erlaubt war. Er aber blieb länger, viel länger, und mogelte sich schließlich, mit einem Frauenmantel verkleidet, frühmorgens an der Pforte vorbei. Der Schriftsteller Peter Härtling galt schon in der Jugend als Bürgerschreck seiner Heimatstadt Nürtingen. Aber auch er hielt sich damals daran, dass Unverheiratete nicht zusammen die Nacht verbrachten. Erst nach der Hochzeit in Heidelberg, Härtling war mittlerweile 30, reiste er mit seiner Frau nach Köln, um dort offiziell als Paar im Hotel zu übernachten: »Nun schliefen wir nicht mehr heimlich miteinander, im Gegenteil, mir kam es vor, als versammelten sich die Gedanken aller, die mit uns gefeiert hatten, in dem ausladenden Doppelbett.«

Die Pille gab es noch nicht. Kondome konnte man, unter den amüsierten Blicken anderer, im Kneipenklo aus dem Automaten ziehen oder in der Apotheke kaufen. Wer sich da nicht schämte, galt als Held. Das und das ungenügende Maß an Aufklärung führte immer wieder zum ungewollten »Kinderkriegen«. Abtreibungen standen unter schwerer Strafe, sodass sich die Unglücklichen, oft nur um der Konvention willen und unter dem Druck der Eltern, zur »Mussehe« entschlossen – oder zum verbotenen Schwangerschaftsabbruch. In welche Not dadurch Menschen gerieten, erzählt Martin Walser in dem zeittypischen Roman *Ehen in Philippsburg*. Der junge, karrierebewusste Hans Beumann fängt etwas mit der Tochter eines reichen Fabrikanten an. Eines Tages eröffnet ihm Anne: »Du ... jetzt ist es schon zum zweiten Mal ausgeblieben.« Hans, selbst als uneheliches Kind aufgewachsen, ist ratlos: »Ich verstehe nichts davon. Was soll ich tun?« Als Anne darauf »was vom Heiraten« sagt, erschrickt er und redet mit scheinheiligen Argumenten der Freundin ein, dass eine Hochzeit zu diesem Zeitpunkt nicht angebracht wäre. Also unternimmt die junge Frau alles, um eine illegale Abtreibung zu erreichen. Sie erniedrigt sich, ist sexuellen Attacken ausgesetzt, findet nach mehreren Umwegen einen alten Arzt, in dessen Praxis sie sich unter entwürdigenden Umständen und viel zu spät dem Eingriff unterzieht, ohne Narkose, eine einzige Quälerei. Sie kann sich nicht einmal beschweren, es ist alles gegen das Gesetz.

Walser beschreibt, was Tausende in dieser Zeit durchgemacht haben. Dabei hatte das Paar noch das Glück, über genügend Geld zu verfügen. Viel schlimmer waren arme Leute dran, die sich den so genannten Engelmacherinnen anvertrauten, Frauen, die irgendwo im Hinterzimmer herumstümperten und so manche Schwangere in Lebensgefahr brachten.

Rigoros gingen die Gesellschaft und das Strafrecht mit den Homosexuellen um. Sie hießen nach dem berühmt-berüchtigten Paragrafen die »Hundertfünfundsiebziger«, sie waren »andersherum« oder »vom anderen Ufer«. Für viele war das Schweigen die einfachste Methode, mit dem Thema fertig zu werden. So empfahl dann auch das *Evangelische Elternbuch*, man solle sich über solche Abirrungen informieren, der Jugend davon jedoch nichts sagen. Schon das Wort »schwul« war anrüchig. In den *Ehen von Philippsburg* gibt Walser mit seinem Sinn für sprachliche Differenzierung wider, wie kompliziert die Situation war. Anne hatte gegenüber ihrem Freund von einem Mann behauptet, er sei »schwul«. Das ging ihm zu weit: »Hans fühlte sich peinlich berührt, weil Anne ›schwul‹ gesagt hatte. In diesem Wort war nach seinem Empfinden der Sachverhalt, den es bezeichnete, zu gut ausgedrückt, als dass eine Frau sich des Wortes noch bedienen könnte. Eine richtige Frau hätte – und das auch noch mit Zögern – stattdessen ›homosexuell‹ gesagt.« Geschlechtsverkehr zwischen gleichgeschlechtlichen Männern stand unter schwerer Strafe. Dass es auch homosexuelle Frauen gab, hatte sich noch kaum herumgesprochen und galt als absolute Spitze der Perversion. Schwule mussten ständig gewärtig sein, angezeigt, verurteilt und gesellschaftlich geächtet zu werden. Wie viele Leben dadurch einen entscheidenden Knick bekommen haben, erfasst keine Statistik.

Zwar gab es schon Kneipen, in denen sich Homosexuelle treffen konnten. Aber Razzien waren jederzeit möglich, bei denen es vor allem um Jugendliche unter 21 ging, die man davor zu bewahren trachtete, im so genannten Sumpf unterzugehen. Ein heute mehr als 60-jähriger Homosexueller erinnert sich, wie seine vom Wirt gewarnte Clique beim Nahen einer Streife durch ein vorher im Klo für diese Zwecke geöffnetes Fenster verschwand. Über den Hinterhof wechselte sie in ein benachbartes, von bekannten Kriminellen frequentiertes Lokal und kehrte zurück, sobald die Luft rein war.

Die Hinweise häuften sich allerdings am Ende des Jahrzehnts, dass ein Wandel bevorstand. Die Filme waren weniger prüde, die Rock-Musik ging in den Bauch, die Röcke wurden kürzer, die Hosen enger und der Freiheitsdrang größer. Die »Sexy Sixties« kündigten sich an. Und als dann am Anfang des neuen Jahrzehnts die Anti-Baby-Pille auf den Markt kam, war dies der Auftakt für eine sexuelle Revolution, die niemand für möglich gehalten hätte. Sexualität und Angst waren kein Zwangspaar mehr.

Im Reich des Nierentisches
Als die Deutschen sich die Welt verschönern wollten

Kein Möbelstück hat bis heute ein so schlechtes Image wie der Nierentisch. Er gilt als das Symbol und die Vollendung des Fünfzigerjahre-Designs und darüber hinaus als Sinnbild einer kitschigen Alltagsästhetik. In der Tat war der asymmetrisch gebogene Tisch mit den dünnen, meist schräg nach außen gestellten Beinen weit verbreitet, aber entgegen einem weithin herrschenden Eindruck war er nicht allgegenwärtig. Außerdem verhielt es sich mit ihm ähnlich wie mit vielen anderen Dingen des Alltags: Sie erfüllen spezielle Bedürfnisse einer speziellen Zeit.

Zunächst hatte es gegolten, primäre Notwendigkeiten zu befriedigen – in der Wohnung, bei der Kleidung, beim Essen. »Aus Alt mach Neu« hieß es da manchmal sogar in der Werbung. Schuhe entstanden aus gebrauchten Ledertaschen, Jacken und Mäntel aus Decken oder Uniformen, Möbelstücke aus geretteten Trümmern. Praktisch mussten die Dinge sein, nicht schön. Als dann das Wirtschaftswunder einsetzte, wünschten sich die Menschen eine kleine Portion nutzlosen Luxus, auch wenn der zunächst nur aus ein wenig Farbe, ein paar beschwingten Formen und lustigen Dekorationen bestand. Das war in beiden Teilen Deutschlands so, allerdings setzten die ökonomischen Verhältnisse der Befriedigung solcher Gelüste in der DDR noch engere Grenzen als in der Bundesrepublik. Diese Versuche, sich den Alltag zu verschönern, brachten in den Fünfzigern wie zu allen Zeiten auch zweifelhafte Ergebnisse mit sich. Trotzdem spricht vieles für die Vermutung, dass die Summe des Kitsches im Vergleich zu den anderen Jahrzehnten in etwa gleich groß bleibt. Und immer noch – oder wieder – gibt es Leute, denen der Nierentisch gefällt.

Tütenlampe und Schneewittchensarg

Vor allem das damalige deutsche Wohnzimmer galt und gilt als Hort ge-
ballten Ungeschmacks. Vorbei zwar die Zeiten der »kalten Pracht«, der
meist überladenen »guten Stube«, die allenfalls sonntags oder bei Besuch
geheizt und genutzt wurde. Nur in Ausnahmefällen verschonte die Wohnungsnot das Wohnzimmer noch vor profanem, alltäglichem Gebrauch. In
bürgerlichen Haushalten hatten sich indes die mit allerlei Zierrat ver-
sehenen Möbel aus wilhelminischer Zeit erhalten: schwer, dunkel und un-
funktional, aber vorerst zu wertvoll zum Abwracken. Auch neuere und
neueste Stücke trugen den Stempel des »Gelsenkirchener Barocks«.

Doch vor allem jüngere Menschen begannen sich schon bald mit dem
Design der Nachkriegszeit einzurichten, und damit hielt der Nierentisch
Einzug ins deutsche Wohnzimmer. Die Möbel waren nun leichter, heller,
farbiger. Ehrgeizige Designer und Firmen brachten Modelle auf den Markt,
die von den kühlen geraden Linien des Bauhauses geprägt waren. Das
Spektrum war also durchaus ansehnlich.

Den Wohnraum beherrschten in der Regel noch ein großer Schrank und
ein stabiler Esstisch mit steifen Stühlen. Der Schrank enthielt neben dem
Geschirr für festliche Gelegenheiten im oberen Teil Bücher – wenn solche
im Haushalt existierten. Um den Tisch versammelte sich, falls es keine
Wohnküche gab, die Familie zum Essen, Spielen oder gemeinsamen Radio-
hören. Erst in der zweiten Hälfte des Jahrzehnts ersetzte allmählich die
Couchgarnitur mit einem kleineren und niedrigeren Tisch die zentrale
Tafel. Diesen nachgerade revolutionären Wandel verursachte das Fern-
sehgerät, das man vom Esstisch aus schwerlich gemeinsam beobachten
konnte. Der Couchtisch mochte ein Nierentisch sein, aber auch eine andere
Form haben. Oft stand der Nierentisch in einer Ecke und bildete zusammen
mit einem oder zwei leichteren Sesseln eine Sitzecke. Das Licht kam von
zentral angebrachten Lampen, auch Kronleuchter in vielerlei Formen
waren üblich. Um eine gemütlichere Atmosphäre zu erzeugen, stellte man
im Wohnzimmer neben die Sitzecke eine Stehlampe mit leichten, trichter-
förmigen Schirmen. Diese »Tütenlampe« sorgt noch heute für nostalgische
Gefühle und war für die Zeit mindestens so typisch wie der Nierentisch.

An die engen Wohnungen denkend ersannen die Konstrukteure immer
neue Varianten von Sofas, die man, wenn Besuch im Hause war, in Schlaf-
stätten umbauen konnte. Eine abenteuerliche Kombination bot sogar die

Möglichkeit, einen Schreibtisch nachts als Bett zu benutzen. Etwas in Vergessenheit geraten ist das aus Skandinavien übernommene schlichte String-Regal mit den an der Wand festzuschraubenden Leitern und den einzulegenden Brettern oder Metallflächen. Viele Jugendliche, aber auch Erwachsene schufen sich damit die erste billige, leicht zu befestigende und dazu noch ansehnliche Möglichkeit, Bücher oder Nippes unterzubringen.

Elegant gekleidet traf man sich bei Sekt und Cocktails zu einer Nierentischparty (1956).

Weiße Rauhfaser gab es noch nicht. Neben den gängigen Blumen und Ornamenten tauchten auf Möbelstoffen, Übergardinen und Tapeten immer häufiger Muster auf, bei denen Maler wie Klee oder vor allem Miró Pate gestanden hatten, ohne dass die Vorbilder in den kommerzialisierten Produkten immer auch erkennbar waren. 1955 interessierten sich nur 5 Prozent der Bundesdeutschen laut Umfrage für moderne Kunst, aber als Ideengeberin für eine neue Ornamentik war sie sehr erfolgreich. Großer Popularität erfreuten sich Mobiles, und unschwer war zu erkennen, dass Alexander Calders Arbeiten das große Vorbild waren. An den Wänden hingen in vielen Wohnungen nach wie vor die bekannten Blumensträuße oder Stillleben, die Reproduktionen von Rembrandts *Goldhelm* oder die *Betenden Hände* und der Hase von Albrecht Dürer. Doch bald schmückten die Wände auch einfache Drucke von Chagall, van Gogh, Matisse oder anderen Künstlern, die in der Nazi-Zeit verfemt gewesen waren.

Für Tische und Regale lieferte die Keramik- und Porzellanindustrie asymmetrische Vasen oder kleine Plastiken. Begehrt waren anmutig sitzende kleine Figuren von schwarzen Frauen, möglicherweise mit einem Baströckchen angetan. Sie brachten einen ähnlichen Hauch von Exotik in deutsche Wohnungen wie die aus Italien importierte Chianti-Flasche. Menschen mit höheren ästhetischen Ansprüchen litten unter solchen Geschmacksverirrungen, verfügten aber durchaus über Alternativen. Knoll International und andere Firmen boten die allerdings schon damals teure Chance, sich mit kantigen Sitzmöbeln, strengen Glastischen und nüchternen Regalen einzurichten. Zum Nierentisch und »Gelsenkirchener Barock« existierten also Pendants, beeinflusst von der Hochschule für Gestaltung, die in Ulm seit 1949 erfolgreich für Modernität warb.

Ein Zeichen steigender Lebensqualität war die Musiktruhe: ein kleiner Schrank, der den Plattenspieler (oft ein Mehrfachwechsler) und die Plattenständer beherbergte. Besonders luxuriöse Truhen verfügten über ein Radio und eine indirekte Beleuchtung, die sich entzündete, sobald man die Tür öffnete. Als das große Symbol einer neuen, wertvollen Alltags-Ästhetik galt jedoch ein Rundfunkapparat mit dem Namen »Schneewittchensarg«. Typisch für das Jahrzehnt waren zunächst Geräte gewesen, die gediegen aussahen, aus braunem Holz, mit einem magisch wirkenden grünen Auge und einer Skala, die Mittelwellen-Sender mit so geheimnisvollen Namen wie Beromünster, Kaschau oder Agram aufführten. Der Lautsprecher verbarg sich hinter einem in gedeckten Farben gehaltenen Stoff. Die Firma Braun brachte dann 1956 einen schnörkellosen Kasten auf den Markt, der mit jeder Tradition brach. Er bestand aus hellgrauem Blech und seitlich angesetzten hellen Holzteilen. Die Bedienungselemente und die Skala fanden sich auf der Oberseite, und neben ihnen war ein Plattenspieler untergebracht.

»Schneewittchensarg« bezog sich auf den durchsichtigen Klappdeckel, der das Gerät vor Staub schützte, wenn es nicht lief. Es gab auch Leute, die den Namen deshalb so passend fanden, weil der schlichte Kasten den ganzen Ballast dekorativen Schwulstes einsargte. Das Produkt erntete beträchtlichen Erfolg, was einmal mehr zeigt, dass Nierentisch und Tütenlampe längst nicht allein das Design beherrschten.

Petticoat und Nyltesthemd

Ähnlich wie der Nierentisch stand der Petticoat für den Zeitgeschmack. Zumindest in den luxuriöseren Exemplaren war er viel mehr als ein einfacher Unterrock, nämlich ein Schmuckstück: mehrere Lagen knisternden Stoffes, mit Schleifen, Bordüren und Spitzen verziert, bei jedem Schritt wippend. In manche Petticoats waren, wie im Barock, steife Reifen eingearbeitet, die eine bestimmte Weite und das erwünschte Schwingen sicherten, freilich auch das Sitzen und die Annäherungen erschwerten.

Eigentlich gehörte der Petticoat zur Unterwäsche, und davon auch nur eine Spur zu zeigen galt, im Unterschied zu heute, als unfein. Darum erfanden die Frauen raffinierte Konstruktionen, um zu verhindern, dass Träger von BHs oder ganz normalen Unterröcken irgendwo hervorspitzen konnten. Der Petticoat hingegen gehörte vor allem bei Mädchen und jungen Frauen zu jenem Teil der Kleidung, den man vorzeigen durfte und wollte. Er war ein typisches Stück zeitgebundener Alltagskultur: korrekt, oft aus Kunststoff und ein bisschen extravagant.

Denn Korrektheit in allen Lebenslagen zählte zum guten Ton, eben auch in der Kleidung. Wie sich Männer sonntags wie alltags in Anzug und Krawatte kleideten, so Frauen in Kostüm oder Kleid. So wollten es auch die Reklame und die Benimm-Bücher, zumindest bei offiziellen Anlässen und in den so genannten besseren Kreisen. Mit den weit verbreiteten blumenbedruckten Kitteln verunstalteten sich die Frauen nur, wenn sie im Hause arbeiteten.

Um Korrektheit und gleichzeitig Korrekturen bemühten sich die Frauen auch durch das Tragen von »unsichtbaren Helfern«, wie eine Illustrierte all die Form gebenden Korsetts, Korsagen, Büstenhalter, Hüfthalter und hoch taillierten Miederhosen nannte. In diese zwängten sich die Frauen hinein, um mittels Fischbeinstäben, Gummizügen, Drahtbügeln, Schaumstoffeinlagen und Bändern auch da eine gute Figur zu machen, wo sie nicht vorhanden war. Ein Mittel, sich diese Art der Panzerung zu erleichtern, waren die neuen Kunststoffe, die, aus Amerika kommend, den Markt eroberten. Perlon und Nylon trugen sich nicht nur besser, sondern ließen sich einfacher verarbeiten und bequemer pflegen. »Ein Mann, ein Hemd, ein Nyltesthemd« verordnete eine Reklame. Abends mit der Hand waschen, aufhängen und am anderen Morgen wieder anziehen – das genügte angeblich für das in der Regel weiße Hemd oder für die Damenbluse. Allerdings hatten diese Stoffe in ihrer Frühzeit einige Nachteile. Sie nahmen nach etlichen Wäschen einen Gelbschimmer an und erschwerten zudem den Luftaustausch. Die Folgen nahmen, zumal im Sommer, empfindliche Nasen wahr.

Damenmode 1957.

Im Laufe des Jahrzehnts bekamen die Westdeutschen durch die Verkürzung der Arbeitszeit immer mehr Gelegenheit zur Muße. Die Antwort der Industrie darauf war die »Freizeitkleidung«, die aber gleichfalls bestimmten Erfordernissen der Korrektheit genügen sollte. Eine typische Werbung zeigte ein Pärchen mit gut gebügelten Drei-Viertel-Hosen, Sandalen, Socken (beim Mann) und losen ärmellosen Kitteln über Hemd oder Bluse. Diese Kluft sollte es den Trägern erleichtern, sich leger zu führen und trotzdem, weder zu Hause noch im Auslandsurlaub, unangenehm aufzufallen. Das unter dem Knie endende, eng anliegende Beinkleid hieß, wenn es für Frauen bestimmt war, schon damals »Capri-Hose«, anknüpfend an die Italien-Sehnsucht der Deutschen. Die Capri- und die »Nietenhose« boten den Frauen endlich eine Möglichkeit, dem Rock zu entkommen. Zuvor hatten nur die Trümmerfrauen Hosen getragen, aber das waren unförmige, bollerige Exemplare gewesen, die sie von den Männern übernommen hatten.

Auch in die Schuhindustrie hielten die Kunststoffe Einzug. Zeitweise sehr modisch, vor allem für Männer, waren dicke »Kreppsohlen«, die den Vorteil besaßen, lange haltbar zu sein, aber den Nachteil hatten, damit keine klassischen Tänze absolvieren zu können, weil sie nicht rutschten. Zumindest in der ersten Zeit nach dem Kauf strahlten die Sohlen weiß oder wenigstens hell. Kunststoffbesohlt waren nun auch viele Damenschuhe. Die hochhackigen Pumps jedoch hatten »Pfennigabsätze« mit einer kleinen Metallplatte, die zwar schön, aber unbequem waren und zum Entsetzen der Hausfrauen hässliche Löcher in Holzfußböden rammten.

Die Kreppsohle gehörte zu den wenigen Extravaganzen, die sich Männer leisten konnten. Ansonsten dominierten graues Einerlei und langweilige Förmlichkeit ihr Äußeres. Einen schwarzen Rollkragenpullover trug allenfalls ein Intellektueller, der sich womöglich sogar als »Existentialist« gab. Die weibliche Mode dagegen reagierte mit viel Fantasie, Abwechslung und auch schon Luxus auf die zurückliegende Zeit der grauen Eintönigkeit. Von internationalen Modemachern wie Christian Dior angeleitet zeigten die Frauen wieder gern, wenn auch verhüllt, was sie an (korrigierter) Figur hatten. Schmale Schultern, enge Taillen, betonte Hüften, weite Röcke, mit oder ohne Petticoat darunter, prägten über längere Phasen den Stil. Unauffällig und akkurat einerseits, durchaus weiblich andererseits war die Parole. »Die Frauen ... wissen, dass trotz mancher Versuche, ihre Hüfte oder ihren Busen wieder gewaltsam verrücken oder unterdrücken zu wollen, ihr eigener, den natürlichen Proportionen angepasster Geschmack siegen wird«, hieß es in einem 1955 erschienenen *Hausbuch des guten Tons*. Ein bisschen auffallen war also erlaubt, aber bloß nicht zu viel.

Korrekt bis in die Haarspitzen war das modische Credo der Fünfzigerjahre auch bei den Frisuren. Ein großes Thema für beide Geschlechter waren Schuppen. Wenn es nach dem Werbeaufwand für einschlägige Gegenmittel ginge, müssten die Menschen unter einer ungewöhnlich trockenen Kopfhaut und den daraus entstehenden Abfallprodukten auf Kragen und Rücken gelitten haben. Immer wieder bemühte sich die Industrie, den Menschen einzubläuen, ein wie peinlicher Anblick das sei. Doch diese Kampagnen waren weniger auf dermatologische Besonderheiten jener Jahre zurückzuführen als auf das starke Bedürfnis, nur nicht aufzufallen, anerkannt zu sein, den gesellschaftlichen Regeln zu genügen.

Frauen trugen wohlondulierte Lockenfrisuren, denen immer neue Dauerwellen Bestand gaben. Wer zwischen den Besuchen im Friseursalon eine Nachbesserung zu brauchen glaubte, griff schon mal zur Brennschere, einem meistens noch im Herd erhitzten Instrument, das bei zu großer Hitze Schäden an den Haaren und unangenehme Gerüche zur Folge hatte. Am Anfang trugen die Mädchen bis in die Pubertät hinein brave Zöpfe oder geflochtene Schnecken an den Ohren. Um die Mitte des Jahrzehnts wurden bei Teenagern und jungen Frauen dann die Pferdeschwänze modisch, die beim Tanzen und Flanieren wippten. Der Pferdeschwanz wurde zum Markenzeichen einer ganzen weiblichen Generation.

Der Haarschnitt bei den Männern war kurz und akkurat. Der Scheitel gerade, der Nacken und die übrigen Ränder so scharf rasiert wie dann erst wieder nach dem Jahre 2000. Zur Befestigung klatschten viele das Haar mit Wasser an den Kopf. Etliche Männer mit glattem Haar drückten dann mit den Handkanten eine scharfe Welle in die Frontpartie. Gel gab es noch nicht, wer besonderen Wert auf Akkuratesse legte, festigte seine Frisur mit Pomade. Zu den nicht nur bestgekleideten, sondern auch bestfrisierten Männern zählte der bekannte FDP-Politiker Erich Mende. Er stand in dem Verdacht, einen ungewöhnlichen Verbrauch an Pomade zu haben, was auch die Kabarettisten beschäftigte, während seine karrierebewusste Frau dies heftig bestritt. Ein wenig Chaos geriet erst in das geordnete Frisurenwesen, als die Anhänger des Rock 'n' Roll die Haare wachsen ließen.

Eisbein und Toast Hawaii

Das Lokal hieß zunächst »Linzer Stüberl«, es gehörte dem gebürtigen Österreicher Friedrich Jahn. Zu seinen Spezialitäten zählte eine Hühnersuppe. Aber die Gäste wünschten sich Huhn auch in anderen Formen, und so kam Jahn auf die Idee, Grillhendl auf die Speisekarte zu setzen. Die Idee schlug mächtig ein, worauf der Kleingastronom seine Gaststätte an der Münchner Amalienstraße 1955 in »Wienerwald« umbenannte und im Laufe der nächsten Jahre 436 weitere Restaurants dieses Namens allein in Deutschland eröffnete. Später zerbröckelte das Hendl-Imperium wie so viele andere Unternehmen aus den Gründerjahren der Republik. Aber Jahn konnte das in der Gewissheit erleben, am Wandel der Essgewohnheiten in Deutschland kräftig mitgewirkt zu haben.

Nach den Notzeiten aßen die Deutschen gern und viel, im Osten wie im Westen – mit dem Unterschied, dass es in der DDR wesentlich länger dauerte, bis die Engpässe beseitigt waren. Deutsche Hausmannskost beherrschte die Speisekarten daheim wie in den meisten Restaurants. Von der Schweinshaxe in Bayern bis zur Schlachtplatte im Norden, Koteletts und Eisbein, Schweinefleisch und Würste, Kartoffeln oder Nudeln als Beilage – der Reichtum an Fett und Kohlehydraten war enorm. Kein Wunder, dass die Westdeutschen rasch längere Gürtel benötigten und ständig die Bünde von Hosen und Röcken erweitern mussten. Gekocht und gebraten wurde mit Margarine und anderen Pflanzenfetten, da Butter teuer war. Die am weitesten verbreitete Margarinemarke war Sanella, was auch mit den Sammelbildern zusammenhing, die den Packungen beilagen und die Kinder gern in Alben klebten. Als Beweis neu gewonnener Lebensqualität galten Buttercreme- und Sahnetorten – dass es sich dabei um Kalorienbomben handelte, interessierte zunächst noch niemand.

Doch um die Mitte des Jahrzehnts verebbte die erste Fresswelle, die Bedürfnisse verlagerten sich. Friedrich Jahn gehörte zu denen, die das früh erkannten und darauf reagierten. Die Hausfrauen lockte er mit dem Werbespruch »Heute bleibt die Küche kalt, heut' geh'n wir in den Wienerwald« vom heimischen Herd weg, und all jenen, die ein schlechtes Gewissen wegen ihres Gewichts zu quälen begann, gab er mit dem Programm »Weißes Fleisch und leichter Wein« das Versprechen, dass sie bei ihm mager essen und schlank bleiben (oder wieder werden) könnten. Die Preise waren niedrig, das Interieur für damalige Verhältnisse hell und gemütlich, und so bekam auch der kleine Mann das Gefühl, am neuen Luxus teilzuhaben.

Um Verfeinerung ging es sowohl in der häuslichen wie in der Restaurantküche. Vor allem bei den sich rasch einbürgernden Partys, aber auch bei Familienfeiern und anderen Gelegenheiten steigerte sich die Fresswelle zur Edelfresswelle, zum Beispiel in Form des äußerst beliebten Toast Hawaii. Eine Scheibe Toast mit gekochtem Schinken und Ananas, überbacken mit Käse und gekrönt mit einer kräftigroten Kirsche – das bedeutete für viele Wohlleben pur. Ähnlich populär waren die mit Fleischsalat gefüllte Tomate oder ein Käsewürfel samt Weintraube auf einem Holzspießchen – später als hoffnungslos spießig von vielen abgetan, damals freudig begrüßte Kulinarik, vor allem, wenn man solche Spießchen dann noch in eine Pampelmuse oder Orange hineinsteckte, um einen fein dekorierten Käse-Igel auf den Tisch zu bringen.

Von ihren ersten Italienreisen brachten die Deutschen veränderte Trinkgewohnheiten und die ersten Pastagerichte samt Fleischsoße mit. Vor allem die Jüngeren genossen die Abwechslung von den ewigen Kartoffeln sowie den mit Mehl angedickten Soßen und der Maggi-Tunke. Rezepte gab es in den Illustrierten und auch schon im Fernsehen. Im einzigen Programm, dem der ARD, erzog Clemens Wilmenrod, ein behäbiger, immer freundlicher Mann mit keckem Schnäuzer, die Deutschen zu einer feineren Lebensweise.

Die Gastronomie passte sich dem neuen Geschmack an. Neben den angestammten Eckkneipen und den Restaurants, die die immer gleichen Jäger-, Zigeuner- und Wiener Schnitzel offerierten, eröffneten die ersten Pizzerien und Trattorien, betrieben von frühen italienischen Zuwanderern und begrüßt von allen, die mit der italienischen Sonne im Herzen die kulinarische Abwechslung suchten. Erste original italienische Eissalons machten auf und zeigten den Deutschen, dass es Besseres gab als das hier übliche Wassereis. Die Italiener waren die Vorläufer jener Scharen von griechischen, spanischen, türkischen, chinesischen, koreanischen oder thailändischen Gastronomen, die später die deutsche Restaurantkultur aufmischten.

»Treffen wir uns beim Italiener«, sagten die Deutschen bald. Und für solche, die sich ein richtiges Restaurant nicht leisten konnten oder denen die Gasthäuser der Eltern zu altfränkisch vorkamen, gab es noch etwas Besonderes: die Milchbar. Hier trafen sich die Jugend-Cliquen und Liebespaare beim Bananen- oder Erdbeershake. Auch das war eine Form von Raffinement und Luxus, denn bis dahin hatte die Milch als Grundnahrungsmittel gedient – nötig und gesund, aber nicht geeignet für den Genuss. Die Deutschen waren auf den Geschmack gekommen, beim Wohnen ebenso wie in der Mode, beim Essen – und in ihrer Freizeit.

Im Hafen von Nirgendwo
Wie die Bundesdeutschen sich die Freizeit vertrieben

Das kleine Nichts komprimierte alles, wonach viele sich sehnten: Süden und Meer, Herz und Schmerz. Kurt Feltz, der Großmeister der Branche, hatte es auf den Markt gebracht. Er selbst charakterisierte Schlager wie diesen gern als »Lieder zum Bügeln«:

> Im Hafen von Adano
> am blauen Meer,
> da ist heut' einem Mädel
> das Herz so schwer.
> Sie wartet in Adano
> am blauen Meer
> auf einen, der so gerne
> jetzt bei ihr wär.

Wo die Sonne scheint

Streng genommen litt der Text unter einem erheblichen Mangel: Den Ort Adano gab es auf keiner Landkarte und in keinem Ortslexikon. Der Autor hatte ihn um seines Wohlklangs willen erfunden, und der Erfolg gab ihm Recht. Im Verein mit einer sehnsuchtsvollen Melodie ließ die Weise vom Mädel mit dem schweren Herzen die Kasse klingeln.

Schlager wie diesen gab es reihenweise. Fernwehselige Schnulzen, von denen viele aus der Feltz-Manufaktur stammten, erlebten einen wahren Boom: *Am Zuckerhut, am Zuckerhut, Das Märchen unserer Liebe, Wo die Südsee rauscht, Luana.* Wenn diese oder andere Titel im Radio, im Kino, im Fernsehen oder im Saal von einer Tanzkapelle erklangen, konnten sich

die Menschen zumindest für einen Moment in eine andere Welt davon-
stehlen.

Unterhaltung spielt immer mit Gegen- und Scheinwelten, die kleine
Fluchten ermöglichen und eine im Alltag vermisste Harmonie produzieren.
In den Fünfzigerjahren war dieser Trend so auffällig, dass Sozialwissen-
schaftler von »Eskapismus« sprachen: von Flucht aus der Wirklichkeit.
Diese Wirklichkeit bestand zu einem Gutteil aus harter Arbeit, engen gesellschaftlichen Konventionen, Angst vor einem neuen Krieg und bewuss-
ten oder verdrängten Traumata. Musik, Zeitschriften, Kino, Bücher, Sport
und andere Zerstreuung halfen, sich davon zu entlasten.

Von solchen Bedürfnissen profitierte vor allem die Schallplattenindus-
trie. Schon 1953 verkaufte sie im Bundesgebiet rund 30 Millionen Schallplatten, das waren wieder fast so viele wie 1929 im ganzen Reichsgebiet. Zu
jener Zeit allerdings hatten noch 25 Prozent der Platten ernste Musik vermittelt. Nun waren es nur noch 10 Prozent, der Rest war reine Unterhaltung.
Die »leichte Musik«, wie das Genre hieß, widmete sich besonders den Sujets, die aus mediterranen Regionen stammten und bei denen sich alles um
die Liebe drehte. Ungemein erfolgreich war zum Beispiel ein Titel mit dem
Dreiklang *Rote Rosen, rote Lippen, roter Wein*; typisch für die verschwitzte
Erotik jener Zeit der ansonsten ziemlich sinnfreie zweite Teil des Refrains:

Denn wenn die Sonne sinkt
Und das Lied der Lieder klingt,
ist schon bald die große Macht
der Liebe erwacht.

Das sang ein sehr populärer Schlagerbarde namens René Carol. Ein anderer
Heroe der Szene war Gerhard Wendland, dem *Der Spiegel* einmal »Pomade
im Kehlkopf« attestierte. Er verbreitete das Lied vom verliebten spanischen
Minnesänger:

Die Donna gab dem Troubadour ein Zeichen,
und dann begann ein Liebeslied.
Die rote Rose fiel,
der Sänger schien am Ziel,
und schaute in die Runde,
als ihn der Blick des Königs traf ...

Das konnte natürlich nicht gut gehen, wenn ein König ahnte, was da vor sich ging. Aber dann traten Männer wie der ungemein beliebte und wohlbeleibte Willy Schneider auf, der für solche Probleme ein Patentrezept parat hatte:

> Schütt die Sorgen in ein Gläschen Wein,
> deinen Kummer tu auch mit hinein ...

Weinseligkeit und Gemütlichkeit verbanden sich mit dem Wunsch nach der guten alten Jugendzeit; das alles sollte die Unbill des Alltags vergessen machen:

> Sitzt der Mensch beim Weine
> Werden alle seine
> Längst vergess'nen alten Wünsche wach ...
> Man müsste noch mal zwanzig sein
> und so verliebt wie damals –
> und irgendwo am Wiesenrain vergessen die Zeit.

Nostalgie pur und schon darum sehr populär. Andere berühmte Solisten waren Freddy Quinn (*Heimat*), Fred Bertelmann (*Der lachende Vagabund*) oder Bruce Low (*Es hängt ein Pferdehalfter an der Wand*). »Freddy« verkaufte als erster 1 Million Platten von einem Titel. Frauen hatten es schwerer, solche Hits zu landen, weil die Mehrheit der Schlagerfans weiblichen Geschlechts war. In eine Ausnahmeposition sang und tanzte sich Caterina Valente, eine aus einer alten Artistenfamilie stammende, in Spanien aufgewachsene, sechs Sprachen beherrschende, mit einer außergewöhnlichen Stimme und einer stupenden Vielseitigkeit gesegnete und im deutschen Oberflockenbach wohnende Sängerin. Ein »musikalisches Urviech« nannte sie Schlagertycoon Feltz einmal. Sie popularisierte unter anderem das zuerst von Harry Belafonte gesungene *Island in the Sun* mit der sehnsuchtsvollen deutschen Version *Wo meine Sonne scheint*, und lag damit um einiges über dem hierzulande üblichen Niveau.

Sprunghafte Entwicklungen auf dem Markt für Schallplatten und Radios trugen zur Blüte des Schlagers bei. Seit Anfang des Jahrzehnts standen neben den Mittel- die neuen Ultrakurzwellen (UKW) zur Verfügung. Sie ermöglichten es den Sendern, sich weitere Programme zuzulegen. Das Transistorradio konkurrierte von Mitte des Jahrzehnts an mit dem gewohnten Röhrengerät. Es war wesentlich kleiner, handlicher, mit Batterien zu betreiben, somit transportabel und beförderte auch die Ausbreitung des Autoradios. Man konnte es mitnehmen an den Strand, in den Garten oder auf einen Ausflug – alles Orte, an denen der Mensch kaum ernste Sendungen hören wollte, sondern vor allem leichte Musik.

Freddy Quinn in der
Washington-Bar
(St. Pauli) 1953.

Gelegenheit, die Schlagerstars live zu erleben, bot der »Bunte Abend«. Truppen von Kleinkünstlern, darunter Jongleure, Geigenvirtuosen, Stepptänzer und eben die Sänger von Herz und Schmerz und sonnigem Süden, tingelten durch die Hallen der Republik. Der spätere Moderator hieß noch Conferencier. Er riss ein paar Witze, kündigte die Auftritte an, und das genügsame Publikum applaudierte. Die Attraktivität dieser Art von Amüsement litt in den späten Fünfzigern unter dem Siegeszug des Fernsehens. Auf dem Bildschirm existierte der »Bunte Abend« dann zwar weiter, jedoch in einer veränderten Form.

Zunächst aber war das Radio über den Unterhaltungssektor hinaus *das* elektronische Leitmedium. Es spielte eine ähnliche Rolle wie heute noch in

Entwicklungsländern. Die Besatzer hatten die Sender als öffentlich-recht-
liche und dezentralisierte Einrichtungen gegründet, um sie, nach dem brutal gleichgeschalteten Rundfunk der NS-Zeit, den direkten politischen und
wirtschaftlichen Einflüssen zu entziehen. Sie selbst setzten das Radio zunächst als Mittel der »Reeducation« ein, entließen es aber dann in die Freiheit. Kommerzielle Konkurrenz existierte nicht.

Anders als heute war der Hörfunk kein Nebenbei-Medium, das die
Hintergeräusche für das Alltagsleben lieferte, sondern viele Menschen hörten konzentriert zu, vor allem in der Kernzeit zwischen 19 und 21 Uhr.
Schon bald waren mehr als 90 Prozent der Haushalte mit mindestens einem
Gerät ausgestattet, und manchmal, besonders am Wochenende, saß mehr
als die Hälfte der Bevölkerung vor den Lautsprechern. Am beliebtesten
waren Schlager und Operetten, Quizsendungen und unterhaltsame Fami-
lienserien wie *Die Familie Hesselbach*. Genau wie dann das aufkommende
Fernsehen erfüllte der Hörfunk in den Bereichen Information und Kultur
wichtige Funktionen, die wir im vorletzten Kapitel eingehender beschrei-
ben werden, aber die Unterhaltung brachte immer die besten Quoten.

Wo der Wildbach rauscht

1950 schlossen sich die damals sechs regionalen Anstalten zur »Arbeitsgemeinschaft der öffentlich-rechtlichen Rundfunkanstalten der Bundesrepublik Deutschland« zusammen, besser bekannt als ARD. Unter diesem
Dach entwickelten die Sender das zunächst einzige, schwarz-weiße Fernsehprogramm, das nach den üblichen Vorlaufphasen Ende 1954 für zunächst zwei Stunden täglich auf Sendung ging. Die Geräteindustrie hoffte
auf den großen Boom und war darauf eingestellt, im ersten Jahr nach dem
Start mehr als 1,2 Millionen Geräte abzusetzen. In Wirklichkeit waren Ende
des Jahres nicht einmal 200000 Fernseher in Betrieb und die Eine-Million-
Marke wurde erst im Oktober 1957 erreicht. Fortan jedoch setzte sich das
Medium unaufhaltsam durch. Immer häufiger nahm der Fernsehapparat
einen zentralen Platz im Wohnzimmer ein, vor dem sich die Familie vor 20
Uhr versammelte, um zuerst die Tagesschau zu sehen und sich dann vor-
zugsweise zu entspannen.

Die meisten Programmmacher kamen zunächst vom Hörfunk, wo sie
sich, getreu den Vorgaben der Besatzer, auch als Erzieher gefühlt hatten.

Beim Fernsehen gerieten sie nun, noch stärker als zuvor beim Radio, in Konflikt mit dem festen Willen der Mehrheit, sich zu amüsieren. Da kam der »Bunte Abend« als ein leicht zu übernehmendes Format gerade recht; allerdings erwies sich rasch, dass er in der herkömmlichen Struktur nicht funktionierte. Es mussten eine zentrale Figur und spannende Spielelemente her. Beides lieferten in Vollendung die großen Männer des frühen Unterhaltungsfernsehens, Peter Frankenfeld und Hans-Joachim Kulenkampff.

Frankenfelds Markenzeichen war sein groß kariertes Jackett. Dank seiner leicht schnoddrigen, aber nicht aggressiven Art, mit den Gästen der Sendung ins Gespräch zu kommen und sie zum Mitspielen zu animieren, eroberte er ein Stammpublikum. In ihm konnte sich jeder wiedererkennen, weil er mit der »Faszination des bewusst Einfachen« spielte, wie der Feuilletonist Wolfgang Paul schrieb. Damit ist viel über Frankenfeld gesagt, ebenso wie über die Bedürfnisse seiner Zuschauer. Sie wollten es schlicht und geradeaus, nicht kompliziert und anspruchsvoll, sie wollten mit alltäglichen Mitteln dem Alltag entkommen. Das erklärt auch den anhaltenden Erfolg Robert Lembkes und seines »Heiteren Beruferatens« mit dem allbekannten Titel *Was bin ich?*, bei dem die immer selben Mitspieler mit möglichst wenigen Fragen den Beruf einer Person herausfinden sollten: sehr schlicht, sehr wirksam und im Vergleich zu heutigen Quizsendungen sehr sparsam. Bei jeder Frage, auf die der Gast mit »Nein« antworten konnte, gab es 5 Mark für ihn ins »Schweinderl«.

Eine ähnliche Funktion wie der Schlager und die elektronischen Medien erfüllte der Spielfilm, solange das Fernsehen ihm nicht die Luft abdrückte. 1956 erreichte der Kinoboom der Nachkriegszeit seinen Scheitelpunkt. Die mehr als 6400 Lichtspieltheater der Bundesrepublik zählten fast 820 Millionen Besucher. Viele Großstadtquartiere, alle Kleinstadte und sogar zahlreiche Dörfer besaßen eigene, zumeist florierende Kinos. Man ging ins Kino wie zu anderen Zeiten in den nächsten Park. Die Vorstellung bestand aus einem »Kulturfilm«, aus *Fox tönende Wochenschau*, die aktuelle Bilder mit einem eigentümlich hektisch vorgetragenen Text zusammenfasste, und dem Hauptfilm. Zu essen und zu trinken gab es noch nichts, dafür aber als Souvenir ein Programm mit Fotos der Stars, Inhaltsangabe und Besetzungsliste. Viele dieser Kinos wurden später abgerissen oder zweckentfremdet, indem man sie zum Beispiel zu Supermärkten umbaute.

Ilse Kubaschewski leitete den wichtigsten Filmverleih in jenen Jahren, die »Gloria«. In einem Interview brachte sie einmal auf den Punkt, was das

Publikum jener Jahre nach ihrer Erfahrung im Kino erwartete: »Keine un-
sympathischen Charaktere als Hauptfiguren, keine Rückblenden, auch im
tragischen, rührseligen Film ein Happyend, viele Bilder von der Heimat,
sehr viel Musik und immer wat zum Lachen.«

An diesen Leitlinien orientierten sich breite Teile der einheimischen
Produktion. Es wimmelte da von Förstern, Wilderern und Heidschnucken,
von Frauen mit alpinem Dekolletee, Kaiserinnen und Ärzten mit grauen
Schläfen, von grünen Tälern, luftigen Höhen und rauschenden Wildbächen.
Viele dieser Elemente verschmolz der schon 1950 in die Kinos gelangte erste
Farbfilm der Nachkriegszeit *Das Schwarzwaldmädel*. Er allein fand 16 Millionen Zuschauer, was er seiner schmalzigen Liebesgeschichte, dem im Titel
angekündigten Ambiente und dem damaligen Traumpaar Sonja Ziemann
und Rudolf Prack verdankte. Der Erfolg fiel so durchschlagend aus, dass
die beiden schon ein Jahr später nach Norddeutschland wechselten, um mit
Grün ist die Heide einen weiteren Streifen der später als zeittypisch bezeichneten Gattung »Heimatfilm« nachzuschieben. Hier herrschte, wie es der
Politikwissenschaftler Wolf-Dieter Narr einmal ausdrückte, ein »nachtota-
litäres Biedermeier«, das Ablenkung ohne Anstrengung versprach.

Sehr erfolgreich war zeitweise auch das Bestreben, die beiden Medien
Schlager und Film zu einem zu verschmelzen. In der Saison 1958/1959 gehörte jeder zweite erfolgreiche Spielfilm zum Genre Musikfilm. Eine in der
Regel dürre Handlung verband möglichst viele Auftritte der als Hauptdar-
steller fungierenden Schlagerstars miteinander. So sang sich Peter Alexander durchs *Weiße Rössl*, und mit Caterina Valente als Partnerin wirbelte er
in *Liebe, Tanz und 1000 Schlager* durch die Filmkulissen. Die schauspiele-
rischen Leistungen waren nicht Oscar-verdächtig, aber das störte kaum jemanden, solange die Richtung stimmte.

Damit war Schluss, als der Bildschirm die Herrschaft über die Wohnzimmer antrat. Manche wollten immer noch nicht an das Ende einer Ära
glauben, aber 1962 veröffentlichten 16 meist jüngere Filmemacher das berühmte *Oberhausener Manifest*, worin es hieß: »Der Zusammenbruch des
konventionellen deutschen Films entzieht einer von uns abgelehnten Geis-
teshaltung endlich den weltwirtschaftlichen Boden. Der alte Film ist tot.
Wir glauben an den neuen.« Etliche der in Oberhausen entwickelten Visionen vom anderen Film erfüllten sich zwar nicht, aber so viel traf ein: Es
wurde nie wieder, wie es in den Fünfzigerjahren gewesen war.

Lesemappen und Rowohlts Taschenbücher

Was der Schlager in der Musikwelt und die Heimatschnulze im Kino, das war die so genannte Soraya-Presse im Printbereich. Sie eröffnete einen angeblich tiefen Blick in das Dasein der Reichen und Mächtigen und bot eine Chance, über deren Glück und Unglück ein wenig Abstand von den eigenen Kümmernissen zu gewinnen.

Die Besatzungsmächte hatten zunächst Lizenzen für Zeitungen und Zeitschriften an Zeitgenossen vergeben, die ihnen demokratisch zuverlässig erschienen. Mit Rücksicht auf den Artikel 5 des Grundgesetzes, der die Freiheit der Medien verkündete, hoben sie die Lizenzpflicht 1949 auf. Die Presse konnte sich entfalten, es entstand ein breites Spektrum von regionalen und überregionalen Tageszeitungen und zumeist wöchentlich erscheinenden Publikumszeitschriften. Bei der Verbreitung der Letzteren spielte die so genannte Lesemappe eine wichtige Rolle, wie man sie heute vor allem noch in Arztpraxen findet. Damals lag sie in vielen Wohnzimmern; etwa 15 Prozent aller Haushalte hielten ein Abonnement; dabei war es üblich, die Mappen mehrmals im Wochenrhythmus zu verleihen: je älter, desto billiger. So waren die Zeitschriften manchmal schon entsprechend schmuddelig und womöglich auch ihrer Backrezepte beraubt, wenn man sie endlich in die Hand bekam. Oft hatten die Vor-Leser die Kreuzworträtsel bereits gelöst, und die Nachrichten aus der Welt der Reichen und Schönen waren längst nicht mehr aktuell. Aber das störte die unterhaltungswilligen Leser nur wenig. Auch seriöse Zeitschriften erreichten einen Großteil ihrer Klientel über diesen Weg. So verkaufte *Der Spiegel* im zweiten Quartal 1956 insgesamt 220000 Exemplare, davon 115000 über die Mappen.

Der Spiegel war schon damals das führende politische Nachrichtenmagazin, das Skandale aufdeckte und Hintergrundinformationen lieferte. Die anderen Zeitschriften im Illustrierten-Format kümmerten sich weniger um Politik als später; so diente auch der *Stern* um diese Zeit mehr der Unterhaltung als der Information. Noch mehr aber leisteten auf diesem Felde Periodika, die *Wochenend*, *Neue Post* oder *Heim und Welt* hießen und ebenfalls beliebte Bestandteile der Lesemappen waren.

Zu den Lieblingsfiguren des Genres gehörte die »Prinzessin mit den traurigen Augen«, Soraya. Für die Redakteure und Leser besaß sie den unschätzbaren Vorteil, nicht nur einen der meistbegehrten Männer jener Zeit, den Schah von Persien, zum Mann zu haben, sondern auch noch, dank der

Mutter, über deutsche Wurzeln zu verfügen. Im Februar 1951 heirateten die beiden mit großem Pomp und entsprechender Anteilnahme der Medien. Schon bald hefteten sich für Jahre die Blicke auf ihren Bauch, ob dort jener Thronfolger heranwuchs, den Persien dringend erwartete. So richtig tragisch und damit attraktiv entwickelte sich die endlose Geschichte, als das Paar 1958 die Bemühungen einstellte und sich scheiden ließ. Auch danach fungierte Soraya noch jahrelang als eine Hauptdarstellerin in jener Presse, der sie den Namen gegeben hatte und die sich bis heute, auch ohne diese Bezeichnung, noch immer am Kiosk hält.

Die Welt der Bücher bot ebenfalls, wenn auch weniger Schlupflöcher für Versuche, der Wirklichkeit zu entkommen. Die aktuelle deutsche Literatur, wie sie zum Beispiel die Gruppe 47 repräsentierte, kümmerte sich um deutsche Realitäten. Daneben aber gab es eine Gruppe von Schriftstellern mit beachtlichen Auflagen, die fernab des schnöden Alltags einem »Innerlichkeitskult« huldigten (Hermann Glaser). Dazu gehörten Autoren wie Rudolf Alexander Schröder, Hans Carossa oder Ina Seidel.

Die wirklich großen Auflagen aber erlebten ganz andere Autoren. Das waren ausländische Schriftsteller wie Ernest Hemingway oder Graham Greene, von den Deutschen Thomas Mann. Auf die Frage nach dem Lieblingsschriftsteller antwortete zum Beispiel 1959 jeder fünfte Student mit diesem Namen, obwohl der Emigrant aus dem amerikanischen Exil nicht nach Deutschland, sondern in die Schweiz zurückgekehrt war, wo er bis zu seinem Tod im Jahre 1955 lebte. Vor allem die *Buddenbrooks* erfreuten sich großer Popularität, obwohl oder weil sie schon 1901 zum ersten Mal erschienen waren und mit der deutschen Gegenwart nichts zu tun hatten.

Ebenso auffällig muten die Dauererfolge von Sachbüchern an, deren Themen in der fernen Vergangenheit lagen. C. W. Ceram lieferte mit seinem dicken Wälzer *Götter, Gräber und Gelehrte* über die Geschichte der Archäologie (1949) den Sachbuchbestseller schlechthin. Der Autor hieß eigentlich Kurt W. Marek und hatte im Dritten Reich einen regimetreuen Bericht über den Krieg in Norwegen unter dem Titel *Wir hielten Narvik* geschrieben. Nun entführte er die Leser an die Stätten lange untergegangener Kulturen – und verbuchte damit Auflage um Auflage. Eine ähnliche Popularität erwarb sich 1955 Werner Keller mit dem Buch *Und die Bibel hat doch Recht*, dessen Titel den Charakter eines Sprichwortes erlangte. Auch diese Erzählungen über biblische Orte und Ereignisse hielten eine von vielen Lesern offensichtlich als wohltuend empfundene Distanz zur Gegenwart.

Wegen ihrer Popularität landeten diese und ähnliche Bücher bald in den Buchclubs, die man in den Fünfzigern »Lesering« nannte. Diese Einrichtung, die den Mitgliedern eine bestimmte Zahl von Büchern (meist vier im Jahr) zu niedrigen Preisen und dazu weitere Angebote lieferte, gab es schon lange. Neue Schichten erschloss nun der Bertelsmann-Lesering aus Gütersloh, dank einer für deutsche Verhältnisse ungewohnt aggressiven Werbung auf der Straße, ergänzt um die Zusammenarbeit mit dem Versandbuchhandel. Bertelsmann rückte in wenigen Jahren an die Spitze der Buchgemeinschaften und popularisierte Bücher, die ohnehin schon hohe Auflagen hatten, noch weiter.

Ähnliche Wirkungen löste eine revolutionäre Entwicklung im Buchdruck aus. In der Notsituation des Jahres 1947 begann der Hamburger Rowohlt Verlag, Romane wie Zeitungen als »Rowohlts-Rotations-Romane« herzustellen: auf billigem Papier, in großem Format und ungebunden. 1950 folgten die rororo Taschenbücher, gleichfalls auf billigem Papier gedruckt, aber nun in Buchformat, wenngleich geleimt und nicht geheftet. Nummer 1 in der Reihe »Ungekürzte Romane bekannter Autoren aus aller Welt«, Preis 1,50 Mark, war Hans Falladas Roman eines Arbeitslosen *Kleiner Mann – was nun?* aus dem Jahre 1932. Es folgte das gesamte Spektrum der Weltliteratur von Kiplings *Dschungelbuch* (Nummer 3) über Tucholskys *Schloss Gripsholm* (Nummer 4) und Hemingways *Fiesta* (Nummer 5) bis zur leichteren Muse der Liebesromane wie Gábor von Vaszarys *Montpi* (Nummer 20). S. Fischer, Goldmann, Ullstein und andere Verlage zogen mit eigenen Reihen nach. Der niedrige Preis und die schlichte Ausstattung nahmen dem Buch einiges von seiner weihevollen Aura, legten sozusagen die Kulturschwelle niedriger und erschlossen so dem gedruckten Wort neue Schichten. Aber auch in den Taschenbüchern, die zu jener Zeit erstmals in den Buchhandlungen zu kaufen waren, tauchten, anders als später, vor allem die bewährten Titel auf. Sie trugen also weniger zur gesellschaftlichen Diskussion bei und begünstigten manchmal sogar die Fluchtreflexe.

Tor für Deutschland!

Einen Beitrag ganz eigener Art zum kollektiven Gefühlshaushalt leistete schließlich der Sport. Zwar war er noch kein so wichtiger Bestandteil der Freizeitindustrie wie heute, und nicht alle gingen so weit wie der ARD-

Zeitzeuge Peter Süss und radelten nach Kaiserslautern, um ihr Idol Fritz Walter zu besuchen. Aber viele identifizierten sich mit den Spitzenathleten, vor allem mit den Fußballern.

Die Siegermächte hatten zunächst jeden Spielbetrieb verboten, weil sie die Fußballclubs wie alle anderen Vereine als Teil der NS-Bewegung einordneten. Dennoch baute sich sehr schnell in Westdeutschland wieder ein Vereins- und Verbandsleben auf, und im Fußball zeigten sich bereits die ersten Symptome einer Ökonomisierung. Die Spitzenteams waren in regional gegliederten Oberligen organisiert, deren Tabellenführer am Ende der Saison um die Meisterschaft spielten. Die Bundesliga kam erst in den Sechzigern.

Schon früh begannen einzelne Vereine, ihren Spielern unter der Hand Geld zu zahlen, was verboten war und zu Skandalen führte, weil der Amateurstatus vorgeschrieben war. Um Ordnung zu schaffen, kreierte der Deutsche Fußball-Bund (DFB) einen Zwitter, den so genannten Vertragsamateur, der eine bestimmte Summe, aber eben nicht mehr annehmen durfte. Doch die Zahl der Möglichkeiten, diese Grenze zu umschiffen, war beträchtlich.

Kein Geld, sondern nur ein paar Naturalien bekamen die Mitglieder der Nationalmannschaft, als sie am 4. Juli 1954 in Bern mit ihrem Trainer Sepp Herberger und dem Kapitän Fritz Walter entgegen allen Kalkulationen der Experten die Weltmeisterschaft holten. Als das Spiel lief, waren die Straßen leer gefegt. Auch Menschen, die sich noch nie für Sport erwärmt hatten, saßen vor den Radiogeräten und den sehr wenigen Fernsehgeräten. Als der Reporter Herbert Zimmermann »Tor für Deutschland!« schrie, hielten alle den Atem an, denn es waren noch wenige Minuten zu spielen, doch als es dann hieß »Aus! Aus! Das Spiel ist aus!« brach ein Freudentaumel los, der auch die Ostdeutschen erfasste, obwohl die Westdeutschen in der Mannschaft unter sich waren. Das »Wunder von Bern« war eine nationale Angelegenheit, und viele erinnern sich des 4. Juli 1954 ähnlich wie Friedrich Christian Delius in seinem Roman als *Der Sonntag, an dem ich Weltmeister wurde*. Teilweise mündete die emotionale Welle in chauvinistischen Überschwang, zum Beispiel wenn die deutschen Zuschauer im Berner Stadion oder später bei öffentlichen Empfängen das Deutschland-Lied anstimmten, jedoch nicht die besinnliche dritte Strophe, die Bundespräsident Theodor Heuss nach anfänglichen Bedenken zur Hymne der Bundesrepublik bestimmt hatte, sondern die auftrumpfende erste Strophe: »Deutschland, Deutschland über alles...« So geschah es auch bei der größten Feier auf

Empfang der deutschen Nationalelf in München nach ihrem Sieg bei der Fußball-WM 1954.

dem Münchner Marienplatz, wo etwa 400 000 Menschen teilweise zwischen Trümmern standen, um die Weltmeister zu ehren.

Als dann auch noch der DFB-Präsident Peco Bauwens nationalistisch drauflosschwadronierte, sah Heuss sich veranlasst, die Relationen zurechtzurücken. Bei einer weiteren Großveranstaltung im Berliner Olympiastadion wandte sich der Bundespräsident an die Mannschaft: »Aus Ihrem erfreulichen Sieg haben manche Leute ein Politikum gemacht. Wir wollen die echten Werte nicht verschieben lassen. Der Sinn des Sports ist Fairness, und Sie alle haben fair gekämpft, ebenso wie Ihre Gegner.«

Auch andere Sportarten brachten internationale Erfolge. 1948 waren die Deutschen noch von den Olympischen Spielen ausgeschlossen gewesen, 1952 durften die Westdeutschen wieder dabei sein. Anderl Ostler, Gastwirt aus dem bayerischen Grainau, und sein Partner Lorenz Nieberl gewannen in Oslo im Zweierbob die Goldmedaille, die erste für Deutschland überhaupt nach dem Krieg, und avancierten zu berühmten Männern, in deren Schatten viele spätere Medaillengewinner verschwanden. Im gleichen Jahr triumphierten die Westdeutschen bei der Weltmeisterschaft im Feldhandball.

1956 konnten auch Ostdeutsche zu Olympia fahren, aber nur in einem gemeinsamen Team. Die internationalen Verbände beugten sich damit den Vorgaben der westdeutschen Politiker und ihrer Alliierten, die keinen zweiten deutschen Staat und damit auch keine zweite Mannschaft duldeten. Dieses Mal waren es ein Mann und ein Pferd, die als Mythos heimkehrten. Hans Günter Winkler aus Warendorf und Halla gewannen die wichtigste Reiterkonkurrenz, das Springen, und wurden auf ihre Weise ähnlich legendär wie die Fußballelf von 1954. Halla bekam später sogar ein eigenes lebensgroßes Denkmal aus Metall.

Sport sei »die schönste Nebensache der Welt«, hieß es damals oft, aber das war nur eine Teilwahrheit. Gerade für die Deutschen war er mehr, nämlich eine Halteleine im nationalen Gefühlsleben. Triumphe wie die der Fußballer weckten, bestätigten oder verstärkten den Eindruck, dass wieder ein Stück Achtung verschwunden war, das »wir wieder wer sind«. Insofern erfüllte der Sport eine ähnliche therapeutische Funktion wie das Wirtschaftswunder, das ja auch einiges beitrug zum Wiederaufbau eines zumindest oberflächlichen Selbstbewusstseins.

Allerdings bestand die Freizeitgesellschaft aus mehr als dem Hafen von Adano und der Soraya-Presse, dem *Schwarzwaldmädel* und dem »Bunten

Abend«, den vergangenheitsseligen Schmökern à la *Götter, Gräber und Gelehrte* und sportlichen Triumphen. Eskapismus und Kompensation prägten den Unterhaltungsbetrieb in wichtigen Teilen, aber es existierten, was oft in Vergessenheit gerät, durchaus auch anspruchsvollere Gegenangebote.

Beispiel Film: Die deutsche Heimat- und Schlagerschnulze hatte ihre große Zeit, aber jeder zweite Kinobesucher schaute sich einen Film aus dem Ausland an. Alles, was auf der Welt an ästhetisch und inhaltlich wichtigen Filmen entstand, kam auch nach Westdeutschland, sei es aus den USA oder Frankreich, Schweden oder Italien. Und auch der deutsche Film sorgte dafür, dass Anhänger einer gehobenen Unterhaltung nicht ständig darben mussten. Ganze Reihen von anspruchsvolleren Filmen kamen auf den Markt, von *Wir Wunderkinder* über die zeitangepasste Hamlet-Version *Der Rest war Schweigen* bis zu *Weil du arm bist, musst du früher sterben.*

Auch war die eigentliche Kino-Ikone jener Jahre, die Schauspielerin Ruth Leuwerik, im Gegensatz zu manchen Kolleginnen durchaus keine Kleiderpuppe. Nach einer gediegenen Ausbildung am Theater spielte die 1924 in Essen geborene Tochter einer deutschen Mutter und eines niederländischen Vaters viele Hauptrollen. Oft verkörperte sie moderne Frauen, die Beruf und Familie unter einen Hut zu bringen versuchten. So arbeitete sie in *Die ideale Frau* (1959) als Bürgermeisterin, die dank ihrer Tätigkeit die Ehe mit einem Stadtrat strapaziert. Mit solchen Rollen konnten sich vor allem Frauen identifizieren, die im und nach dem Krieg aufgewachsen waren, trotz ungünstiger Voraussetzungen ins Berufsleben drängten und deshalb Konflikte austragen mussten. Emanzipation war also nicht erst das Thema späterer Jahrzehnte.

So könnte man alle Sektoren der Unterhaltung durchdeklinieren. Überall gab es ein Pendant zum Schund und zur Gefühlsseligkeit. Jazz, Rock 'n' Roll, französisches Chanson und südamerikanische Folklore standen bereit für alle, die mehr wollten als die *Capri-Fischer.* Das Kabarett konterkarierte den »Bunten Abend«, *Spiegel, Stern* und andere Periodika die Soraya-Presse. Auch dieses Jahrzehnt bot mehr als die bloße Seichtigkeit des Seins.

Wunschkonzert auf der Kirmes
Als der Rock die Deutschen aufmischte

Erwachsene reagierten mit Abscheu und Unverständnis. Die *Westdeut-sche Allgemeine Zeitung* schrieb im November 1956 über Anhänger des Rock 'n' Roll: »Für einen halbwegs vernünftigen Menschen ist der Krawall um diesen gehaltlosen amerikanischen Musik-Rabbatz ebenso unverständlich, wie den entfesselten Halbwüchsigen selbst das Motiv ihrer blinden Zerstörungswut und kindischen Provokationen unklar sein dürfte.«

Solche Kommentare sprachen vielen aus der Seele. Die Zustände hatten sich normalisiert, der Wirtschaftsmotor brummte, die Deutschen waren wieder wer. Aber statt die aus dem Nichts gewonnene Lebensqualität zu genießen, gingen da plötzlich Jugendliche auf die Straße, schlugen sich mit der Polizei herum, schmissen den einen oder anderen Stein und hatten offensichtlich auch noch Spaß daran. Besonders verwirrend fanden es die Erwachsenen, dass diese Vorkommnisse mehr waren als ein örtliches Aufflackern von ein bisschen jugendlichem Überschwang. Hier rührte sich zum ersten Mal in der Nachkriegsgeschichte so etwas wie Revolte, sogar Anarchie.

Das Phänomen verstanden viele Ältere schon darum nicht, weil sie den Musikgeschmack der Jugendlichen nicht verstanden. Bis zur Mitte des Jahrzehnts hatten diese mehr oder weniger im Einverständnis mit der Musikwelt der Eltern gelebt: Operette, Walzer, Polka, Märsche, Schlager. Nun aber brach wie ein Naturereignis der Rock 'n' Roll über diese, was die Unterhaltungsmusik anging, nicht gerade anspruchsvolle Gesellschaft herein, und die USA lieferten auch hier wieder die Leitbilder.

Rock 'n' Roll, wörtlich übersetzt »wiegen und rollen«, war eigentlich eine spezielle Form des Jazz, aber seine Attraktivität ging weit über die Jazz-keller hinaus. Die harten, ans Zwerchfell rührenden Rhythmen, die nicht immer stubenreinen englischen Texte und ein Tanz, den viele als »enthemmt« betrachteten – das alles war neu, revolutionär. Viele Erwachsene spürten zumindest, dass sich hier etwas rührte, was dem eigenen angepassten Lebensstil zuwiderlief, und sie antworteten nicht nur mit Unverständnis, sondern auch mit Aggressivität. In den Familien löste der Rock 'n' Roll Generationskonflikte aus. Jugendliche durften die Platten mit der »Negermusik« (wahlweise »Hottentottenmusik«) zu Hause nicht abspielen. Sie mussten sich wegen ihrer »Nietenhosen« verteidigen und sich wegen der längeren Haare verantworten, obwohl die bei weitem noch nicht so weit in den Nacken reichten wie in den Sechzigern. Gesellschaftliche Sprengkraft entwickelte der Rock 'n' Roll aber vor allem dann, wenn Konzerte oder Filmvorstellungen mit Randale endeten und das Mobiliar zu Bruch ging. So mischte eine Musik die Gesellschaft in einer Weise auf, die einzuordnen auch Journalisten, Politikern und Wissenschaftlern Probleme bereitete.

Die ARD-Zeitzeugen Manfred und Waldo Parpalioni haben die Szene aus der Nähe beobachtet und sogar am Rande ein bisschen mitgeprägt. In ihrer Arbeit als Schausteller mit einem wegen seiner Begleitmusik beliebten Karussell spiegelt sich ein Stück Alltags- und Jugendkultur.

Rock around the clock

Die Zwillinge Parpalioni sind keine frühen Gastarbeiter, sondern entstammen einer griechisch-italienischen Familie, die schon länger in Deutschland zu Hause ist. Auch ihre aus dem Ostwestfälischen kommenden Eltern ziehen über die Jahrmärkte und Kirmesplätze. Anfang der Fünfziger, die beiden sind gerade 20, tauchen sie mit einem eigenen Geschäft auf den Rummelplätzen auf.

Zunächst versuchen sie es mit einer Tombola, das Los 10 oder 20 Pfennige, Hauptgewinn ein Eimer oder ein Präsentkorb mit Eiern, Wurst, Butter und – welcher Luxus – einer Flasche Wein. Die Zeit der Mangelwirtschaft ist gerade zu Ende gegangen, die Menschen befriedigen ihren Nachholbedarf und vergnügen sich an Parpalionis Losbude, die mit Fußrost, Brettern auf Böcken und Regalen im Hintergrund denkbar schlicht ausgestattet ist. Noch ist keine Rede von den späteren blitzenden Dekorationen, aber die Konkurrenz schläft nicht. Immer mehr Tombolas mit immer großzügigerem Equipment siedeln sich auf den

Kirmesplätzen an. Das Interesse an Esswaren schwindet. Die Brüder versuchen es mit Teddybären als Hauptgewinn. Dann verlosen sie Pralinen oder Sekt. Inzwischen haben auch sie einen dieser neuen, hydraulisch aufklappbaren Wagen, der allerdings ebenso wenig verhindert, dass im Sommer die Schokolade zu fließen beginnt und die Sektkorken aus den Flaschen springen.

Die Zwillinge Parpalioni
mit ihrem Karussell.

Manchmal stehen mit ihnen zehn weitere Großtombolas auf den Plätzen, aber nur zwei Karussells. Die Zwillinge sind inzwischen 23 Jahre alt und wissen, dass sie sich umstellen müssen. 1953 kaufen sie ein Fahrgeschäft aus zweiter Hand, 1939 gebaut, vom früheren Betreiber stillgelegt, als der in den Krieg ziehen musste. Die Fahrbahn ist geneigt.

Die einzelnen Wagen, Schesen genannt, sehen aus wie Bobs. In der Mitte ein Globus, der sich gegenläufig zu der Schlange der Wagen dreht. Mit einer Zugmaschine, die nur 20 Kilometer in der Stunde schafft, fahren sie mit ihrer Neuerwerbung nach Münster, wo dreimal im Jahr Kirmes, hier »Send« genannt, ansteht. Der Platz ist teilweise von englischen Einheiten belegt, auf dem den Brüdern zugewiesenen Standort liegen noch Trümmer, die sie erst einmal beseitigen müssen. Waldo und Manfred Parpalioni bauen ihr Karussell mit seinen 800 Schrauben auf, werfen einen Plattenspieler an, hauen mit einem Stöckchen auf das Schild, das den Preis für eine Fahrt, 10 Pfennige, verkündet, und sind gespannt, was passiert. Es passiert wenig. Darum gehen sie dazu über, die Schallplatten über ihren primitiven Lautsprecher anzusagen: Caterina Valente, Freddy Quinn und all die anderen ... Die Platten sind damals noch groß und aus Schellack, ein Titel pro Seite, 78 Umdrehungen in der Minute. Eine Nadel überträgt den Ton und erzeugt starke Nebengeräusche, weil Platte und Nadel sich rasch abnutzen. An manchen Tagen verbrauchen sie 60 bis 70 Nadeln.

Sonntags ist Familientag auf den Rummelplätzen; später, als die Arbeitszeiten schrumpfen, kommen die Mamas und Papas mit den Kindern auch schon am Samstag. An den Wochentagen stellen die Jugendlichen das Gros des Karussell-Publikums. Sie sagen nicht »Platte«, sondern »Scheibe«, und sie bitten, die beiden sollen doch mal die »Scheibe« X oder Y auflegen. So spielen die Parpalionis immer häufiger Titel auf Wunsch und nennen das ganze, nach dem Vorbild des Radios, »Wunschkonzert« Unter den musikliebenden Jungen und Mädchen spricht sich herum, dass bei den beiden gut aussehenden Jungs heiße Musik zu hören ist. Das Wunschkonzert an der Bob-Bahn wird zur Institution, zum Kult.

Mittlerweile haben sie eine stärkere Zugmaschine, die mehr als 40 Kilometer in der Stunde machen kann. Sie erweitern das Geschäftsgebiet und bewegen sich zwischen Bremen und Düsseldorf. Wo es geht, fahren sie auf der Autobahn, da ist immer noch so wenig Verkehr, dass auch ihr langsames Gefährt nicht stört. Ein großer Fortschritt ist auch die neue Schallplatte aus Vinyl, kleiner und mit 45 Umdrehungen zu spielen. Ein viel länger haltbarer Saphir ersetzt die Nadel, es entstehen wesentlich weniger Geräusche. Und dann bricht um das Jahr 1955 die Zeit des Rock 'n' Roll an. Die Jugendlichen sind wie elektrisiert und fragen nach der neuen Musik. Die Brüder Parpalioni reagieren sofort und bringen immer die neuesten Titel, 200 bis 300 haben sie im Bestand – eine Menge, die später einer Disco zur Ehre gereicht hätte.

Wenn sie mittags um 14 Uhr öffnen, warten die Jugendlichen, meist Schülerinnen und Schüler, schon, dass es endlich losgeht. Am Nachmittag und Abend stehen manchmal Hunderte vor und auf dem Karussell. Die Menge gerät in Bewegung, als ob sie sich auf dem Tanzboden oder im Konzert befände. Einige tanzen die akrobatischen Figuren, die zum richtigen Rock 'n' Roll gehören, sogar den Überschlag, bei dem der Junge das Mädchen über die Hüfte schwingt. Ständig gehen beim Mann am Plattengerät neue Wünsche ein. Beim Auflegen sind die Parpalionis nie um einen flotten Spruch verlegen. Manchmal ist die Wunschliste so lang, dass sie nur die Refrains spielen können. Einige Platten müssen sie zwei- bis dreimal im Jahr ersetzen, weil sie ausgeleiert sind. Dazu gehört natürlich Bill Haleys *Rock around the clock*, die Hymne einer ganzen Generation.

Die Nachfrage wird immer drängender. In ihrer ostwestfälischen Provinzheimat haben die Schausteller kaum Chancen, die neuen Platten von Elvis Presley, Little Richard, Pat Boone oder Chuck Berry zu beziehen. Sie erschließen sich andere Quellen, besorgen sich das Neueste aus den Naafi-Läden, wo sonst nur die englischen Soldaten und deren Familien einkaufen. Deutsche dürfen nicht hinein, aber da gibt es Umwege über musikbegeisterte Briten. Oder sie fahren nach Holland, wo es die einschlägigen Scheiben früher gibt als in Deutschland. Was gerade aktuell ist oder wird, erfahren sie, wenn sie, wie viele ihrer Besucher, AFN und BFN hören, die Soldatensender der Amerikaner und Engländer. Manche Titel können sie noch als 75-Jährige singen, so Elvis Presleys Ohrwurm *Tutti frutti*. Zwischendurch spielen sie auch mal deutsche Titel, etwa von Peter Kraus, der bis heute auf der Rock-Welle zu schwimmen versucht. Aber die damaligen Karussell-Gäste mögen das nicht so gern, sie wollen die amerikanischen Originale. Dabei ist, je nach Situation und Kirmesbegleitung, nicht immer der harte Rhythmus gewünscht, manchmal verlangt es die Teenager nach Nähe, Romantik und Schmuserock wie *Love me tender* und *Smoke gets in your eyes*. Das Karussell der Parpalionis ist der Treffpunkt. Manche Jugendliche sind nach der Musik so süchtig, dass sie den beiden im Zug in die nächste Stadt nachreisen.

Nicht nur musikalisch, auch modisch setzen Waldo und Manfred Standards. In Düsseldorf oder Frankfurt kaufen sie Hosen, Schuhe und all das Kleidungszubehör, das zu einem Rock-Fan gehört und das es in der Provinz nicht gibt. Stolz sind die Parpalionis, wenn sie Bilder der großen Stars aufhängen und ihre jugendliche Kundschaft bewundernd feststellt, sie sähen denen ähnlich.

Nach den ersten Randalen in größeren Städten werden die Ordnungsbehörden überall misstrauisch. Sie erfahren, dass es da auf der Kirmes ein Karussell gibt, wo genau jene Musik gespielt wird, die woanders die Jugend in Erregung versetzt. Die Parpalionis bekommen Probleme, hier und dort verbieten ihnen die Beamten, Rock-Platten zu spielen. Begründung: jugendgefährdend. Dabei haben die beiden mit Krawall und Protest nichts am Hut. Sie lieben die Musik, wie ihre Karussellkundschaft sie liebt, und sie möchten ein Geschäft mit ihr machen. Mehr nicht.

Einmal sind die Brüder in Dortmund und wollen den berühmten Film *Außer Rand und Band* sehen, der zur Hauptsache aus der von den Jugendlichen geliebten und von den Erwachsenen gefürchteten oder gehassten Musik besteht. Als sie zum Kino kommen, hat die städtische Obrigkeit ihn wegen der zu befürchtenden Krawalle abgesetzt. Das aber hat genau den Effekt, den die Behörden verhindern wollten. Die beiden beobachten, wie die frustrierten Jugendlichen durch die Stadt rennen, »Rock 'n' Roll« brüllen und auch schon mal einen am Wege stehenden Abfallbehälter zertreten. »Sind die bekloppt?«, denken Manfred und Waldo Parpalioni. Heute glauben sie, dass sie »Ausbrüche von Lebensfreude« gesehen haben.

Die Halbstarken

Die mehrere Jahre lang immer wieder aufflackernden Krawalle begannen in Hamburg bei einem Konzert, das mit »Rock 'n' Roll« wenig zu tun hatte. Etwa 7000 Jugendliche wollten den Amerikaner Louis Armstrong sehen und hören, den traditionellen Jazztrompeter und Sänger, der in Deutschland große Popularität genoss. Aber alles ging schief, was schief gehen konnte. Zuerst versagte das Mikrofon. Dann stellte sich heraus, dass die Lautsprecher schlecht ausgesteuert waren und es mit der Akustik in der

Halle sowieso haperte. Auch »Satchmo« enttäuschte die Menge. Wegen wunder Lippen konnte er nicht wie gewohnt die Trompete blasen. Nach anderthalb Stunden brach er das Konzert ab. 30 Minuten lang Pfiffe. Keiner erklärte, was los war. Die Musiker kehrten zurück, als die ersten Fans auf die Stühle kletterten, doch nur für ein kurzes Stück. Die Gruppe zog sich endgültig zurück, Flaschen, Dosen, Teile von Stühlen flogen. Als die Polizei anrückte, war die Menge damit beschäftigt, die Bestuhlung zu zerlegen. Heftige Rangeleien, die Ordnungsmacht räumte die Halle. Draußen aber warteten weitere Fans auf Einlass zum nächsten Konzert. Tumulte, Straßenschlacht. Einige Jugendliche brachten Wasserschläuche an sich und richteten sie auf die Polizisten. Was 15 Jahre später fast Alltag in der Bundesrepublik werden sollte, war um diese Zeit unerhört. Einige Jahre zuvor hätten die Jugendlichen vermutlich brav die Halle verlassen. Dass sie dazu jetzt nicht mehr gewillt waren, zeigte, dass sich etwas verändert hatte in der Republik.

Die Zwischenfälle häuften sich. Bald war landauf, landab die Rede von »Halbstarken-Krawallen«. Einen Höhepunkt erreichte die Welle im Sommer 1956, als sich in mehreren Städten Jugendliche, ob mit oder ohne musikalischen Anlass, einen Spaß daraus machten, den Verkehr zu stören und mit der Polizei Katz und Maus zu spielen. Im Herbst dieses Jahres kam jener Film in die Kinos, den die Brüder Parpalioni in Dortmund vergebens zu sehen versuchten: *Außer Rand und Band* mit der Band von Bill Haley. In vielen Theatern begannen die Besucher schon während der Aufführung, auf den Sitzen zu tanzen. Danach zogen sie durch die Straßen, blockierten den Verkehr und ärgerten die Polizei.

Um diese Zeit nahm sich auch der deutsche Film des Themas an. Schon der Titel kündigte an, dass es um *Die Halbstarken* ging. Horst Buchholz spielte einen Jungen, der von zu Hause ausgerissen war, weil er den autoritären Vater nicht mehr ertrug, und dann auf die schiefe Bahn geriet. Es ging also um mehr als Musik und Randale, nämlich um ein Beziehungsproblem, aber Kritiker fanden die Realisierung oberflächlich.

In Dortmund entwickelte sich eine ganze Krawall-Serie. Es gab Tage, an denen drei- bis viertausend Jugendliche sich beteiligten. Die Lokalzeitung hatte eine ständige Rubrik, in der sie von der »Rock 'n' Roll-Front« berichtete. Wolfgang Kraushaars *Protestchronik* erwähnt noch viele andere Städte, in denen die Randale auf der Tagesordnung stand. Bill Haley war ein Star der Jugendlichen, aber zum Superstar der ganzen Bewegung stieg Elvis Presley auf, ein früherer Lastwagenfahrer aus den USA, der später an seinem eigenen, nicht bewältigten Ruhm zugrunde gehen sollte. Auch *Der Spiegel* versuchte sich dem Phänomen Rock 'n' Roll und dessen Hauptfigur zu nähern. In einer Titelgeschichte hieß es über einen typischen Auftritt des als »sextraordinäre Persönlichkeit« bezeichneten Musikers: »Presley erscheint auf der Bühne in farbenfroher Kostümierung. Er trägt mit Vorliebe lila Hemden und schlägt mit Vorliebe ein paar Akkorde auf seiner Gitarre. Er greift das Mikrofon und schreit, stöhnt, wimmert, gluckst, hechelt unartikulierte, abgehackte und stereotyp wiederholte Wortfetzen in das Mikrofon, während sein Unterleib zum heiseren Rhythmus der Rock 'n' Roll-Musik Windungen und Zuckungen vollführt, die nach seinen eigenen Worten ›den fundamentalen menschlichen Trieb‹ ausdrücken sollen, aber eher der Gestik einer talentierten Entkleidungskünstlerin gleichen.«

Die Autoren solcher Berichte ließen in der Regel die Schilderung von kreischenden, sich gleichfalls windenden Teenagern vor allem weiblichen

Jugendliche bei Krawallen während eines Konzertes von Johnnie Ray in Berlin 1958.

Geschlechts folgen, um zu zeigen, wie exotisch das alles war. Kein Wunder, dass die Medien ausgiebig berichteten, als dieser Verderber der Jugend als Soldat in Deutschland erschien. Am 1. Oktober 1958 machte die »USS General Randall« in Bremerhaven fest. Ein hoch gewachsener Jüngling in Uniform kam mit dem üblichen Gepäcksack über der Schulter die Gangway herunter und stolperte fast, als etwa 1500 junge Deutsche, die lange auf diesen Moment gewartet hatten, zu schreien begannen. Das Bonner Haus der Geschichte widmete dieser Ankunft und dem Aufenthalt Presleys in Deutschland 2004 eine eigene Ausstellung, in der man den Tagebuch-Eintrag eines Teenagers lesen konnte: »Dieser Tag war der größte Tag meines Lebens.« Eine Bürgerin des hessischen Städtchens Friedberg, wo Presley stationiert war, sah das anders und schrieb an ihre Stadtverwaltung: Man solle die sich in Friedberg sammelnden weiblichen Fans »mit der Peitsche davonjagen«.

In diesem tiefen Erschrecken über die eigene, auf einmal so fremde Jugend ging ein wenig unter, dass die Bewegung viele Regionen der westlichen Welt und sogar darüber hinaus erfasst hatte. In England hießen die Rock 'n' Roll-Fans »Teddy-Boys« oder »Hooligans« – eine Bezeichnung, die später den gewalttätigen Fußballfans vorbehalten war. »Laederjakker« erschreckten die Dänen, »Plattenbrüder« die Österreicher, »Gamberros« die Spanier, und auch auf den Ostblock schwappte die Bewegung über, weshalb sich die Sowjetunion von »Chuliganen« heimgesucht sah.

Die DDR schaltete sofort auf ideologische Abwehr, als sich die ersten Rock 'n' Roller regten. Eine FDJ-Zeitung schrieb: »Zurzeit lässt man einen Elvis Presley noch in der Uniform des amerikanischen Besatzers smart lächeln. Seine Darstellung in dieser Pose enthüllt, dass sich ›heiße‹ Musik und Militarismus ergänzen.« Wie viele junge Menschen sich trotzdem anstecken ließen von dem Fieber, erfuhr wieder einmal niemand. Bekannt ist aber, dass sich auch in der DDR Rock 'n' Roll-Clubs gründeten und dass sie verfolgt wurden, wenn die Obrigkeit von ihrer Existenz erfuhr. So machte einer dieser Vereine den Fehler, seine Adresse in der westdeutschen Jugendzeitschrift *Bravo* zu veröffentlichen. Die Stasi beschlagnahmte umgehend alle Dokumente, verschonte auch die eigenhändig bemalten Hemden nicht und löste den Club auf. Doch die Behörden gingen noch weiter. Besonders ideologiegefährdend fanden sie die bei den Rock 'n' Rollern übliche Art, einander beim Tanzen loszulassen. Dieses »Auseinandertanzen«, wie das im DDR-Deutsch hieß, war wohl zu anarchisch und wurde darum da oder dort untersagt.

»Weil ihr schwach seid«

Ob West oder Ost, ob mit oder ohne Krawalle, das Thema Rock 'n' Roll und Halbstarke beschäftigte die Öffentlichkeit heftigst. Hier trat etwas zutage, was überhaupt nicht in die Landschaft zu passen schien. Die Betroffenen selbst, zumeist junge Arbeiter und Jugendliche, kümmerten sich wenig um ihre Motive, sie hatten keinen gedanklichen oder gar ideologischen Über- beziehungsweise Unterbau. Professionelle Zeitdeuter näherten sich dem Phänomen mit der großen Keule. Da war die Rede von »asozialen Jugend- lichen«, von Kraftprotzentum, von Geltungssucht, von Nihilismus, von mangelnder personaler Verantwortung, die zum Entlastungszwang führe, oder von psychischer Infektion, die labile Jugendliche befalle.

Zu kurz kam dabei die Tatsache, dass sich ein Teil der Jugend den An- forderungen der Erwachsenenwelt nicht mehr so geschmeidig anzupassen bereit war wie in der ersten Zeit des Aufbruchs und Aufbaus. Über die Schicht der jungen Arbeitnehmer hinaus avancierte der melancholisch-pro- testierende James Dean auch in Deutschland mit Filmen wie *Jenseits von Eden* und *Denn sie wissen nicht, was sie tun* zum Idol, und manche wollten in Horst Buchholz aus den *Halbstarken* den deutschen James Dean erkennen. Als sich der Amerikaner im schnellen Sportwagen zu Tode fuhr, erfüllte er endgül- tig die Anforderungen eines Symbols für Rebellentum. Ähnlich wie Marlon Brando, der als Schauspieler und als Privatmann ständig revoltierte und da- durch populär wurde. Und auch der narbige Eddie Constantine, Haudrauf vieler französischer Filme, galt bei aller satirischen Distanz seiner Figuren vielen jungen Menschen als Verkörperung des Abweichlertums. Mehr intel- lektuell orientierte junge Menschen entdeckten den französischen Nihilis- mus und die Chansons, die von Tristesse geprägten Bücher der Françoise Sagan und die (für damalige Verhältnisse) freie Sexualität der Schauspiele- rin Brigitte Bardot, die 1956 mit *Und immer lockt das Weib* Furore machte.

Es ging also um mehr als ein bisschen Randale von Jugendlichen, die schlecht erzogen waren und nicht wussten, wohin mit der Kraft. Der sonst eher zum Konservatismus neigende Soziologe Schelsky kam der Wahrheit wohl näher als viele andere, als er das Krawallverhalten als eine »ungeplante Ausbruchsreaktion« beschrieb, die in vitalen Bedürfnissen wurzele. Jugend- liche protestierten nach seiner Ansicht »gegen die manipulierte Befriedi- gung des modernen Lebens und gegen den unangreifbaren Konformitäts- druck der modernen Gesellschaft«.

Der Autor kam sogar zu dem erstaunlichen Schluss, dass nicht die Jugendlichen die Ordnung störten, sondern dass umgekehrt die Ordnung die Jugend störe. Und er sagte weitere scheinbar sinnlose Ausbruchsversuche »aus der in die Watte manipulierter Humanität, überzeugender Sicherheit und allgemeiner Wohlfahrt gewickelten modernen Welt« voraus. Das klingt heute wie eine Vorahnung der Jugendrevolten, die in den Sechzigern und Siebzigern die Gesellschaft in Atem hielten.

Schelsky schloss sein Buch mit dem langen Gedicht eines unbekannten, aber ganz offensichtlich jungen Autors, der die von den Erwachsenen aufgebaute Welt frontal angreift. Am Anfang dieses bemerkenswerten Dokuments heißt es:

Weil ihr schwach seid, habt ihr uns Halb-
Starke genannt; und damit verdammt ihr eine
Generation, an der ihr gesündigt habt,
weil ihr schwach seid.

Wenn der Ostsender Westmusik spielt
Jugendliche in der DDR

Etwa 3000 Mitglieder der FDJ marschierten am 29. Mai 1952 durch Leipzig. Sie protestierten mit ihrer »Friedenskundgebung« gegen die Westintegration der Bundesrepublik und den dort geplanten »Wehrbeitrag«, die Wiederbewaffnung. Die jungen Menschen trugen allerdings selbst Uniform und Gewehre. Pazifismus mit der Waffe in der Hand – solche und andere Widersprüchlichkeiten mussten auffallen. Zu denen, die diese Spannungen schmerzlich und bewusst erlebt haben, gehört der ARD-Zeitzeuge Georg Ulrich aus Magdeburg.

Blauhemd und Nietenhose

Das Hemd ist aus dickem, blauen Stoff und kratzt. Georg Ulrich bekommt es überreicht, als er 14 Jahre alt wird und darum von den Jungen Pionieren (JP) zur FDJ wechselt, deren Mitglieder es als Kluft tragen. Eines Tages kombiniert Georg es mit einer Nietenhose und geht damit in die Schule, wo der wöchentliche Fahnenappell ansteht. Die Hose aber gilt der DDR-Obrigkeit als typisch für den dekadenten Imperialismus. Oben Osten, unten Westen – das ist eine Provokation. Georg muss die angetretene Formation verlassen, den Appell aus der Distanz verfolgen und darf fortan nicht mehr in dem inkriminierten Kleidungsstück in die Schule kommen.

Immer wieder gerät der Magdeburger, Jahrgang 1942, in solche Situationen, die er nicht recht versteht. Er sieht durchaus positive Aspekte des DDR-Lebens und ist dann wieder enttäuscht über die doktrinäre Enge, die ihn umgibt. Das beginnt schon beim Friseur in der Nachbarschaft, den alle Papa Ries nennen und der sein Geschäft in einem Keller betreibt. Für die Wartenden liegen die üblichen Zeitungen aus, darunter allerdings auch Tarzan-Hefte aus dem Westen, die als verderblicher Schund gelten und offiziell verpönt sind. In das Geschäft kommen auch Leute von der Staatssicherheit oder andere bekannte Magdeburger. Dann müssen die Tarzan-Hefte unter anderen alten Blättern verschwinden.

Papa Ries beherrscht nicht nur den zeitüblichen Einheitsschnitt, sondern schneidet die Haare auf Wunsch zum Beispiel auch so nach vorn gekämmt, wie der berühmte DDR-Schriftsteller und Theaterleiter Bertolt Brecht sie getragen hat. Mit dieser Cäsaren-Frisur steht Georg einmal auf dem Leipziger Bahnhof, ein Arbeiter tritt an ihn heran und fragt: »Junge, wie siehst denn du aus?« »Wieso«, entgegnet dieser, »ich hab mir die Haare wie Brecht schneiden lassen.« Sein Gegenüber ärgert so viel Individualismus offenkundig, er ohrfeigt den Jungen, rechts und links. Bei solchen Gelegenheiten beginnt der zu grübeln: Was ist richtig, was ist falsch? Wo ist es besser, im Osten, im Westen? Woran musst du denken, was musst du anders machen?

Die Sache mit der Frisur ist für ihn auch darum wichtig, weil er Brecht als Vorbild betrachtet, ähnlich wie die Schriftstellerin Anna Seghers und andere Intellektuelle. Ein Deutschlehrer hat eine Zeit lang bei Brecht gearbeitet und erzählt nun »die tollsten Geschichten« über den aus der Emigration nach Ostdeutschland gekommenen Gründer des Berliner Ensembles. Von Anna Seghers liest die Klasse *Das siebte Kreuz*, jene Geschichte, in der sieben Gefangene aus dem Konzentrationslager ausbrechen. Sechs kommen nicht weit und enden am Kreuz. Einem gelingt die Flucht; das siebte, für ihn bestimmte Kreuz bleibt leer und wird zum Symbol für die Hoffnung und die Widerstandskraft der NS-Opfer. Als die Klasse darüber spricht, ist es »über Stunden mucksmäuschenstill«, wie Georg Ulrich sich erinnert. Der in der DDR hochgehaltene Antifaschismus berührt viele Jugendliche tief, gleichgültig ob ihn die Offiziellen oder andere formulieren. Georg jedenfalls sagt sich manchmal, dass Menschen wie Brecht und Seghers ja nicht von ungefähr nach dem Exil in die DDR und nicht in die Bundesrepublik gegangen sind.

Irritierend jedoch ist die Erfahrung mit dem Radio. In Magdeburg hört seine Familie fast täglich den RIAS Berlin, die Jungen aber hören auch den Soldatensender 904, ein von der DDR nach Westen ausgestrahltes

Programm, das junge Bundesdeutsche agitieren soll: Geht nicht zur Bundeswehr! Dieser Regierungssender spielt, um für westdeutsche Jugendliche attraktiv zu sein, jene flotte Westmusik, die das Regime offiziell als Schund brandmarkt und den Jugendlichen im eigenen Staat vorenthalten möchte. Das soll ein junger Musikfan in der DDR verstehen!

Dann wieder erlebt Georg Dinge, die ihn ermutigen. Einmal fragt der Leiter seiner FDJ-Gruppe, ob die Lebensverhältnisse in Ost oder West besser sind. Georg sagt: »Ganz einfach, ich schreibe an meine Tante im Westen und frage, was dort Mehl, Zucker, Milch und andere Grundnahrungsmittel kosten.« Die Tante schickt Zahlen, und beim Vergleichen stellt sich heraus, dass diese Artikel drüben mehr kosten als die Lebensmittel im Osten. Aber die Jugendlichen fragen weiter: »Was verdient ein Arbeiter hier und was drüben, und wie kann man das verrechnen?«

Ernüchternd wirkt sich aus, was die Klasse erlebt, als sie Ende des Jahrzehnts in der Landwirtschaft arbeiten muss. Es ist die Zeit der forcierten Kollektivierung. Viele Hofbesitzer haben das Dorf in der Altmark, wo die Gruppe eingesetzt ist, verlassen. Die wenigen verbliebenen Bauern können das Vieh nicht mehr versorgen. Die Jungen holen die Kadaver eingegangener Fohlen von der Weide und kommen in Pferdeställe, in denen sich der Mist meterhoch türmt. Sie fühlen sich verantwortlich, sie packen an. Und abends, als sie den Vortrag eines Palästinensers über den Aufbau des internationalen Sozialismus über sich ergehen lassen müssen, fragen sie sich: »Warum reden wir nicht über die Zustände im Dorf? Warum sprechen wir nicht mit den Menschen hier!« Manch einer der Kameraden kommt zu dem Schluss, es sei Zeit, die DDR zu verlassen.

Eines Tages glaubt auch Georg, dass seines Bleibens nicht länger ist. Er fühlt sich zwar immer noch als DDR-Bürger, andererseits lockt ihn der Westen, weil er zu Hause aus sehr durchsichtigen Gründen nicht die Chance bekommt, die er sucht: Georg interessiert sich für Fotografie und Film und möchte nun, nach der Oberschule, eine Ausbildung in diesem Bereich absolvieren. Aber er gilt als Kind kapitalistischer Eltern, und darum befinden die Verantwortlichen, dass er zunächst drei Jahre als Melker nach Mecklenburg gehen soll. Also zieht er nach Westberlin, das er von vielen Besuchen kennt. Regelmäßig ist er mit seinem Vater dorthin gefahren, um im »Amerika-Haus« Zeitungen zu lesen, einzukaufen, ins Kino zu gehen.

Dort besucht Georg eine Fotofachschule, leidet aber nun darunter, dass die Westler ihn als Ostler nicht immer ernst nehmen. Einmal fragt er eine Mitstudentin, Tochter reicher Eltern, ob sie ihm von ihrem reichlichen Vorrat an Fotopapier etwas abgeben könne. Sie antwortet, dass sie ihm Papier verkaufen könne, 25 Pfennige das Blatt, 5 Pfennige weniger als im Geschäft, aber er muss sofort zahlen. »Da habe ich«, sagt Georg heute, »das erste Mal Kapitalismus richtig verstanden.«

Heimweh befällt ihn, und er fährt über Weihnachten noch einmal nach Magdeburg, wo die Eltern tief erschrecken, als er vor der Tür steht, weil sie fürchten, die Polizei werde ihn als Republikflüchtling festnehmen. Der Sohn darf zwei Wochen lang nicht aus dem Haus gehen, damit ihn niemand sieht, und im Pferdetransporter eines Onkels fährt er schließlich nach Ostberlin und von da wieder nach Westberlin. Noch lange träumt er von dieser Episode, und meistens endet der Traum im Gefängnis.

Die Schule der Anpassung

Was Georg Ulrich an Hoffnungen, Enttäuschungen, Zwiespältigkeiten erlebte, war die Folge einer für die DDR (und andere sozialistische Staaten) typischen Verzahnung verschiedener Lebensbereiche. Der Fahnenappell, bei dem er wegen der Hose auffiel, fand in der Schule statt, die Maßregelung ging von FDJ-Führern aus. Beide, Schule und Jugendorganisation, spielten entscheidende Parts bei dem Bestreben der SED, die jungen Menschen in ihrem Sinne zu formen.

Die FDJ war nach dem Freien Deutschen Gewerkschaftsbund (FDGB) die zweitwichtigste unter den Massenorganisationen, die der SED als Transmissionsriemen für ihre Politik dienten. Diese Funktion war im Fall der FDJ nicht von vornherein selbstverständlich, denn als sie sich 1946 gründete, gab sie sich als überparteilich. Allerdings hatten die Kommunisten von Anfang an das Sagen. Ein Jahr später bekamen die Mitglieder die blauen Hemden und eine Fahne mit einer aufgehenden Sonne. Je länger je mehr identifizierte sich zumindest die Spitze des Verbands mit der SED, zuerst informell, dann auch laut Satzung. 1952 beschloss das »Parlament«

der FDJ eine Verfassung, in der es hieß: »Die FDJ anerkennt die führende Rolle der Arbeiterklasse und der großen sozialistischen Einheitspartei Deutschlands auf allen Gebieten des demokratischen Aufbaus.« Später gehörte es zu ihren offiziellen Aufgaben, »schädliche Einflüsse des Westens auf die Jugend zu bekämpfen«, womit auch die Abwehr »dekadenter« Kleidungsgewohnheiten wie Nietenhosen gemeint war. Das musste bei Mitgliedern, die sich wie Georg Ulrich ihre eigenen Gedanken machten, zu Frust führen. Doch wer opponieren wollte, überlegte sich das tunlichst zweimal. Die FDJ kannte zwar keine Zwangsmitgliedschaft, aber ihre Spitzen übten massiven Einfluss aus.

Noch keine so große Rolle spielte das bei den Jungen Pionieren. In den Gruppen der bis zu 14-jährigen Jungen und Mädchen standen Sport, Spiel und Ferienlager im Vordergrund, jene Elemente des Spaßes und der Spannung, die alle Jugendorganisationen pflegen. Wenn aber die Altersgrenze erreicht war, übernahm die FDJ die Pioniere in der Regel klassenweise. Jetzt verstärkte sich der ideologische Druck und damit die Abhängigkeit. Zu den Vorrechten der FDJ-Leiter gehörte es zum Beispiel, darüber zu befinden, ob Schüler Abitur machen und ob sie danach studieren durften. Das konnte intelligente Jugendliche wie Georg Ulrich, die höhere Bildungsziele verfolgten, in Schwierigkeiten bringen. Er durfte zwar Abitur machen, sollte sich dann aber erst einmal als Melker bewähren. Anderen »Bürgerkindern« ging es ähnlich, so manchem Talent wurde der Weg verbaut. Weniger Probleme hatten Jungen und Mädchen, die nicht so hoch hinaus wollten. Es gab ausreichend Arbeitsplätze, die Bewerber hatten die FDJ nicht nötig – und mieden sie. Die bekam denn auch Schwierigkeiten bei der Anwerbung »werktätiger« Jugendlicher.

Auf der Schule hing viel von den Lehrern ab, ob und welche Spielräume den einzelnen Schülern blieben. Offiziell hatten sie die Aufgabe, in enger Zusammenarbeit mit der FDJ die Jugendlichen ideologisch zu festigen, sie, wie es hieß, zu »allseitig entwickelten Persönlichkeiten« zu erziehen, die »fähig und bereit sind, den Sozialismus aufzubauen«. Allerdings bemühte sich das Bildungswesen nicht nur um Einseitigkeit, sondern auch um Expansion. In der Bundesrepublik kehrten Schule und Hochschule zunächst weitgehend zu den alten Formen zurück, die DDR krempelte sie um und erhöhte dabei die Bildungschancen erheblich.

1952 existierten sechs Universitäten und 16 wissenschaftlich-technische Hochschulen, allein in den beiden folgenden Jahren kamen jeweils 25 weitere hinzu. Die Zahl der Studienplätze stieg jährlich um 5 Prozent, die der Studenten von 1951 bis 1954 von 28 000 auf 57 000. Bis Anfang der Sechziger wuchsen die Ausgaben des Staates für Wissenschaft und Ausbildung auf 7 Prozent des Sozialprodukts, die Bundesrepublik blieb dahinter weit zurück. Gleichzeitig förderte man systematisch die Kinder bislang bildungsferner Schichten, zum Beispiel durch die Einrichtung der »Arbeiter- und Bauernfakultäten«, wo begabte Kinder auch ohne Abitur studieren konnten. Schon 1953 kam jeder zweite Studierende aus einer Arbeiter- oder Bauernfamilie (in der Bundesrepublik war es nicht einmal jeder zehnte), was viele der Betroffenen mit Genugtuung und Dankbarkeit quittierten.

Eine weitere wichtige Bildungsreform betraf die Ausrichtung auf die »polytechnische« Erziehung, die seit 1956 zur offiziellen Doktrin gehörte und im Marxschen Sinne den Unterricht mit sozialistischem Denken und praktischer Arbeit verzahnen sollte. In die zehnklassige »Allgemeinbildende polytechnische Oberschule« (POS) gingen fast alle Kinder und Jugendlichen. 70 Prozent des Lehrstoffes bestanden aus Naturwissenschaften, Mathematik, Technik und Wirtschaft. Dieser Bildungskanon unterschied sich erheblich von den westlichen Schulen und sollte die Jugendlichen vor allem auf Aufgaben in der Produktion vorbereiten. Wer genug leistete und den Ideologen genehm war, ging danach für zwei Jahre auf die »Erweiterte Oberschule« (EOS), die mit der Reifeprüfung endete. Auch hier standen polytechnische Inhalte im Vordergrund, verbunden mit Praktika in Betrieben. Die Verbindung von Theorie und Praxis hatte allerdings nicht immer das gewünschte Ergebnis, wie das Beispiel des ARD-Zeitzeugen Georg Ulrich zeigt, der desillusioniert von seinem Einsatz in der Landwirtschaft heimkehrte.

Insgesamt erzeugte das System einen Anpassungsdruck, der engagiertoffene Jugendliche abstoßen konnte. Insofern gab es sogar Ähnlichkeiten mit der Bundesrepublik. Dort war es das allgemeine gesellschaftliche Klima, das, oft unbewusst und subkutan, die jungen Menschen zu Wohlverhalten anhielt, wobei allerdings viele Seitenwege und Freiräume offen blieben. In der DDR herrschte umfassender und offener Druck. In beiden Fällen schadete sich die Gesellschaft selbst, weil sie Potenziale an Fantasie, Kraft und Idealismus verschüttete.

Das Land der Italiener mit dem Käfer suchend
Motorisierung und Reisewelle

Mehr Verwendungsbreite war nun wirklich nicht mehr möglich. Das zweirädrige Gefährt, 2 Meter lang, 1,20 Meter breit, diente am Abend zwei Menschen als Schlafstätte. Für Schutz sorgte ein Klappdach. Am Morgen verwandelten die Reisenden ihr Bett in einen Gepäckanhänger. Oder aber sie schoben es als Boot in einen nahe gelegenen See. Luftgefüllte Kotflügel und die Reifen gaben ihm genug Auftrieb für vier Menschen und sicherten die Stabilität. Für 398 Mark gab es einen Außenbordmotor dazu. Wer den nicht wollte, konnte sich mit zwei Rudern begnügen, 15 Mark.

Peter Süss mit Freundin und seinem ersten Auto, einem Goggomobil, 1957 in München.

»Amphibie« hieß das merkwürdige Ding und kostete 795 Mark, ohne Plane. Über den Verkaufserfolg ist nichts bekannt, er mag sich in Grenzen gehalten haben. Dennoch stand »Amphibie« für das Fernweh der Deutschen, das nicht nur in der schönen Schlagerwelt zu befriedigen war, und für die Innovationsfreude, mit der die Industrie die Wünsche der konsumwilligen Deutschen erfüllte. Nur weg, und sei es mit höchst bescheidenen Mitteln.

Aber das Verreisen war nur eines der Motive für die Motorisierungswelle, die Westdeutschland bald nach Beginn des Wirtschaftswunders zu überrollen begann. Mobilität war ein Ziel, für das viele Menschen einen überproportionalen Teil ihrer Einkünfte ausgaben. Auch die Berichte von ARD-Zeitzeugen spiegeln den Verlauf und das Ausmaß der Auto- und Reisewelle.

Vier Leute auf einem Roller

Peter Süss: Wie fast alle beginnt er seine Karriere auf dem Fahrrad. Allerdings lernen Peter und sein Bruder sehr früh die Freuden der motorisierten Beweglichkeit kennen: Schon zu Beginn des Jahrzehnts fährt der Freund ihrer Mutter, später ihr Stiefvater, ein Motorrad mit Beiwagen – eine absolute Rarität. 1955 kauft sich der junge Mann dann als Student in Stuttgart ein Motorrad, eine DKW mit 125 Kubikzentimetern Hubraum, wie alle Fahrzeuge des Herstellers mit einem Zwei-Takt-Motor ausgerüstet. Süss hat Jobs und kann sich die 400 Mark leisten, allerdings nur in Monatsraten. Mit seiner DKW ist er unter den Studenten, wie er sagt, »der große Maxe«, und wenn er einen Freund oder besser noch eine Freundin mitnimmt, steigt sein Sozialprestige beträchtlich. Auch größere Strecken fährt er auf dem Zweirad, nur nach Hause, nach Bayreuth, geht es per Anhalter. In Zürich, wo er ein Semester verbringt, reicht es für ein gebrauchtes Goggomobil, 259 Kubikzentimeter, 2500 Mark. Das Auto ist winzig und langsam, schützt aber vor Regen, Schnee und Kälte. Mit diesem Untersatz auf Rädern besuchen er und sein Bruder 1958 die Brüsseler Weltausstellung. Sie schlafen sogar darin, was jedem unvorstellbar erscheinen muss, der heute einen Goggomobil-Oldtimer sieht.

Ehepaar Oppermann: Als der Spätheimkehrer 1955 aus Russland kommt, ist die Motorisierungswelle schon in Gang, und bald will er nicht mehr zurückstehen. 1956 kauft Heinz Oppermann von seinem knappen Geld für 1000 Mark eine »Hobby«, einen deutschen Motorroller, der heute im Gegensatz zu seinen italienischen Vorbildern Vespa und Lambretta so gut wie vergessen ist. Das kleine Ding macht 60 Kilometer in der Stunde, was ihm selbst bei langsamen Lastwagen keine Chance des Überholens gibt. Die Oppermanns lernen ein anderes Paar kennen, das nicht motorisiert ist. Wenn sie zu viert Ausflüge in die Umgebung von Bonn machen wollen, arrangieren sie sich so: Oppermann fährt mit einem der drei Begleiter voraus, setzt ihn ab, der geht schon mal zu Fuß weiter. Oppermann fährt zurück, lädt den zweiten auf und so fort. Mit dem Roller reist das Paar auch nach München, um zum ersten Mal Urlaub zu machen. Weiter in die Berge geht es allerdings mit der Eisenbahn, weil das Motörchen der Hobby bei Steigungen überfordert wäre. 1959 ersetzt ein richtiges Auto den Roller, ein kleiner Lloyd, bundesweit bekannt als »Leukoplastbomber«, weil die Karosse in der Hauptsache aus Sperrholz und Kunstleder besteht. Der Lloyd bringt es immerhin auf 80 bis 90 Kilometer in der Stunde, ist zwar nicht ganz regendicht, aber dennoch ein großer Fortschritt. Mit ihm können Herr und Frau Oppermann samt Kind und Mutter an die Ostsee in die Ferien fahren, in zwei Tagesetappen.

Artur Fischer: Als Erfinder und bald erfolgreicher Unternehmer könnte er sich eigentlich schon recht früh komfortabel motorisieren. Aber als sparsamer Schwabe hält Fischer sich beim Autokauf wie bei allem anderen Luxus lange zurück. Anfang der Fünfziger steigt er vom Fahrrad auf ein Motorrad um, Typ Herkules, mit Kickstarter, den man mit dem Fuß niedertreten muss. Im Winter wärmt der Erfinder die Zündkerzen mittels eines Schweißbrenners vor, weil sie sich sonst schwer tun, den Dienst aufzunehmen. Manche Lieferanten und Kunden halten einen Brenner bereit, wenn sie wissen, dass der Mann aus Tumlingen kommt. Einige Jahre später erwirbt Fischer einen Kleinstlastwagen der Firma Gutbrod, der am Wochenende als Familienkutsche dient. Dann erst kommt ein richtiger Personenwagen ins Haus, ein Ford, aber gebraucht, versteht sich.

Helmut Kohl fuhr Vespa; wer es sich leisten konnte, fuhr Isabella

Wie heute sich die jungen Leute vom ersten Führerschein an allmählich emporarbeiten auf der Stufenleiter der Motorisierung, so taten es damals die Familien. Dabei gab es auf dem Weg vom Fahrrad zum Auto nicht nur den Roller oder das Motorrad. Da war zum Beispiel das »Velosolex«, ein Fahrrad mit einem am Vorderrad angebrachten winzigen Hilfsmotor, den man an- oder abkoppeln konnte, je nach Bedarf. Auf ein Moped stiegen alle Generationen, aber das Objekt der Sehnsüchte bei Jugendlichen war, abgesehen vom zunächst meist unerreichbaren Auto, ein wendiger italienischer Roller. Besonders die Vespa faszinierte fast alle deutschen Jugendlichen, auch einen gewissen Helmut Kohl. Zeitgenossen erinnern sich, wie der Student und aufstrebende Jungpolitiker auf ihr durch Ludwigshafen kurvte. Kohl war zwar noch nicht so massig wie in seinen Zeiten als Bundeskanzler und Altpolitiker, muss aber schon damals etwas deplatziert gewirkt haben auf dem zierlichen Zweirad.

Doch die Vespa war nicht nur schick, sie hatte auch praktische Vorteile. Der Roller bot im Gegensatz zu Fahrrad und Motorrad Schutz vor spritzendem Straßendreck und Fahrtwind. Auch Frauen konnten darauf fahren, die in der Regel nicht versucht waren, auf ein Motorrad zu steigen, schon wegen des unausgesprochen noch weithin geltenden Rockzwanges und wegen des Petticoats, der Schaden nehmen konnte. Die Vespa verhieß Freiheit und ein bisschen Abenteuer, schreibt Ulla Hahn: »Es war schön, etwas Wirkliches zu tun, aus freien Stücken. Auf den Rücksitz einer Vespa zu steigen, die Arme um die Brust eines Jungen zu legen, den Fahrtwind zu spüren, der meinen Zopf vom Rücken hob, Münchhausens Zöpfchen beim Kanonenkugelritt ... Wind und Motorradlärm verschlossen die Ohren, die Chausseebäume flogen vorbei ... ich spürte mich als kühlen Wind auf der Haut, in den Haaren, den Ohren, den Augen, die vom scharfen Zug zu tränen begannen, glückliche Tränen, ich leckte ihr Salz von den Lippen.«

Aber wer schon älter war und mehr Geld hatte, der wollte etwas mit Dach. Die deutschen Konstrukteure und Unternehmer leisteten Erstaunliches, um den Deutschen diesen Wunsch zu möglichst niedrigen Preisen zu erfüllen, und brachten die seltsamsten Gefährte auf den Markt. Da gab es den Messerschmitt-Kabinenroller, in den sich, wie in das Cockpit eines Segelflugzeugs oder eines Düsenjägers, zwei hintereinander sitzende Leute zwängten. Als Einstieg diente das Dach, das man hochklappen musste. Das

Vehikel lag so tief auf der Straße, dass es manchen Lastwagen hätte unterqueren können. Zündapp baute einen Kleinwagen namens Janus, in dem vier Leute auf engstem Raum Rücken an Rücken saßen: Zwei Sitze waren nach vorn und zwei nach hinten gerichtet, jeweils mit einer eigenen Tür.

BMW-Isetta 1954.

Sehr populär wurde die Isetta, ein eiförmiges Gebilde mit breitem Radstand vorn und schmalem hinten. Die Tür öffnete sich nach vorn, wobei auch das Lenkrad mit nach außen schwang. Das Autochen war 2,28 Meter lang und kostete 2550 Mark, das entsprach sechs bis sieben durchschnittlichen Monatsverdiensten. Der 12-PS-Motor klang wie eine Nähmaschine. Zwei Erwachsene fanden Platz. Wenn sie schlank waren, konnte sich noch ein Kind auf die Sitzbank quetschen. BMW baute die Isetta nach einer italienischen Lizenz und verkaufte zwischen 1955 und 1962 genau 161 728 Exemplare. So trug die Isetta zur Rettung des Konzerns bei, denn die großen Limousinen des Münchner Unternehmens waren damals nur schwer in größerer Stückzahl zu verkaufen. Heute zahlen Liebhaber des Kultobjekts bis zu 12000 Euro für das 12-PS-Fahrerlebnis.

Doch auf die Dauer hatten diese Kleinstautos keine Chance, weil sie den steigenden Komfort- und Prestigeansprüchen nicht mehr genügten. Spätestens in der ersten Hälfte der Sechziger verschwanden sie vom Markt. Nur der zunächst lediglich in einer Version hergestellte VW-Käfer lief und lief. Der ersten Million von 1955 folgte bald die zweite. Wer sich vom gemeinen VW-Käfer unterscheiden wollte, kaufte Mittelklassewagen wie Opel, Ford und Borgward. Deren Modelle wirkten oft bulliger und stärker, als es ihrer wirklichen Motorkraft entsprach. Aber die Deutschen liebten sie nun mal als Symbole für Kraft und Vitalität. Mehr und mehr wurde das Auto auch für mittlere und untere Schichten zum Prestigeobjekt, wie sich allein an einem Detail zeigt: an der Vorliebe für schnittig wirkende Weißwandreifen bei Autos sogar der unteren Klasse.

Einen besonderen Sinn für die Bedürfnisse der Deutschen besaß der Bremer Autobauer Carl Friedrich Wilhelm Borgward. Der gelernte Schlosser konstruierte nicht nur den »Leukoplastbomber«, sondern auch die Isabella, eine Limousine in eleganter Pontonform, 1,5 Liter Hubraum, 60 PS, 130 Kilometer in der Stunde, sehr langlebig und mit 7000 Mark konkurrenzlos preiswert. Der 1954 auf den Markt gekommene Wagen avancierte schnell zu einer Art Kultauto; 200 000-mal wurde er verkauft, in 130 Länder exportiert. Aber dann verzettelte sich Borgward in seiner Modellpolitik, 1961 war er pleite.

Die Reichen und Superreichen, von denen es bald ganze Scharen gab, kauften Mercedes-Limousinen, wie sie auch die politische Prominenz fuhr, oder den Porsche 911, den Traum vieler Männer, die sich Jugend und Kraft für immer geschworen hatten. Als eigentliche Ikone jener Jahre erwies sich freilich der Mercedes 300 SL Coupé, vor allem das in den ersten Jahren gebaute Modell mit den zwei nach oben sich öffnenden Flügeltüren. Wer sich so etwas leisten konnte, zählte zur absoluten gesellschaftlichen Spitze.

Die rasch größer werdenden Serien sorgten dafür, dass die Preise für Autos fielen, und so heizte sich der Boom selbst an. 1955 zeichnete der um diese Zeit bekannte Karikaturist Mirko Szewczuk einen von Autos aller Klassen und Motorrollern übersäten Platz, auf dem ein kleines Schild stand: »Zur Maifeier« Unterschrift: »Volk ohne Parkraum oder Maifeier der

Zukunft.« Das allerdings war eine satirische Vision. Wer glaubt, die Bundesrepublik sei innerhalb kürzester Zeit voll motorisiert gewesen, der irrt. Vor dem Krieg hatte es rund 800 000 Personenkraftwagen gegeben. Kurz nach dem Krieg waren es weniger als 200 000, Anfang der Sechziger dann 5 Millionen. Das war ein ungeheurer Aufschwung, aber immer noch kam auf je zwölf Bundesbürger ein PKW, was keinen Vergleich mit heute erlaubt. Für viele Otto Normalverbraucher war am Ende des Jahrzehnts das eigene Auto nach wie vor ein Luxusgut, für das sie lange sparen oder viele Raten zahlen mussten, wenn es überhaupt für sie erreichbar war.

Wenn bei Capri die rote Sonne ...

Darum war charmant übertrieben, was Golo Mann in seiner 1958 erschienenen *Deutschen Geschichte des 19. und 20. Jahrhunderts* schrieb. Die Volkswagen, so meinte er, »haben geleistet, was die Panzer nicht leisten konnten. Scharen von Deutschen, so zahlreich wie Hitlers Millionen-Armee, breiten allsommerlich sich über Europa aus, diesmal nicht, um zu erobern, sondern um sich ihres Lebens zu freuen.«

Richtig daran ist, dass die Motorisierungswelle die Reisewelle begünstigte und dass vor allem der VW-Käfer die Deutschen in die (vergleichsweise nahe) Ferne kutschierte. Aber das Fernweh existierte auch ohne Auto. Zumindest die Westdeutschen genossen in vollen Zügen die Freiheit, die starke D-Mark und die dadurch mögliche Flucht aus den Trümmerlandschaften nach Jahren der Not und der Isolierung. Sie wollten Länder und Menschen sehen, die (angeblich) mehr Talent hatten als sie selbst, das Leben leicht zu nehmen. Darum und wegen der Sonne reisten sie vor allem nach Italien.

Die Bildungsbürger hatten schon immer, und hier irrte Goethe offenbar, weniger Griechenland als Italien »mit der Seele« gesucht. Nun eroberten sich breite Schichten die Halbinsel. Sie demokratisierten das touristische Abenteuer, Italien für alle, hieß die Parole. Und die Sehnsucht nach dem Land ihrer Träume ließen sie sich in Melodien und Verse gießen:

> Wenn bei Capri die rote Sonne im Meer versinkt
> und vom Himmel die bleiche Sichel des Mondes blinkt,
> zieh'n die Fischer mit ihren Booten aufs Meer hinaus,
> und sie legen im weiten Bogen die Netze aus ...

Dieses berühmteste aller deutschen Italien-Lieder war schon 1943 entstanden, verschwand aber zunächst in der Versenkung, weil es um diese Zeit politisch nicht opportun war, von Italien zu schwärmen: Der bisherige Bundesgenosse Mussolini hatte sich von NS-Deutschland gelöst. 1949 kam Gerhard Winklers Komposition, gesungen von Rudi Schurike, zum zweiten Mal auf den Markt, avancierte zu *dem* Symbol für die Flucht der Deutschen gen Süden und zog eine ganze Kette anderer Italien-Schnulzen nach sich.

Dabei störten einige Ungereimtheiten nicht, etwa die Tatsache, dass Capri nie ein Ziel des Massentourismus war und auch nicht sein konnte, weil es ihm an der dafür nötigen Ausdehnung mangelte. Das Eiland vor Neapel eignete sich nur für individuellen Tourismus. Es irritierte offenbar auch niemanden, dass das Mädchen, das der hinausfahrende Fischer anschwärmt, »Marie« heißt, also auf einen gutdeutschen Namen hört. Aber die »Marie« war nötig, weil nur so der Reim stimmte:

Bella bella bella Marie
bleib mir treu ich komm zurück morgen früh.
Bella bella bella Marie
Vergiss mich nie.

Die *Capri-Fischer* waren der populärste Schlager der Nachkriegs-Ära, obwohl die meisten die Bucht, auf die die Fischer hinausfuhren, nie mit eigenen Augen sahen. Man fuhr nicht nach Neapel, sondern nach Lido di Iesolo, Rimini oder Cattolica, und das beileibe nicht immer mit dem eigenen Auto. Bundesbahn und Busunternehmen stellten sich bald auf die Bedürfnisse ein und beförderten die vielen noch autolosen Deutschen.

Aber als exemplarisch ist nun mal die Reise per VW-Käfer im kollektiven Gedächtnis zu Hause. Vier oder fünf Menschen saßen eng gequetscht. Rätselhaft bleibt, wie sie neben den eigenen Körpern auch noch das Gepäck untergebracht haben, denn einen nennenswerten Kofferraum hatte der Käfer wegen des Heckmotors ja nicht. Zwar brauchte man viel weniger Ferienausstattung als später, andererseits reisten viele, weil es billiger war, mit dem Zelt. Autobahnen über die Alpen gab es noch nicht. Die Überquerung geschah also auf den normalen gewundenen Passstraßen, was nach dem Urlaub Stoff bot für die schönsten Erzählungen von Schwindel erregenden Serpentinen und Fahrten entlang mächtiger Gletscher. Der österreichisch-italienische Brenner war der bequemste Pass, aber oft verstopft.

Viele saßen zwei Tage am Steuer, bis sie erschöpft ihr Ziel erreichten. Dort blieben sie vielleicht acht oder zehn Tage, denn 30 Tage Urlaub im Jahr hatte noch niemand. Dann ging es zurück, mit einer bauchigen strohummantelten Chianti-Flasche im Gepäck, entweder voll oder schon leer – als praktisches Souvenir perfekt geeignet. Solche Flaschen dienten in zahllosen Haushalten und Kneipen als gemütlichkeitsspendende Kerzenhalter, aus denen im Laufe von vielen gemütlichen Abenden die klassische Tropfkerze wurde.

Autokolonnen am Großglockner im Jahre 1958.

Die Zelte waren zunächst noch primitiv. Manche bestanden nur aus zwei zusammenknöpfbaren Bahnen, wie sie früher die Soldaten der deutschen Wehrmacht benutzt hatten. Nässe war immer garantiert, zumal es keinen Boden gab. Bald kamen aber immer komfortablere Modelle auf den Markt, aus einem Stück und mit Gummiboden. Wer noch bequemer reisen wollte, legte sich einen Camping-Anhänger zu oder die Vorformen davon, etwa jene »Amphibie«, die sowohl als Gepäckwagen wie als Schlafstätte wie als Boot dienen konnte.

Beliebtestes Reiseziel neben Italien war Österreich. Es lag nahe, bereitete keine Sprachschwierigkeiten und behagte mit seinen Bergen und Seen dem »typisch« deutschen Naturempfinden. 1953 flogen die ersten Pauschaltouristen nach Mallorca, das später zum Inbegriff deutschen Fernwehs wurde. Zu dieser Zeit gab es keine Tanzschuppen, keinen »Bierkönig«, keinen »Ballermann« und nur 100 Hotels statt der heute mehr als 1000. Die Mallorquiner selbst badeten am Strand noch getrennt nach Geschlechtern: Das Franco-Spanien war noch um einiges prüder als das Adenauer-Deutschland. Die Deutschen nannte der Insel-Bewohner gern »Ohwiebillig«, weil die Gäste sich ständig lautstark über die niedrigen Preise wunderten.

Dass die Deutschen in den von ihnen bevorzugten Ländern auf offene Ressentiments stießen, war selten. Dafür war die harte D-Mark zu begehrt. Vielen Reisenden gab diese scheinbare oder anscheinende Unvoreingenommenheit das trügerische Gefühl, die jüngste Vergangenheit sei vergessen, sie könnten sich ausleben und brauchten sich um die Denkweisen und Gebräuche der Gastgeber nicht zu scheren. Dieses Wir-sind-wieder-wer-Gefühl führte manchmal zu kritischen Situationen, aber viele Einheimische gingen mit einem Lächeln der Nachsicht darüber hinweg.

So wie Golo Manns Vergleich der deutschen Reisewelle mit den Hitlerschen Millionen-Heeren könnten auch andere Darstellungen den Eindruck erwecken, als habe schon damals halb Westdeutschland im Sommer an südlichen Stränden gelegen. Die Wirklichkeit sah anders aus. In den Jahren bis 1953 erlaubte sich nur jeder Dritte jährlich eine Reise, und viele hatten bis dahin noch nie Urlaub im Ausland verbracht. Allerdings nannten in diesem Jahr schon 56 Prozent das Reisen an erster Stelle, als sie sagen sollten, was sie gerne täten, wenn sie über mehr Zeit und Geld verfügten. Und diese Zahl stieg in den Jahren danach ständig.

»Durchschlagend wirkungslos«
Die Rolle der Intellektuellen

Die Herren Künstler und Kunsthistoriker neigten zur Unduldsamkeit: Karl Hofer zum Beispiel, der bekannte Maler und Direktor der Berliner Hochschule für Bildende Künste, unterstellte »Methoden des Nazi-Staates mit Gauleitern und SS«. Professor Will Grohmann, einer seiner Widersacher, schlug zurück: Hofer sei nicht mehr als ein »gegen Windmühlenflügel kämpfender Don Quichotte«. Theodor W. Adorno, der Philosoph und Soziologe, hatte Beteiligte im Verdacht, sie wollten der Geistesfreiheit »die Gurgel abdrehen«.

Engagiert und kampfeslustig

In der Schlacht der Worte, die da tobte, ging es nicht um das Schicksal des Abendlandes, wie die Verbitterung der Kämpfenden vermuten lassen könnte, sondern um nicht mehr und nicht weniger als Bilder und Skulpturen. Gegenständlich oder abstrakt, das war die Frage. Sie verwirrte das Publikum, stiftete tödliche Feindschaften und spaltete die Kunstszene. Von Hofer sagten seine Freunde später gar, der Schlaganfall, der den 76-Jährigen 1955 dahinraffte, sei auf die damaligen Aufregungen zurückzuführen.

Nach 1945 hatte sich die Hoffnung geregt, die Kultur im Allgemeinen und die bildende Kunst im Besonderen könnten helfen, eine neue, bessere Gesellschaft aufzubauen. Zunächst wählten viele Künstler Sujets aus dem Trümmer-Deutschland: Ruinen, anklagende Frauen, menschliche Wracks. Aber je länger je mehr lösten sich die wichtigen Maler und Bildhauer von dieser Materie und überhaupt von der Gegenständlichkeit. Wie auch auf anderen Kulturfeldern kamen die Vorbilder aus den Vereinigten Staaten. Zeitweise ging sogar das (später bestätigte) Gerücht, der US-Geheimdienst fördere systematisch die abstrakte Kunst, um die Bundesrepublik an den Westen zu binden: die Freiheit der Form als Symbol des Freiheitswillens.

Die Aggressivität, mit der die Wortführer ihren Glaubenskrieg führten, ging über die üblichen Konflikte im Kulturleben hinaus und war trotzdem typisch für die Zeit. Die Nationalsozialisten hatten die deutsche Kultur mit Zwang von der internationalen Szene abgekoppelt und sie auf den Sonder-

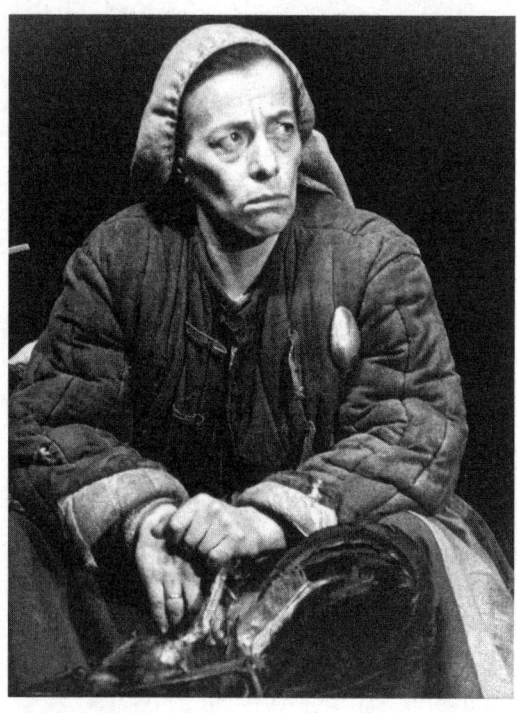

Helene Weigel in Brechts *Mutter Courage* im Berliner Ensemble 1956.

weg eines dumpfen Provinzialismus gezwungen. Nun mussten die Künstler und Intellektuellen sich neu orientieren, einen eigenen Weg finden, was große Verunsicherungen verursachte. Dass ausgerechnet die angeblich fürs Schöne zuständige bildende Kunst Schauplatz eines derart spektakulären Haders wurde, hing mit der scheinbar schlichten Alternative zusammen: Abstrakt ja oder nein?

Auch das Theater griff zunächst handfest in die gesellschaftlichen und geistigen Auseinandersetzungen ein. In Berlin prangerte Helene Weigel

1949 als Brechts *Mutter Courage* das Elend des Krieges und die Korrumpier-barkeit der Kriegführenden an. Das von Brecht und Weigel geleitete Berliner Ensemble sollte in den kommenden Jahren die Szene weit über die Ostzone hinaus beeinflussen, und Picassos Friedenstaube auf dem Vorhang ihres Theaters am Schiffbauerdamm war dabei durchaus kämpferisch zu verstehen.

Überall kamen immer mehr aktuelle Stoffe auf die Bühne: Das Drama eines Heimkehrers, Wolfgang Borcherts *Draußen vor der Tür*, war das bekannteste Stück der unmittelbaren Nachkriegszeit gewesen. Danach sprossen die ersten Zweige einer neuen, von Zensur und Verfolgung befreiten Theaterkultur aus den Trümmern. Sie erlitt einen Rückschlag mit der Währungsreform, nach der sich das öffentliche Leben mehr und mehr an materiellen Werten ausrichtete. Dennoch blieb das Theater ein Ort des Diskurses, zum Beispiel als Fritz Kortner, der wichtigste Regisseur dieser Jahre, den wohl größten Theaterskandal der jungen Republik auslöste. Im Berliner Hebbel-Theater ließ er in Schillers *Don Carlos* den Carlos im Overall auftreten, Herzog Alba erschien im Lederanzug. Der König war kein wirklicher König mehr, Posa kein heldenhafter Jüngling, der Inquisitor dagegen ein allgewaltiger Herrscher – damals eine Revolution.

Die zumeist für die großen Bühnen vorgesehenen Klassiker erfreuten sich weiterhin oder wieder großer Nachfrage. Gleichzeitig aber bemühte sich das Theater, den Nachholbedarf der Deutschen zu befriedigen und viele bisher unbekannte ausländische Autoren aufzuführen. Tonangebend und stilprägend waren Amerikaner wie Tennessee Williams, Thornton Wilder oder Eugene O'Neill und die Westeuropäer Jean Anouilh, Jean Cocteau, Jean-Paul Sartre, Ionesco und Samuel Beckett. Gespielt wurden sie unter anderem auf jenen Klein- und Kleinstbühnen, die theaterbegeisterte junge Leute abseits des bald etablierten Abonnenten-Theaters überall in der Bundesrepublik gründeten. An dieser Form von Graswurzel-Kultur beteiligt war die ARD-Zeitzeugin Hannelore Primus, deren Leben in jener Zeit ein wenig an Puccinis *Bohème* erinnert.

Das Leben der Bohème

Eine kleine alte Halle diente als Probenraum, in den Nebenräumen wohnten die Beteiligten. Für die Aufführungen war ein weiteres Lokal angemietet, wo sie alles selbst erledigten: Stühle aufstellen, putzen, Karten verkaufen, Karten abreißen und am Ende spielen. Auch die junge Hannelore trat hier auf, obwohl sie nie eine Ausbildung genossen hatte. Das später viel beschworene Ideal vom gemeinsamen Wohnen und Arbeiten an einem Ort, hier schien es verwirklicht. Und obwohl es weder zum Leben noch zum Sterben reichte, ist Hannelore Primus davon überzeugt, dass es richtig war, sich ein solch karges unbürgerliches Leben zuzumuten, um das machen zu können, was sie unbedingt machen wollten: Theater. Dass es überhaupt so weit kommen konnte, dazu bedurfte es einer großen Liebe, einer großen Lust an der Kunst und eines großen Willens, nicht in der Kleinstadt zu verdorren.

Zunächst nämlich deutet alles auf ein biederes Dasein in der Provinz hin. Hannelore Primus wächst in Osterode auf, einer Stadt im Harz, die nach dem Krieg rund 20000 Einwohner zählt. Gymnasium, Tanzkurs mit 16, Liebelei mit einem Tanzstundenpartner, sittsame Spaziergänge. Dann versucht sie zum ersten Mal auszubrechen. Sie besteht die Prüfung für die Kasseler Kunstakademie, wo sie zwei Semester studiert. Ihr Freund besucht sie alle zwei Wochen, dann aber beschließen sie, es sei besser, wenn Hannelore wieder mehr in der Nähe wäre. Die beiden heiraten, Tochter Susanne kommt zur Welt. Bei der Geburt ist sie völlig ahnungslos, was mit ihr geschieht, und sie wird den Vorgang für immer in schrecklicher Erinnerung behalten. Heute weiß sie, dass das alles viel zu früh gewesen ist.

Die junge Familie lebt mit der Schwiegermutter und der Schwester ihres Mannes sowie deren Mann und Kindern unter einem Dach. Das Zusammenleben auf engstem Raum stellt sich als Glück oder Unglück heraus, je nach Sichtweise. Denn bald nach Susannes Geburt verlieben sich Hannelore und der Mann ihrer Schwägerin auf das Heftigste ineinander. Klaus ist 25, sie 20. Die Großfamilie sitzt abends zusammen im Wohnzimmer. Man hört gemeinsam Musik oder spricht über Literatur, und wenn die beiden Beethoven-Sinfonien hören, dann möchten sie sich am liebsten nie mehr voneinander trennen.

Die Situation ist romantisch und peinigend zugleich. Wenn Hannelore auf dem Speicher Windeln aufhängt, schleicht Klaus sich nach oben. Verstohlene Umarmungen und Küsse. Sie hinterlegen an vereinbarten Stellen in dem verwinkelten alten Haus Zettelchen mit Liebesbotschaften oder treffen sich irgendwo vor der Stadt zu Spaziergängen. Trotz aller Hemmnisse sind sie »hundertprozentig sicher«, dass sie zueinander gehören, und fest entschlossen, gemeinsam »etwas Künstlerisches zu machen«. Heimlich planen die beiden, irgendwann nach Göttingen, in die nächste Großstadt, zu gehen.

Inzwischen durchschaut die Familie, was sich unter ihren Augen abspielt. Blankes Entsetzen macht sich breit. Hannelores Mann will über Trennung nicht einmal reden. Er will, dass ihr Dasein in bürgerlicher Ordnung so weiter läuft wie bisher. Für Hannelore ist das unmöglich: »Ich war eine junge temperamentvolle Frau. Ich wusste überhaupt noch nicht, wo es lang geht im Leben und wohin ich wollte. Ich wusste nur, dass ich da rauswollte, dass ich künstlerisch arbeiten wollte und dass ich den Klaus liebte.« Sie fühlt sich schuldig und gleichzeitig außerstande, weiter zu leben wie bisher.

Die betrogene Schwägerin ist offener: »Ihr seid wie Romeo und Julia.« Und Klaus möchte am liebsten mit beiden nach Göttingen gehen. Aber seine bisherige Frau will das nicht. Sie fühlt sich in Osterode fest verwurzelt und hat hier als einzige der vier Beteiligten eine feste Arbeit. Gleichzeitig kennt sie die Sensibilität ihres Mannes und weiß, dass er unglücklich sein wird, wenn er nicht das tun darf, was er tun zu müssen glaubt. Hannelore lässt sich scheiden, schuldig nach dem damaligen Recht und damit ohne Aussicht auf die Tochter, die nach Gerichtsbeschluss beim Vater bleibt. In Hannelores Augen eine Ungerechtigkeit, die sie nie akzeptieren kann.

Das Paar zieht nach Göttingen, und Hannelore besucht ihre Kleine regelmäßig in Osterode. Wenn sie wieder im eigenen Bett liegt, weint sie die halbe Nacht. Ein Trost: Ihre Mutter schert sich nicht um das Gerede in der Kleinstadt und hält zu ihr, moralisch und materiell. In ihrem kleinen Göttinger Theater versuchen Klaus und Hannelore, sich mit einer Mischung aus Alt und Neu, aus Avantgarde und Repertoire in das Kulturleben einzufädeln. Sie spielen Stücke von Graham Greene und John Osborne, dazwischen Komödien des um diese Zeit viel gespielten Curt Goetz. Für Kinder bringen sie Märchen. Aber das Zusammenleben des Ensembles endet, wie später viele Wohngemeinschaften enden: Das schöne Ideal strandet in den Untiefen des Alltags.

Manchmal geht das kleine Theater auf Tournee, und die jeweiligen Gastgeber kommen ihrerseits nach Göttingen. Ein Onkel von Hannelore, ein Schuldirektor, besorgt der kleinen Truppe Extravorstellungen vor Schülern. Nebenbei jobben die Schauspieler in einem Antiquitätengeschäft oder in einem Buchladen. Sie sparen am Essen, wo es möglich ist, ernähren sich vorwiegend von Reis mit Zimt und Zucker, den eine Milchbar preiswert anbietet. Trotzdem reicht es hinten und vorne nicht, manchmal weiß niemand mehr, ob und wie es weitergehen kann. Dennoch weigern sich Hannelore und Klaus beharrlich, ihren Traum vom Leben für das Theater auszuträumen.

Sie ziehen nach Münster. Die ehemalige westfälische Landeshauptstadt ähnelt in vielem Göttingen. Wenig Industrie, wichtige Universität, durch und durch bürgerlich. Münster ist als katholisch-konservativ verschrien und besitzt der Sage nach 150 Kirchen und 350 Kneipen. Dennoch ist der Boden hier fruchtbarer für die kleine Truppe, zumindest teilweise. Die Theatermacher treffen auf viel Verständnis und Hilfe. Ein Galeristen-Ehepaar überlässt ihnen am berühmten Prinzipalmarkt, dem Stadtmittelpunkt, einen Raum zum Spielen. Der Universitätsrektor beteiligt sich an einem Freundeskreis und sorgt für Sonderaufführungen vor Studenten. Die an sich alles andere als progressive Kaufmannschaft stellt Material für Bühnenbilder zur Verfügung und zahlt Beiträge im Förderkreis, wofür die Geschäftsleute sich zum Dank im Programmheft erwähnt finden. Der in der Region besonders zahlreiche Landadel bekommt einen eigenen Abonnementspreis angeboten, 30 Mark für zehn Vorstellungen.

Das erste Stück stammt von dem damals hochberühmten Franzosen Jean Cocteau. Die jungen Schauspieler schreiben dem Autor einen Brief, um ihn darüber zu informieren. Und der große Mann antwortet tatsächlich. Er schickt ein Buch mit den für ihn typischen Zeichnungen. Den Brief rahmen die Empfänger und hängen ihn ins Foyer.

Zwar führen sie für das bürgerliche Publikum auch Klassiker auf, aber ganz oben auf dem Spielplan stehen Namen wie Genet (*Die Zofen*) oder Cocteau (*Die geliebte Stimme*). Der Erfolg bleibt nicht aus. Ein Stück von Graham Greene, *Der letzte Raum*, spielt die Truppe mehr als

100 Mal. Schließlich können sie sogar in neue Räume über einem Café im Bahnhof umziehen. Trotzdem sind wieder Nebenjobs nötig.

Dann trennt sich Hannelore von ihrer großen Liebe Klaus. Sie bekommt von einem anderen Mann, gleichfalls Schauspieler, ein zweites Kind – den Sohn Oliver – und heiratet den anderen Mann. Ihren bisherigen Lebensstil glaubt sie als Mutter »nicht mehr verantworten zu können«: Ständig der Gedanke, ob das Geld wohl reicht für Babynahrung, Windeln und was sonst alles nötig ist. Sie tritt den Rückzug nach Osterode an, wo der Sohn bei der Großmutter bleiben kann, bis sie mit ihrem neuen Mann geordnete Verhältnisse geschaffen hat. Klaus zieht gleichfalls weiter, er geht nach Bonn, wo er ein weiteres, sein drittes Kleintheater gründet.

Zehn Jahre unbürgerliche Verhältnisse, zehn Jahre am Existenzminimum, zehn Jahre Arbeit im Weinberg der Kunst. Ihre Bilanz: »Schön und schwierig.«

Am Ende gehörten Hannelore Primus und ihre Schauspielkollegen zur etablierten Alternativszene. Sie arbeiteten zwar punktuell mit dem typischen Abonnement-Theater einer bürgerlichen Stadt zusammen, blieben aber ansonsten unabhängig. Imo Moszkovicz verschlug es hingegen schon als jungen Mann in die Welt der großen Bühnen. Wenn ein Mensch unerwarteten Erfolg im Leben erntet, dann heißt es regelmäßig, das habe ihm niemand an der Wiege gesungen. Selten trifft das so zu wie auf den armen kleinen jüdischen Jungen Imo, der das Konzentrationslager überstand, die Tochter eines führenden Nationalsozialisten heiratete und zum Theater- und Fernsehregisseur aufstieg.

Ein schützender Mantel

Moszkovicz kommt 1925 in dem kleinen münsterländischen Städtchen Ahlen zur Welt. Der russische Vater ist ein in Deutschland gebliebener Kriegsgefangener des Ersten Weltkriegs, ein armer Schuster, der ein wenig Kyrillisch beherrscht und ansonsten keinerlei Bildung genossen hat. Die polnische Mutter ist Analphabetin und bekommt sechs Kinder. Imo, der mit seiner Familie in einer Baracke am Stadtrand lebt, will den Mitschülern beweisen, dass arm nicht gleich dumm ist, und lernt so gut

Deutsch, dass er daraus später seinen Beruf machen kann. Sogar das westfälische Plattdeutsch spricht er, obwohl er es grässlich findet.

1938 reist der Vater nach Argentinien, um eine Zuflucht vor den Nazis für seine Familie zu suchen, die ihm nachfolgen soll. Nach dem Pogrom am 9. November 1938 zerschlagen sich diese Hoffnungen. Der Vater bleibt in Südamerika, die Mutter samt Kindern in Deutschland. Imo darf die Volksschule nicht beenden, weil die Nazis ihn zur Arbeit zwingen. Dann kommt er, wie alle anderen Familienmitglieder, ins Konzentrationslager – wo er als Einziger überlebt.

Über diese Zeit redet Imo Moszkovicz bis heute ungern: »Ich wollte nur mit der Zukunft leben. Das Übelste, was uns Menschen anhaftet, sind Hass und Rache. Ich konnte nicht rächen, und ich konnte nicht hassen.« Von Anfang an legt er Wert darauf, dass niemand auf seine Vergangenheit Rücksicht nimmt. Er will als Künstler Anerkennung finden und nicht als jüdischer Künstler mit KZ-Biografie.

Nach dem Krieg nimmt ihn die Freundin seiner ältesten Schwester auf, die Frau eines Bergarbeiters. Als in der nahen Kreisstadt Warendorf eine junge Truppe von den Besatzern die Lizenz zum Theaterspielen erhält, macht Imo mit. Vielleicht hat die Neigung zur Bühne mit seiner Vergangenheit zu tun. »Ich wollte mir Schminke ins Gesicht schmieren und sagen: Jetzt bin ich ein anderer«, sagt er selbst über seine Berufswahl. Die zweite Station ist ein ebenso kleines Theater im ostwestfälischen Gütersloh, wo er für kranke Kollegen einspringt und nach nur drei Tagen Proben den Mephisto aus Goethes *Faust* gibt.

Ein Freund holt ihn nach Düsseldorf zur Schauspielschule, aber er absolviert allenfalls zehn Stunden, schließlich hat er schon auf der Bühne gestanden. Da besucht der berühmte Gustaf Gründgens, Intendant des Düsseldorfer Schauspielhauses, die Schule und lässt die Eleven vorsprechen. Moszkovicz spielt eine Szene von *Peer Gynt* aus Ibsens Stück – eine Rolle, die er liebt, obwohl er sie nie spielen würde, weil er nun mal kein nordischer Typ ist. Gründgens verpflichtet ihn, allerdings nicht als Schauspieler, sondern als Regieassistent. Das war die Folge einer kleinen Diskussion, die Meister und Schüler über die vom zweiten bevorzugte Übersetzung des Stücks führten. Später wird Gründgens ihm sagen, in diesem Moment sei ihm klar geworden: »Der soll sich nicht Schminke ins Gesicht schmieren.« Das war der Beginn einer neunjährigen Tätigkeit an Gründgens' Theater.

Über eine in New York erscheinende deutschsprachige Zeitung hat er Kontakt zu dem immer noch in Argentinien lebenden Vater gefunden. Er fährt mit dem Schiff nach Buenos Aires, der Vater, nach wie vor ein kleiner, mitteloser Schuster, holt ihn vom Schiff ab und will wissen, was mit der Familie geschehen ist. Der Sohn möchte ihm die Wahrheit nicht zumuten und erzählt ihm von russischen Lagern, in denen sich Frau und Kinder angeblich aufhalten.

Renate und Imo
Moszkovicz
(2. u. 3. v. r.).

Der Reisende unternimmt einen Ausflug in die chilenische Hauptstadt Santiago, um dort an einem deutschsprachigen Theater den *Danton* von Büchner zu spielen, kehrt nach Buenos Aires zurück und lernt dort in Intellektuellenkreisen Renate kennen. In Argentinien bestehen zu dieser Zeit drei Emigrantenszenen deutscher Sprache. Einmal sind da die Leute, die schon während der Kaiserzeit Deutschland verlassen haben, um hier ihr Glück zu machen. Dann sind da die Juden, die wie Moszkovicz senior den Nationalsozialisten entkommen wollten. Und schließlich die Nationalsozialisten, die nach dem Krieg die Flucht ergriffen haben. Es stellt sich heraus, dass die junge Frau zur dritten Szene gehört. Renate ist die Tochter des früheren nationalsozialistischen Landeshauptmanns der Steiermark. Die Argentinier haben nach dem Krieg Naturwissenschaftler für ein Raketenprogramm gesucht, und da kam ihnen dieser Mann als gelernter Naturwissenschaftler recht. Freunde haben ihn zwei Jahre lang versteckt und dann, über Italien und mit Beistand des Vatikans, nach Südamerika geschleust.

Renate und Imo kommen einander näher; der dem KZ entkommene Jude lernt auch die frühere Nazi-Größe kennen – und schätzen. Er sei Nationalsozialist gewesen, aber kein Antisemit, sagt die Tochter bis heute über ihren Vater. Renate ist noch verheiratet, Imo kehrt nach Deutschland zurück, kommt noch einmal zu Besuch, will sich aber nicht binden. Doch die junge Frau ist überzeugt, den richtigen Mann getroffen zu haben, und folgt ihm unauffällig ins Rheinland, ohne zu wissen, ob er sie überhaupt will. Sie findet Deutschland steif und kalt, aber das interessiert sie nicht: »Ich wäre mit ihm auch zu den Eskimos gegangen!«

1954 sind sie ein Paar, das in einem möblierten Zimmer lebt, danach in einem winzigen Appartement. Wenn die Sonne reinfalle, müsse einer von ihnen rausgehen, sagt Imo. Sie halten Verbindung nach Südamerika und bekommen mehrere Male die Chance, dorthin auszuwandern, um zum Beispiel in Brasilien ein Theater zu leiten. Aber den schlimmen Erinnerungen zum Trotz will Imo Deutschland nicht aufgeben. Hier fühlt er sich zu Hause, und die deutsche Sprache empfindet er als »schützenden Mantel«. Zudem glaubt er, Hitler würde ihn noch im Nachhinein besiegen, wenn er ginge.

Gründgens verlässt Düsseldorf und geht an das Deutsche Schauspielhaus in Hamburg. Mit dem Nachfolger Stroux versteht der Regieassistent sich weniger gut, darum bindet er sich 1955 an eine andere der großen deutschen Bühnen, das Schiller-Theater in Berlin. Er verdient 400 Mark, das junge Paar wohnt in einer Pension, wo fast nur Theaterleute hausen, darunter so bekannte wie die Schauspieler Ernst Deutsch,

Hannelore Schroth und Heinz Drache oder Regisseure wie Erwin Piscator und Fritz Kortner. Sie erleben, wie eitel die Zelebritäten sein können, wenn etwa Piscator so laut ins Telefon spricht, dass auch der letzte Pensionsgast begreift, welch tolle Angebote er gerade wieder erhalten hat. Einmal trifft Imo im Restaurant »Diener«, das nach seinem Besitzer, einem ehemaligen Boxer, benannt ist und das die Theaterleute bevorzugen, den berühmten Schauspieler O. E. Hasse. Der genießt es sichtlich, den »jungen Dachsen«, ohne sich einmal unterbrechen zu lassen, seine Erfahrungen und Ratschläge aufzunötigen. »Wir fanden diese alten Herren ziemlich dämlich«, erinnert sich Moszkovicz.

Renate hat sich inzwischen unter immensen Komplikationen fernscheiden lassen, um in Deutschland heiraten zu können. Imo legt nämlich Wert auf geordnete Verhältnisse, schon aus Angst vor Hotelportiers und Sittenpolizei. Für die Ausbildung, die er im Dritten Reich nicht hat machen dürfen, bekommt er 10 000 Mark Entschädigung. Davon kaufen sie einen VW-Käfer.

Doch dann behagt es ihm auch im Schiller-Theater nicht mehr, er kündigt, um als freier Regisseur zu arbeiten. Imo Moszkovicz inszeniert Schauspiele, Opern, Operetten und Musicals in Wuppertal, Zürich, Hamburg und anderen Städten, bleibt aber mit seiner Frau in Berlin wohnen. Wenn er woanders engagiert ist, fahren sie mit dem Käfer über die Transitautobahn nach Westdeutschland, auf der Rückbank liegt der 1958 geborene Sohn. Frau Moszkovicz windelt und stillt ihn unterwegs im Auto. Für diese Reisen braucht sie als Österreicherin ein eigenes Visum, was endlose Lauferei en und viele Extra-Schikanen durch die DDR-Grenzer mit sich bringt.

Mitte des Jahrzehnts beginnen die ARD-Rundfunkanstalten, ihr gemeinsames Fernsehprogramm auszustrahlen, jeden Abend beginnend mit der *Tagesschau*. Die Verantwortlichen in den Funkhäusern suchen Leute, die dem jungen Medium auf die Sprünge helfen. Einer hat von Moszkovicz und seinem Faible fürs Fotografieren und Filmen gehört, so bekommt der Theatermann Kontakt zu der sich langsam aufbauenden TV-Szene. Ernst wird es, als er in Baden-Baden für einen Kollegen einspringt. Fortan hat er ein zweites berufliches Standbein.

Die Umstände, unter denen Fernsehen in dieser Zeit entsteht, werden schon bald abenteuerlich anmuten. So sind die Inszenierungen, die Moszkovicz beisteuert, nichts anderes als abgefilmtes Theater, zuerst sogar noch live gesendet. Die Schauspieler und alle anderen Beteiligten proben so lange, bis sie das Stück am Stück ablaufen lassen können, aber wie das technisch und organisatorisch vor sich gehen kann, davon herrschen nur vage Vorstellungen, und so passieren denn auch die merkwürdigsten Dinge.

Der Jungregisseur Moszkovicz lässt Holzstative bauen für drei Kameras. Bei den Proben schieben die Assistenten diese Gestelle herum, sodass alle sehen, wo die Kameras bei der Ausstrahlung stehen werden. Die Schauspieler bekommen mitgeteilt: Bei jener Passage bist du so im Bild und dann anders und dann in Großaufnahme. Ein Problem sind die Geräusche der Kameras, die fünf verschiedene Objektive besitzen. Wenn der Kameramann ein anderes einstellen will, muss er drehen, bis das richtige einrastet, dabei knackt es derartig, dass der Toningenieur von einer Verzweiflung in die andere fällt. Als am Ende der Proben das Scheinwerferlicht hinzutritt, werfen die aufgestellten Mikrofone zum Entsetzen aller auch noch hässliche Schatten.

Einmal muss ein Schauspieler einen kleinen Monolog sprechen und im nächsten Bild sogleich in einem anderen Gewand wieder erscheinen. Also lässt Moszkovicz den Oberkörper filmen, während Helfer den Unterleib umkleiden. Bei einer anderen Aufführung transportiert der Requisiteur während der Vorstellung ein Teil von einer Seite zur anderen. Bei den Proben kriecht er so elegant unter der Kamera entlang, dass nichts auffällt. Während der Sendung aber läuft er unversehens durch das Bild – eine Katastrophe oder besser: ein Lernprozess.

Irgendwann werden die Aufführungen nicht mehr live gesendet, sondern aufgezeichnet, zuerst auf 16-Millimeter-Filmen. Nun setzt sich auch hier das Prinzip des Zerlegens in viele getrennt voneinander aufgenommene und dann geschnittene Szenen durch. Der junge Regisseur lernt dazu und genießt die Arbeit bei dem neuen Medium, betrachtet aber als seine eigentliche Heimat weiterhin die Bühne. Trotzdem ist er beglückt, wenn er Fernsehen in seiner jetzigen technischen Perfektion sieht: »Was wir damals an Möglichkeiten ahnten, ist heute erreicht.« Politik im engeren Sinne schert ihn und andere Theaterleute wenig, doch ganz entkommt er ihr nicht. So dreht er einen Film über Theodor Herzl, den Begründer des Zionismus, Titel: *Wenn Ihr es wollt, ist es kein Märchen*. Aber immer bemüht er sich, den Klischees fernzubleiben, sogar im Fall Krauss. Moszkovicz hält den berühmten Mann bis heute für »einen der dümmsten Menschen, die mir je begegnet sind«, jedoch auch für einen genialen Schauspieler. Im Dritten Reich hat er unter anderem die Hauptrolle in *Jud Süß* von Veit Harlan gespielt. Als er wieder auftritt, löst das heftige Proteste aus. Der Regisseur beteiligt sich daran nicht, obwohl er sich als verfolgter Jude heftig betroffen fühlen könnte. Imo Moszkovicz hat »immer ein bisschen Mitleid mit denen, die in Schuld geraten sind«, und er versucht sich an den berühmten Satz aus der *Antigone* von Sophokles zu halten: »Nicht mitzuhassen, mitzulieben bin ich da.«

Immer dabei, immer am Rande

Als Regisseur bewegte sich Moszkowicz zeitweise an einer wichtigen Nahtstelle der kulturellen Entfaltung: Das Theater stand um die Mitte der Fünfziger in hoher Blüte, während das Fernsehen die ersten Schritte zur Massenwirksamkeit tat und sich dabei noch alter medialer Formen bediente. Etliche Intellektuelle und Bürgerliche betrachteten das Fernsehen zunächst mit Distanz, wenn nicht gar Abscheu, aber das hielt seinen Siegeszug nicht auf, als die Geräte erschwinglich wurden und die Leute mehr Freizeit bekamen. Damit erhielten nun plötzlich auch Kulturinteressierte in der Provinz einen Zugang zur Kultur, zum Beispiel in Gestalt großer Theaterabende mit großen Schauspielern, wie sie Moszkovicz filmte. So technisch unvollkommen die Ergebnisse auch zunächst waren, für manchen Zeitgenossen blieben sie unvergesslich, diese Aufführungen deutscher Klassiker, Shakespeares, neuer Amerikaner oder der jungen Schweizer Friedrich Dürrenmatt und Max Frisch. Diesen Beitrag des Fernsehens, der die große Bühne den bisher theaterfernen Menschen näher brachte, hat bisher kaum jemand gewürdigt.

Die kulturelle Leistung des anderen elektronischen Mediums, des Radios, war und ist hingegen längst etabliert und geschätzt. Vor allem die Nachtstudios mehrerer öffentlich-rechtlicher Sender (kommerzielle gab es genau so wenig wie beim Fernsehen) beteiligten sich hochkarätig an den Auseinandersetzungen der Zeit und sicherten vielen wichtigen Autoren ein Auskommen. Dichter und Denker gingen in den Funkhäusern ein und aus, ihre Hörspiele, Analysen und Essays erfreuten sich starker Resonanz. Dieser Zweig des kritischen Kulturbetriebs war so eingefahren, dass er schon wieder Misstrauen erregte und seinerseits Kritik provozierte. In Heinrich Bölls Erzählung *Doktor Murkes gesammeltes Schweigen* ist der Titelheld ein junger Redakteur in der Abteilung Kulturelles Wort beim, wie jeder Eingeweihte wusste, Westdeutschen Rundfunk in Köln. Auf Geheiß des Intendanten muss er Bänder des populären Autors Bur-Malottke ummodeln, weil dieser findet, er habe in zwei bald nach dem Krieg aufgenommenen Vorträgen über das Wesen der Kunst das Wort Gott verschwenderisch benutzt. Darum hat er nun verlangt, Gott durch 27-mal die Wendung »jenes höhere Wesen, das wir verehren«, zu ersetzen; allerdings hat er als viel gefragter Autor keine Zeit, die ganzen Texte aufs Neue aufzusagen. Murke lässt ihn darum den 27-fachen Ersatz für »Gott« sprechen. Bur-Malottke kocht, aber gehorcht, weil er Gott nicht mehr für opportun hält. Murke schmeißt die Bandschnipsel mit Gott nicht weg, und in der Tat kann ein Kollege sie wenig später für ein anderes Band gut gebrauchen, wo das Wort fehlt. Er selbst sammelt für sich Bandteile, auf denen nichts drauf ist. Diese Fetzen mit Schweigen klebt Murke aneinander, um sie sich zu Hause vorzuspielen – es reicht allerdings nur für drei Minuten.

Böll bespöttelte den um sich selbst rotierenden Kulturbetrieb, wie er sich im Laufe des Jahrzehnts entwickelte. Und am Ende der Fünfzigerjahre hatte sich in der Tat einiges von dem Aufbruchswillen, von der Frische verflüchtigt. Das kulturelle Leben hatte an Routine gewonnen und an Elan verloren. Es wurde zwar nach wie vor heftig gestritten, und die Kombattanten der Gruppe 47, die sich zu heißen Diskussionen an idyllischen Orten wie Burg Berlepsch, Bebenhausen oder im italienischen Cap Circeo trafen, beanspruchten für sich und die Literatur gesellschaftliche Bedeutung. Doch obwohl sie engagiert ihre Stimme erhoben, blieben die Autoren, Verleger und Kritiker von der breiten Öffentlichkeit weitgehend unbemerkt. Der Diskurs um die Rolle von Kunst, Kultur und Literatur fand nach wie vor in einem begrenzten Kreis statt. Die Intellektuellen blieben weitgehend unter sich, und die, die sie eigentlich erreichen wollten, ließen sich übers Radio, vor dem Fernseher oder im Kino lieber leicht unterhalten.

Dabei durften die Künstler im Westen immerhin noch wählen und offen diskutieren, im Gegensatz zu ihren Kollegen in der DDR. Dort hatte das Zentralkomitee der SED unter anderem die Abstraktion in der bildenden Kunst als dekadent abgestempelt und den »sozialistischen Realismus« verordnet, der für Fantasie wenig Raum ließ. Wer anders malen oder bildhauern wollte, musste das im privaten Erker tun. Die Intoleranz, mit der die

Parteien einander im Westen bekämpften, war im Osten staatlich verordnet und betraf nicht nur die Kunst. Spätestens als die Gruppe um den Leiter des Aufbau-Verlags Walter Janka 1956 verhaftet und 1957 wegen angeblicher konterrevolutionärer Aktivitäten verurteilt wurde, war klar, dass es in der DDR eine freie Künstlerexistenz nicht geben würde.

In Westdeutschland neigten dagegen nicht nur die Künstler und Literaten, sondern auch das Publikum dazu, nur in eine Richtung zu schauen: noch weiter nach Westen. Die amerikanischen Vorbilder waren in allen Kultursegmenten allgegenwärtig und letztlich nur in der bildenden Kunst zunächst umstritten. Dabei hielten die Intellektuellen bei allem verbalen Engagement zumeist Distanz zum politischen Betrieb. Zwar tat sich in Westdeutschland nicht wieder die komplette Fremdheit zwischen Intellektuellen und Staat auf, wie sie für die Weimarer Republik typisch (und folgenreich) gewesen war. Von einem Klima der Aufgeschlossenheit konnte gleichwohl keine Rede sein. Für den immer auch von Misstrauen erfüllten Abstand der Intellektuellen existierten Dutzende Beispiele, etwa aus der Hand von Schriftstellern, denen der neue Staat konservativ, restaurativ, sogar reaktionär erschien. Der Hamburger Peter Rühmkorf schrieb ein *Heinrich-Heine-Gedenk-Lied*, die letzte Strophe darin hieß:

Was schafft ein einziges Vaterland
nur so viel Dunkelheit?!
Ich hüt mein' Kopf mit Denkproviant
für noch viel schlimmere Zeit.

Der junge Hans Magnus Enzensberger beschrieb sein *Unbehagen* an diesem Land und stellte sich die Frage: »Was habe ich hier verloren?« Nicht einmal die linke Opposition im Bundestag fand Gnade bei solchen Autoren. Einer ihrer schärfsten Kritiker war der inzwischen meist als gemütvoller Kinderbuchautor gelesene Erich Kästner. 1954 schrieb er über die SPD: »Sie ist das Schaf im Schafspelz. Die Opposition hat auf die Opposition verzichtet. Der Posten ist noch frei. ... Die SPD hat noch nicht einmal gemerkt, dass links von ihr niemand mehr steht.« Für Kästner war die ganze Epoche ein »motorisiertes Biedermeier«.

Viele Kulturproduzenten interessierten sich durchaus für Politik, jedoch nicht für deren täglich zu bewältigende Niederungen. Schon darum blieb ihre öffentliche Effizienz begrenzt. Hermann Glaser brachte es in seiner

Kulturgeschichte der Bundesrepublik auf die ironische Formel, der Intellektuelle habe »die Rolle des Hofnarren (gespielt) – er war immer ›dabei‹, immer im Gespräch, manchmal auch im Gerede, einflussreich, was die peripheren Probleme anging, insgesamt durchschlagend wirkungslos.«

Allerdings interessierte sich umgekehrt auch die Politik nur wenig für die Intellektuellen, im Gegenteil, sie ließ kaum eine Gelegenheit aus, sie ihre Abschätzigkeit spüren zu lassen. Besonders tat sich in dieser Hinsicht der CDU-Bundesaußenminister Heinrich von Brentano hervor, der Bertolt Brecht mit dem nationalsozialistischen Säulenheiligen Horst Wessel verglich und die Gruppe 47 der Schriftsteller und Kritiker in Erinnerung an die Zwangsorganisation der NS-Zeit als »geheime Reichsschrifttumkammer« verunglimpfte. Von da war es nicht weit zu den »Pinschern«, als die Ludwig Erhard später kritische Intellektuelle beschimpfen sollte. Das war in den Sechzigern, als sich das Selbstverständnis der Schriftsteller veränderte und eine Gruppe unter Anleitung von Martin Walser die Bürger ausdrücklich zur Wahl der SPD aufforderte.

Von so viel realpolitischer Kampfeslust war in den Fünfzigern jedoch noch nichts zu spüren. Auch die Auseinandersetzungen um die bildende Kunst beruhigten sich weitgehend. Der Typus des »gegen Windmühlenflügel kämpfenden Don Quichotte« war gelassener und gesetzter geworden. Im Richtungsstreit hatte sich die Mehrheit der Kunstszene für die Abstraktion und gegen das Figurative entschieden. Bei der ersten »documenta« in Kassel im Jahre 1955 zeichnete sich der Triumph der Abstraktion bei allem Streit schon ab, von den 326 internationalen Teilnehmern arbeiteten schon 268 ungegenständlich. 1959, bei der zweiten »Weltausstellung der Kunst«, beherrschte die Abstraktion das Feld komplett. Doch wie so oft in der Kunst sollte der Sieg nicht endgültig sein. Die Gegenbewegung in Gestalt der höchst gegenständlichen Pop-Art ließ nicht lange auf sich warten.

Die kleinen Freiheiten
Eine Schlussbilanz

Dieser Ort ist einmal der Nabel Berlins und für manche sogar ganz
Deutschlands gewesen, und das ist er, nach der Wende, auch wieder geworden. Ende der Fünfzigerjahre liegt der Potsdamer Platz da als eine städte-
bauliche Brache. Eine Ansammlung von Ödflächen, Baracken, Trümmern
und notdürftig geflickten Straßen. Autofahrer und Fußgänger passieren
achtlos die Schilder, die den Übergang von einem Sektor in den anderen
ankündigen.

Wer über den Platz von West nach Ost schaut, dessen Blick fällt auf hoch-
ragende Ruinen und schrundige Brandmauern, teilweise bepflastert mit
Großplakaten und Transparenten. Sie künden vom wirtschaftlichen und
sozialen Fortschritt in der DDR.

Wer von Ost nach West schaut, dessen Blick fällt auf Buden, in denen
man unter anderem deutsches gegen deutsches Geld tauschen kann. Darüber erhebt sich ein riesiges Gerüst, von dem die *Freie Berliner Presse* per
Leuchtschrift Informationen und Meinungen in den anderen Teil Berlins
sendet. Auch darauf ist häufig von »Wohlstand für alle« die Rede.

Normale Anomalie

Eine gespenstische Szenerie. Wie unter einem Brennglas bündeln sich hier
die wichtigsten deutschen Themen und Probleme am Ende des Jahrzehnts.
Für die Berliner ist der Platz freilich nicht mehr als eine normale Anomalie,
sie sind den Widersinn gewöhnt. Besucher hingegen erschrecken sich oft.
Möglicherweise haben sie am Kurfürstendamm gerade gesehen, wie reich
dort die Auslagen bestückt und die Tische gedeckt sind. Hier erleben sie
hautnah und sinnfällig die Kehrseite der deutschen Realität.

Der Potsdamer Platz in den Fünfzigerjahren.

Sichtbar wird, dass sich an den zehn Jahre zuvor gefallenen Grundsatz-
entscheidungen vorerst nichts ändern wird. Die Systeme bombardieren
einander mit Nachrichten und Parolen, und sie dokumentieren damit täglich, stündlich, dass zwei deutsche Staaten existieren mit völlig unterschied-
lichem Selbstverständnis, mit einander ausschließenden Gesellschafts- und
Wirtschaftsideologien, mit gegensätzlichem Bildungs- und Erziehungs-
wesen. Sie sind integriert in gegnerische Bündnisse, befinden sich aber
nicht auf gleicher Augenhöhe. Die Bundesrepublik und ihre westlichen Ver-
bündeten anerkennen die DDR nicht als Staat, sondern sehen in ihr allenfalls ein staatsähnliches Gebilde minderer Qualität. Wer mit ihr diploma-
tische Beziehungen aufnimmt, muss damit rechnen, dass der Westen mit
ihm bricht. Dieses Prinzip heißt »Hallstein-Doktrin«, benannt nach dem
langjährigen Staatssekretär im Auswärtigen Amt, Walter Hallstein. Ausgenommen ist nur die Sowjetunion. Die Doktrin stützt jene »Politik der Stärke«,
die nach offizieller Lesart der Adenauer-Ära unvermeidbar zur Wiedervereinigung führen wird.

    Aber die deutschen Teilstaaten sind viel zu fest in ihren jeweiligen Bünd-
nissen verankert, als dass eine realistische Aussicht auf ein Ende der Tren-

nung bestünde. Sie sind einander auf der politischen Ebene fremd, aber auf einer anderen aneinander gekettet wie eineiige Zwillinge: Die Deutschen haben sich so an die Trennung gewöhnt, dass sie inzwischen routiniert damit umgehen, selbst an abstrusen Orten wie dem Potsdamer Platz. Gleichzeitig ist klar, dass die verwandtschaftlichen, sprachlichen, kulturellen und anderen Bindungen von heute auf morgen die politischen Komplikationen wegfegen würden, falls die Blöcke ihre konträren Bedingungen fallen ließen.

Zuweilen scheint es, als geriete Bewegung in die Denkschemata. Im Juli 1959 meldet auch die Leuchtschrift am Potsdamer Platz, dass der amerikanische Vizepräsident Richard Nixon die Sowjetunion besucht. »Mir i Druschba« (»Frieden und Freundschaft«) rufen ihm die Badenden zu, als er in einem kleinen Boot zusammen mit dem Sowjetführer Nikita Chruschtschow die Moskwa befährt, und sie versuchen, ihm aus dem Wasser die Hand zu reichen. Im August erwidert Chruschtschow die Visite und erneuert gegenüber Präsident Dwight D. Eisenhower frühere Angebote einer »friedlichen Koexistenz«. Eine Chance auch für Deutschland? Der bei einem Treffen auf dem Sommersitz des Präsidenten ausgerufene »Geist von Camp David« erweist sich als ein Schemen. Eine wirkliche Entspannung kommt nicht zustande, weder in diesem noch in den nächsten Jahren – und damit auch kein Fortschritt in der »deutschen Frage«.

Die meisten Deutschen freilich können ohnedies schon länger nicht mehr glauben, dass die endlose Kette von Briefen, Vorschlägen, Gegenvorschlägen und Konferenzen etwas bringt. Auch 1959 müssen sie den Eindruck gewinnen: Aktionismus statt Aktivität. Sie sind das Wechselbad von Drohungen und Angeboten und neuen Drohungen gewöhnt und haben sich in einem waffenstarrenden Frieden eingerichtet. Sie gehen ihrer Arbeit nach, bilden und vergnügen sich, so gut es geht, kümmern sich in der Mehrheit nicht sonderlich um Politik, sorgen sich, dass aus dem Kalten Krieg ein heißer wird, und vertrauen darauf, dass es, wie bisher, so weit nicht kommt.

In vielen Regionen der Welt sind im vergangenen Jahrzehnt Kriege und Bürgerkriege aufgeflammt, und viele haben direkt oder indirekt mit dem Ost-West-Konflikt zu tun gehabt. Die Menschen haben auch, selbst falls sie politisch desinteressiert sind, durchaus verfolgt, wie die Großmächte die Arsenale mit immer verheerenderen Atomwaffen gefüllt und deren Wirkungen bei Tests bereitwillig demonstriert haben. Die beiden deutschen Teilstaaten haben gleichfalls aufgerüstet; Soldaten, eigene und fremde, gehören zum Straßenbild. Vorbei die Zeiten, als die ersten Bundeswehrangehörigen sich bespucken lassen mussten, wenn sie in Uniform die Kaserne verließen. Die Deutschen sind jetzt, entgegen ihrem Ruf, alles andere als Militaristen, hüben wie drüben schätzen sie kein Tschingderassabum mehr. Doch Deutschland liegt auf der Nahtstelle des Kalten Krieges, und ausgerechnet hier ist es nicht zum Krieg gekommen. Das erzeugt, bei aller latenten Bangigkeit, Zuversicht. Viele glauben nicht wirklich an Entspannung, aber auch nicht wirklich an Krieg.

Einrichten im Alltag

Dass sie seine Möglichkeit nicht aus dem Auge verlieren, dafür sorgt schon das Aussehen ihrer Städte. Der Potsdamer Platz mit seiner Ruinenwüste ist ein besonders düsteres Überbleibsel des vorigen Kriegs; die meisten anderen Straßen und Plätze in Ost wie West nehmen sich nicht mehr so trostlos aus. Aber der Wiederaufbau ist, trotz Wirtschaftswunder auf der einen und erheblicher Anstrengungen auch auf der anderen Seite, am Ende des Jahrzehnts noch nicht so weit gediehen, wie das in der Rückschau oft erscheint.

Hamburg zum Beispiel gilt 1959 schon wieder als wohlhabend und hat trotzdem nur sehr begrenzte Ähnlichkeit mit der glitzernden Boomtown der kommenden Jahrzehnte. In den Fronten wichtiger Einkaufsstraßen klaffen noch Lücken, so manches Geschäft ist nur provisorisch hergerichtet. In unmittelbarer Nachbarschaft zum Jungfernstieg bestehen in den Hinterhöfen kleine Druckereien, Tischlerwerkstätten oder Kohlenhandlungen. Auf der Binnenalster liegen ganze Flotten von Kohlenschuten, auf der Straße verkehren Pferdefuhrwerke, und auf St. Pauli holen sich Hausfrauen frischen Fisch direkt vom Kutter.

Die ostdeutschen Städte sind wegen der schwächeren Wirtschaftskraft noch weiter zurück. Das gilt selbst für Ostberlin, obwohl die Regierung vergleichsweise viel Geld in ihre Hauptstadt pumpt, um sie konkurrenzfähig erscheinen zu lassen gegenüber dem »Schaufenster der Freiheit«, als das der Westen seinen Teil herzurichten sucht. Viele Flächen liegen im Osten brach, viele öffentliche Gebäude sind lediglich notdürftig repariert. Sie tragen noch, wie auch viele Wohnhäuser, die Narben der Geschossgarben, die der Häuserkampf der letzten Kriegswochen hinterlassen hat.

In der Art, wie die Obrigkeiten ihre jeweilige Teilstadt zu profilieren versuchen, spiegelt sich ein Stück ihrer Mentalität. Ähnlich und doch sehr unterschiedlich orientieren sich beide Gesellschaften am Materiellen, teilweise sind sie darauf sogar fixiert. Die Westler genießen den wachsenden Wohlstand in Form wachsenden Konsums, und sie zeigen her, was sie sich leisten können: die neue Wohnung, das neue Auto, die neue Waschmaschine. Die Frage, wer welches Geld verdient, beschäftigt viele. Als eine Art magische Grenze gilt die Tausend. Wenn es über jemanden heißt, »der soll 1000 Mark verdienen«, dann gilt er als arriviert. Im Osten liegen die Einkommen näher beieinander und sind transparent. Schon darum interessieren sie weniger. Und wer nach der Befriedigung der Alltagsbedürfnisse noch etwas übrig hat, bekommt oft genug sowieso nicht das, was er an Komfort oder Luxus haben möchte, weil es nicht vorrätig ist. Um trotzdem ein paar Annehmlichkeiten ins Leben zu bringen, gibt es mehrere Wege. Da sind einmal die Pakete der West-Verwandten. Da ist zweitens die Möglichkeit, Geld schwarz zu tauschen und in Westberlin einzukaufen. Da ist drittens der Tauschhandel, den die Ostdeutschen später mit ihrem hoch entwickelten Sinn für das Machbare zur Perfektion bringen und der bereits in den Fünfzigern zu blühen beginnt. So gibt es über eine oder mehrere Stationen dann eben doch, was es eigentlich nicht gibt.

Beide Gesellschaften leben ohne große soziale Konflikte, das Problem der Gerechtigkeit haben sie allerdings nicht gelöst. In der DDR sind nominell alle gleich, aber im Sinne von George Orwells *Farm der Tiere* sind manche eben »gleicher«, nämlich jene, die Machtpositionen besetzt halten. In der Bundesrepublik definiert sich Macht weitgehend über Bildung, Besitz und Einkommen. Dennoch hat sich etwas herausgebildet, was später die »Konsensgesellschaft« heißen wird: Es entstehen immer wieder Kontroversen, doch das Wirtschaftswunder erleichtert deren Beilegung. So kämpfen die Gewerkschaften in der zweiten Hälfte des Jahrzehnts für die Fünf-Tage-Woche, ihr bis heute legendärer Hauptslogan heißt: »Samstags gehört Vati mir!« Im April 1959 ist es so weit, die Tarifpartner des Ruhrbergbaus einigen sich darauf, dass die Kumpel einen Tag weniger arbeiten. Andere Branchen werden folgen.

Im September desselben Jahres stehen 190 000 Erwerbslosen 350 000 offene Stellen gegenüber. Kurz vorher wird bekannt, dass die Bundesrepublik über einen Gold- und Devisenschatz von 26 Milliarden Mark verfügt. Nur die USA besitzen eine größere Reserve. Wieder zur selben Zeit muss die

DDR ihren bis dahin am Potsdamer Platz und auch sonst hoch gepriesenen Fünf-Jahres-Plan abbrechen und durch einen neuen Sieben-Jahres-Plan ersetzen, weil die SED »mit den Problemen der modernen Wirtschaft nicht fertig geworden« ist. So schreibt es der DDR-Historiker Weber.

Entsprechend unterscheiden sich die Lebensgefühle. Im Westen glauben inzwischen bei allen unterschwelligen Ängsten die meisten, dass ihre Gesellschaft und deren weiterer wirtschaftlicher Aufstieg gesichert sind. Im Osten versucht man sich einzurichten und durchzuschlagen, so gut es eben geht.

So haben sich die Zustände in Deutschland stabilisiert, in der DDR wie in der Bundesrepublik und im Grunde, allem Feldgeschrei zum Trotz, auch zwischen ihnen. Als Symbolfiguren dieser Form von Statik fungieren Konrad Adenauer, der allmählich zum »ewigen Kanzler« avanciert, und Walter Ulbricht, der die DDR mit eiserner Hand und dem Beistand der Sowjets regiert. Dass sich Erschütterungen in der Tektonik beider Gesellschaften schon vorbereiten, wird sich erst in den Sechzigern zeigen.

Und wo sind die Chancen der Stunde Null geblieben, die Hoffnungen auf ein von Grund auf gewandeltes Deutschland? Erich Kästner hat schon Anfang des Jahrzehnts ein Chanson geschrieben, in dem es heißt:

Die große Freiheit ist es nicht geworden,
die kleine Freiheit – vielleicht.

Eine Dekade später genießen die einen allenfalls die Freiheit der privaten Nische. Bei den anderen bleibt die Frage, ob mehr Freiheit, mehr Wandel sie überfordert hätte angesichts der trüben Ausgangslage Ende der Vierziger. Am Potsdamer Platz stoßen die Systeme der beiden deutschen Staaten unmittelbar aufeinander und bekämpfen sich mit ihren Parolen. Es wird noch genau 30 Jahre dauern, bis das Duell endet.

Nachwort
Meine Reise durch die Fünfzigerjahre

Renate Moszkovicz verteilte die steirische Neujahressuppe und ihr Mann Imo schenkte uns ein Glas Welchsriesling ein. Das Ehepaar hatte eine dramatische Jugend hinter sich und für beide waren die Fünfzigerjahre die prägende Zeit ihres Lebens gewesen. Ich hatte sie mit einem kleinen Filmteam zwei Tage lang interviewt, und nun saßen wir vier mit ihnen wie eine Familie um den kleinen Esstisch in Ottobrunn bei München. Wie konnte es zu einer solchen Intimität kommen, zwischen uns und dem Ehepaar mit der so besonderen Lebensgeschichte?

Am Anfang des Projektes war ich vorsichtig. Ich hatte einige Jahre keine Dokumentarfilme mehr gedreht, weil es mir immer schwerer gefallen war, in das Privatleben fremder Menschen einzudringen.

Doch bei diesem Projekt über das Deutschland der Fünfzigerjahre war alles anders. Es sollte eine Reihe entstehen, in der die Protagonisten im Mittelpunkt stehen würden, ihre – emotionale – Erinnerung an eine Zeit, die so zentral und schwierig, aber auch jung und erregend für die beiden jungen Staaten gewesen war. Thomas Kufus, der Produzent, und sein Team hatten Bewerbungen gesammelt. Viele hatten Fragebögen ausgefüllt und mehr als hundert Bewerber waren daraufhin vorinterviewt worden. Nun suchten wir nach Menschen, deren Geschichten uns faszinierten und die einen Querschnitt durch die beiden Deutschland in West und Ost geben konnten. Am Ende wurde es eine sehr persönliche Auswahl: wer zog mich an, wen wollte ich kennen lernen, wessen Geschichte wollte ich hören?

Ungefähr 25 Protagonisten waren es, die wir am Ende ausgewählt hatten. Meine beiden Rechercheurinnen Britta Strebin und Mareike Leuchte hängten eine Deutschlandkarte an die Wand, pickten Nadeln in die Geburts- und Wohnorte, stellten mir eine Route zusammen und ich machte mich auf die Reise.

Bei diesen ersten Begegnungen war ich alleine. Ich besuchte die Protagonisten zu Hause, um ein Gefühl zu bekommen, wie sie wohnten und lebten. Bei ungezählten Tassen Kaffee und Gläsern Mineralwasser (und manchem Glas Wein) befragte ich sie und hörte mir ihre Lebensgeschichte an. Zurück im Hotelzimmer – manchmal auch gleich im Auto vor der Haustüre – versuchte ich die wichtigsten Stationen und Gedanken zu notieren und mir einen Fahrplan für das eigentliche Interview zurecht zu legen.

Meine anfängliche Sorge – wie kann ich diese Menschen dazu verführen, mit mir ihr Leben mit allen Ängsten und Nöten, Träumen und Wünschen zu teilen – erwies sich als unbegründet: meine Gastgeber wollten erzählen, unbedingt, und ganz. Sie waren glücklich über meine Fragen und mein Interesse. Meine Funktion war eher die eines Reiseführers, der sortiert, durch ihre eigene Geschichte führt, so bitter oder glorreich sie auch gewesen sein mag.

Wochen später begannen wir zu drehen: zwei oder drei Interviews in der Woche, geographisch sortiert, erst im Süden, später im Westen und Osten Deutschlands. Wir waren ein kleines Team: Kameramann Johann Feindt, selbst ein preisgekrönter, von mir sehr geschätzter Dokumentarfilmregisseur, dazu Tonmann Christian Lutz, und als vierte die junge Kameraassistentin Jule von Kramer.

Am Abend vorher legten Johann und ich den Drehort fest – meist das Wohnzimmer, manchmal auch die Küche, ein Gasthaus oder das Büro. Aber immer in einem persönlichen Umfeld. Am nächsten Morgen baute das Team Licht und Kamera auf. Gegen zehn, halb elf kam ich dazu und unser Gespräch begann – mindestens zwei, drei Stunden lang, nur unterbrochen vom Wechsel der Aufnahmekassetten.

Es wurden sehr persönliche Gespräche, Reisen zurück in eine vergangene Zeit. Unsere Gastgeber besuchten noch einmal viele zentrale Punkte ihres Lebens, und manche betraten Räume, in denen sie lange nicht mehr – vielleicht seit damals nie wieder – gewesen waren.

Mein Team war ein Segen: einfühlsam, diskret, mitfühlend. Nichts ist schlimmer als eine Fernsehcrew, die sich gnadenlos über die Interviewten hinwegsetzt. Erst wird die Wohnung auf den Kopf gestellt, und dann ein Schlachtfeld hinterlassen. Hier war oft das Gegenteil der Fall, man wollte uns gar nicht mehr ziehen lassen. Immer gab es nach den Interviews ein üppiges Essen: kalte Platten, Mettbrötchen, Suppen, Nudeln mit Pilzen oder gar ein Hirschgulasch. Herr Körtgen, alleinstehend, hatte beim Metzger eine Suppe bestellt, damit wir nicht verhungern. Am Ende fühlten wir uns stets, als würden wir zur Familie gehören. Denn wir wussten alle Geheimnisse: den ersten Kuss und die erste Pleite, das Verschwinden des Vaters und die Liebschaften der Mutter. Der Freund, der sich umbrachte, und die Farbe des ersten zusammengebastelten Fahrrads. Es war eine wunderbare, intensive und sehr besondere Reise, an der wir hier teilnehmen durften.

Die abgetippten Interviews füllen Tausende von Seiten. Die Fernsehreihe kann daher nur einen kleinen Ausschnitt wiedergeben. Um so mehr freue ich mich über das Buch, das manche Vorgeschichte ausführlicher beleuchten kann und mehr Raum für die einzelnen Lebensgeschichten hat. Rudolf Großkopff kann in seinem Buch den Bogen naturgemäß ganz anders spannen als wir. An dieser Stelle sei allen Protagonisten herzlichst gedankt. Ohne sie gäbe es weder die Fernsehreihe noch das Buch. Und wir möchten uns bei allen entschuldigen, die in der Fernsehreihe vorkommen, aber nicht im Buch – und in einem Fall auch umgekehrt. Das Buch musste früher fertig sein als die Filme – beides steht unabhängig nebeneinader und gehört für mich doch zusammen.

Ich habe Deutschland neu und anders kennen gelernt, jene Jahre zwischen 1950 und 1960, in die ich 1957 hineingeboren worden bin. Damals waren meine Eltern so alt wie meine Kinder es heute sind. Das verändert den Blick, auch auf das Deutschland von heute. Noch nie bin ich so warmherzig in deutschen Wohnzimmern bewirtet worden. Am Ende haben wir viel mitgenommen – mehr als auf den Bändern aufgezeichnet ist.

Jan Schütte

Mitwirkende der Fernsehserie »Unsere 50er Jahre«: Buch & Regie Thomas Kufus und Jan Schütte, Montage Renate Merck, Text Volker Heise, Kamera Johann Feindt, Musik Jan Tilman Schade, Regieassistenz Mareike Leuchte, Produktionsassistenz Britta Strebin, Produktionsleitung Tassilo Aschauer, Produzent Thomas Kufus, Redaktion Rolf Bergmann (rbb), Gerolf Karwath (SWR), Vera Meyer-Matheis (SR), Beate Schlanstein (WDR), Meggy Steffens (BR), Katja Wildermuth (mdr), Radaktionsassistenz Christine Rütten (hr), Redaktionelle Federführung Esther Schapira (hr). Eine Coproduktion der ARD (br, hr, mdr, rbb, sr, swr, wdr) und zero film, mit Unterstützung der Hessischen Rundfunk Filmförderung. © ARD/zero film

Danksagung

Der Autor dankt Heinz Brockert, Jürgen Kellermeier, Dagmar Reim-Groß-kopff, Jan Schütte, Florian Seidel und Hannelore Steer, die Teile des Manu-skripts gelesen und wertvolle Anregungen gegeben haben, sowie der Lektorin Barbara Werner, deren Gründlichkeit dem Text gut getan hat. Zu danken hat er aber vor allem Beate Dähnke, die das auf einer uralten Adler-Schreibmaschine entstandene, chaotisch anmutende Manuskript im Computer erfasst und mit Zuspruch nicht gespart hat.

Literatur

Bender, Peter: *Deutsche Parallelen*; Berlin 1989

Böll, Heinrich: *Doktor Murkes gesammeltes Schweigen und andere Satiren*; Berlin 1960

Böll, Heinrich: *Und sagte kein einziges Wort*, Roman; Köln/Berlin 1953

Brecht, Bertolt: *Arbeitsjournal 1942 bis 1955*; Frankfurt a. M. 1972

Budzinski, Klaus (Hrsg.): *So weit die scharfe Zunge reicht – die Anthologie des deutschsprachigen Cabarets*; München/Bern/Wien 1964

Budzinski, Klaus: *Die Muse mit der scharfen Zunge – vom Cabaret zum Kabarett*; München 1961

Craig, Gordon A.: *Über die Deutschen*; München 1982

Frank, Dieter (Hrsg.): *Die fünfziger Jahre*; München 1981

Glaser, Hermann: *Kleine Kulturgeschichte der Bundesrepublik Deutschland 1945–1989*; Bonn 1991 (2. Auflage)

Hahn, Ulla: *Das verborgene Wort*, Roman; Stuttgart/München 2001

Haus der Geschichte der Bundesrepublik Deutschland (Hrsg.): *Erlebnis Geschichte – Deutschland vom Zweiten Weltkrieg bis heute.* o.J., o.O.

Hein, Christoph: *Landnahme*, Roman; Frankfurt a.M. 2004

Hettlage, Robert (Hrsg.): *Die Bundesrepublik Deutschland – eine historische Bilanz*; München 1990

Hornstein, Erika von: *Flüchtlingsgespräche – 43 Berichte aus den frühen Jahren der DDR*; Nördlingen 1985

Jungwirth, Nikolaus/Kromschröder, Gerhard: *Die Pubertät der Republik*; Frankfurt a.M. 1978

Käppner, Joachim: *Erstarrte Geschichte – Faschismus und Holocaust im Spiegel der Geschichtswissenschaft und Geschichtspropaganda der DDR*; Hamburg 1999

Kleindienst, Jürgen (Hrsg.): *Schlüsselkinder – Kindheit in Deutschland 1950–1960*; Berlin 1999

Kleindienst, Hürgen (Hrsg.): *Halbstark und tüchtig – Jugend in Deutschland 1950–1960*; Berlin 2002

Kraushaar, Wolfgang: *Die Protestchronik 1949–1959*, Hamburg 1996

Leinemann, Jürgen: *Höhenrausch*; München 2004

Lilge, Herbert (Hrsg.): *Deutschland 1945–1963*; Hannover 1967

Loest, Erich: *Durch die Erde ein Riss – ein Lebenslauf*; Hamburg 1981

Mann, Golo: *Deutsche Geschichte des 19. und 20. Jahrhunderts*; Frankfurt a.M. 1958

Max & Moritz (Hrsg.): *Schlager, die wir nie vergessen*; Leipzig 1997

Meyer, Sibylla/Schulze, Eva: *Von Liebe sprach damals keiner – Familienalltag in der Nachkriegszeit*; München 1985

Morlock, Martin: *Auf der Bank der Spötter – Meistersatiren aus 30 Jahren*; München 1989

Richert, Ernst: *Das zweite Deutschland – ein Staat, der nicht sein darf*; Gütersloh 1964

Riedel, Heide: *»Lieber Rundfunk...« – 75 Jahre Hörergeschichte(n)*; Berlin 1998

Riedel, Heide (Hrsg.): *Mit uns zieht die neue Zeit ... 40 Jahre DDR-Medien*; Berlin 1993

Schelsky, Helmut: *Die skeptische Generation*; Düsseldorf/Köln 1957

Sethe, Paul: *Deutsche Geschichte im letzten Jahrhundert*; Frankfurt a.M. 1960

Stern, Carola: *Doppelleben – eine Autobiographie*; Köln 2001

Thränhardt, Dietrich: *Geschichte der Bundesrepublik Deutschland*; Frankfurt a. M. 1986

Walser, Martin: *Ehen in Philippsburg*, Roman; Frankfurt a. M. 1957

Weber, Hermann (Hrsg.): *DDR – Dokumente zur Geschichte der Deutschen Demokratischen Republik 1948–1985*; München 1986

Weber, Hermann: *DDR – Grundrisse der Geschichte 1945–1990*; Hannover 1991 (2. Auflage)

Zimmermann, Hartmut u. a. (Hrsg.): *DDR-Handbuch*, Köln 1985

Bildnachweise

Ullstein Bild
Seite 31, 39, 61, 67, 85, 94, 120, 161, 187, 205, 226

Süddeutscher Verlag
Seite 16, 54, 168, 176, 179, 195, 219, 223

Landesarchiv Berlin
Seite 242

zero film / privat
Seite 29, 43, 70, 79, 102, 139, 142, 155, 200, 215, 233

zero film / David Baltzer
Seite 98, 151

Chronik

1948

21.6.   Währungsreform in den drei Westzonen

24.6.   Währungsreform in der Sowjetischen Besatzungszone (SBZ)

24.6. –

12.5.1949 Blockade der Landwege zwischen den Westzonen und Berlin

1949

23.5.   Verkündung des Grundgesetzes für die Bundesrepublik (BRD)

14.8.   erste Bundestagswahl: CDU/CSU 31 % SPD 29,2 % FDP 11,9 %
           KPD 5,7 % Bayernpartei 4,2 % DP 4,0 %

12.9.   Theodor Heuss (FDP) Bundespräsident

15.9.   Konrad Adenauer (CDU) Bundeskanzler

7.10.   SBZ wird zur DDR erklärt, Provisorische Volkskammer setzt
           Verfassung in Kraft

11.10.   Wilhelm Pieck DDR-Staatspräsident

12.10.   Otto Grotewohl DDR-Ministerpräsident

24.11.   Petersberger Abkommen zwischen Bundesrepublik und
           Westmächten, Ende der Demontagen

1950

8.2.   Gründung des Ministeriums für Staatssicherheit (Stasi) in der DDR

1.3.   Ausgabe der letzten Lebensmittelkarten in der BRD

9./10.6.   Gründung der Arbeitsgemeinschaft der öffentlich-rechtlichen
           Rundfunkanstalten in der BRD (ARD)

20.7.   BRD assoziiertes Mitglied des Europarates

20. – 24.7. Parteitag der SED, Walter Ulbricht Generalsekretär

29.9.   DDR in Rat für gegenseitige Wirtschaftshilfe (Comecon) aufge-
           nommen

15.10.   Volkskammerwahl in der DDR, Wahlbeteiligung 98,44 %, für die
            von der SED geführte Einheitsliste 99,7 %

1951

10.4.   Bundestag beschließt Mitbestimmungsgesetz für
            Montanindustrie
18.4.   Frankreich, Italien, Benelux-Staaten und BRD bilden Montanunion
8.10.   teilweise Aufhebung der Lebensmittelrationierung in der DDR,
            rationiert bleiben Fleisch, Fett, Zucker
31.10.   Volkskammer beschließt ersten Fünf-Jahres-Plan

1952

8.5.   DDR kündigt Aufstellung »Nationaler Streitkräfte« an
26.5.   DDR errichtet Sperrzone entlang Westgrenze zur BRD
12.7.   SED beschließt »planmäßige Errichtung der Grundlagen des
            Sozialismus in der DDR«
19.7.   Bundestag verabschiedet Betriebsverfassungsgesetz
20.8.   SPD-Vorsitzender Kurt Schumacher stirbt
10.9.   Wiedergutmachungsabkommen der BRD mit Israel
23.10.   Verbot der Sozialistischen Reichspartei (SRP) in der BRD durch
            das Bundesverfassungsgericht
21.12.   Versuchsprogramm des DDR-Staatsfernsehens startet offiziell
25.12.   Nordwestdeutscher Rundfunk (NWDR) startet offiziell
            Fernsehprogramm, 26.12. erste Tagesschau

1953

28.5.   Erhöhung der Arbeitsnormen in der DDR
16./17.6.   Demonstrationen und Aufstand in Ostberlin und in der DDR
6.9.   zweite Bundestagswahl: CDU/CSU 45,2 % SPD 28,8 %
            FDP 9,5 % GB/BHE 5,9 % DP 3,3 % KPD 2,2 %

1954

26.2.   Bundestag schafft mit Änderung des Grundgesetzes die
            Voraussetzungen für Bundeswehr
25.3.   Sowjetunion erklärt DDR für souverän
7.4.   Bundestag beschließt Alleinvertretungsanspruch der BRD für
            Deutschland

4.7.	Deutschland Fußballweltmeister durch 3:2-Sieg gegen Ungarn in Bern
17.7.	Heuss als Bundespräsident wiedergewählt
23.10.	Pariser Verträge unterzeichnet, Souveränität für BRD, Eintritt in die NATO
1.11.	ARD startet Fernseh-Gemeinschaftsprogramm

1955

5.5.	Pariser Verträge treten in Kraft
14.5.	DDR Mitglied des Warschauer Pakts
26.7.	Moskau spricht zum ersten Mal von zwei deutschen Staaten
9.–13.9.	Adenauer besucht Moskau, Aufnahme diplomatischer Beziehungen, Freilassung der letzten Kriegsgefangenen
17.–20.9.	DDR-Ministerpräsident Grotewohl in Moskau
12.11.	erste Berufssoldaten der Bundeswehr erhalten Ernennungsurkunden

1956

1.1.	Einberufung der ersten freiwilligen Soldaten zur Bundeswehr
18.1.	Volkskammer beschließt Aufstellung der Nationalen Volksarmee (NVA)
6.3.	Bundestag verabschiedet Wehrpflichtgesetz
4.11.	Volksaufstand in Ungarn von Sowjets niedergeschlagen
29.11.	Verhaftung einer Gruppe von angeblichen Umstürzlern um den Philosophen Wolfgang Harich in der DDR, hohe Zuchthausstrafen im März 1957

1957

1.1.	bisher abgetrenntes Saarland wird Teil der Bundesrepublik
1.1.	Gesetz über die dynamische Rente tritt rückwirkend in der BRD in Kraft
25.3.	Unterzeichnung der Römischen Verträge über Bildung der Europäischen Wirtschaftsgemeinschaft (EWG) und Euratom (Frankreich, Italien, Benelux, BRD), Inkrafttreten 1.1.1958
1.4.	erste 10 000 Wehrpflichtige des Jahrgangs 1937 werden zur Bundeswehr einberufen

15.9.   dritte Bundestagswahl CDU/CSU 50,2 % SPD 31,8 % FDP 7,7 %
        GB/BHE 5,9 % DP 3,4 %

11.12. DDR erklärt Republikflucht und Vorbereitung dazu zu selbststän-
        digen Straftatbeständen

1958

10.–16.7. SED-Parteitag; Beschluss, dass Lebensstandard in der DDR bis
        1961 den der BRD erreichen oder übertreffen soll

27.11. Berlin-Ultimatum Moskaus, Westberlin soll eigene Einheit
        werden

1959

1.5.   Sparprämiengesetz zur Vermögensbildung in der BRD tritt in
        Kraft

1.7.   Heinrich Lübke, bisher Landwirtschaftsminister, zum
        Bundespräsidenten gewählt

13.–15.11. Godesberger Parteitag modernisiert SPD-Programm

13.12. Kreis Eilenburg »erster vollgenossenschaftlicher Kreis der DDR«

1960

24.8.   Willy Brandt Kanzlerkandidat der SPD

7.9.   DDR-Staatspräsident Wilhelm Pieck stirbt. Ulbricht am 12.9.
        Vorsitzender des Staatsrats und damit Nachfolger

1961

17.9.   vierte Bundestagswahl, Drei-Parteien-Parlament aus CDU/CSU,
        SPD und FDP, Union verliert absolute Mehrheit

13.8.   Bau der Mauer um Westberlin

1963

11.10. Adenauer tritt zurück

16.10. Ludwig Erhard Bundeskanzler